武田三代

信虎・信玄・勝頼の史実に迫る

平山 優
Hirayama Yu

PHP新書

はしがき

本書は、戦国大名武田氏の当主三人（信虎・信玄・勝頼）の事績の紹介を目的とする。各地の戦国争乱は、背景や経緯、それらの結末がもたらすあらたな問題が複雑に絡まり、連鎖しているため、把握するのに苦慮することが多い。ところが、概要を把握しようとしても、適切な著作になかなか恵まれない。現状で、個々の戦国大名の歴史を通覧するのに便利で、しかも最新の研究成果を踏まえた著作が出ているのは、関東北条氏の五代ぐらいではないだろうか。意外なことに、今川・上杉・伊達・武田氏など、東国の花形である戦国大名も、こうした著作は見当たらないのだ。

そこで本書は、戦国武田三代の歴史を、二〇二一年までの研究成果を踏まえ、紹介していく。武田氏の研究は、二十年ほどの間に、長足の進歩を遂げた。恐らく、全国の戦国大名研究の中で、もっとも研究者の層が厚く、多くの成果を挙げているといっても過言ではなかろう。しかも、それらの研究成果により、特に永禄八（一五六五）年から元亀四（一五七三）年にかけての、信玄の後半生では、年表の書き換えという自体すら発生し（元亀二年、武田信玄の三河・遠江侵攻が否定された）、また、室町幕府将軍足利義昭、織田信長と信玄との関係や、外交史なども大きく見直しが進んでいる。

東国戦国史において、武田氏の存在感は大きい。なぜならば、上杉・北条・今川・徳川・織田といった著名かつ有力な戦国大名すべてと刃を交え、とりわけ、元亀・天正争乱では、織田信長・徳川家康を苦しめ続けたからだ。だからこそ、武田三代の歴史を、背景などを含めて概観することは、戦国史を理解するうえでも大切なことといえる。

なお、本書では、よほど重要もしくは誤解を防ぎたいと私が判断した記述にのみ、引用史料の番号や、研究者の論著を略記号で掲げるにとどめた。詳しい根拠を知りたい方は、武田信虎ならば拙著『武田信虎』（戎光祥出版、二〇一九年）、信玄ならば拙著『図説　武田信玄』（同、二〇二一年予定）、勝頼ならば拙著『長篠合戦と武田勝頼』（吉川弘文館、二〇一四年）、『武田氏滅亡』（角川選書、二〇一七年）をそれぞれ参照していただきたい。

（凡例）
『戦国遺文武田氏編』→戦武＋史料番号、『山梨県史』資料編６→山⑥＋史料番号
『上越市史』別編上杉氏文書集一・二→上越＋史料番号
『増訂織田信長文書の研究』→信長＋史料番号
『戦国遺文後北条氏編』→戦北＋史料番号

武田三代

目次

はしがき　3

序章　名門源氏意識——戦国武田三代を呪縛し続けたもの

御旗・楯無も照覧あれ　22
御旗・楯無とは何か　26
武田家当主の条件　29
御旗・楯無が、他家の手に渡った例　32
武田軍に浸透していた御旗・楯無信仰　37
武田家と足利家　40

第1部　武田信虎

1……武田信虎の前半生

割拠する甲斐国衆　44
武田氏以外の国衆　48
甲斐国衆と他国との関係　51

甲斐の戦国争乱が始まる　52
武田信縄と今川氏・伊勢氏の対立　54
武田信昌・信縄父子の「二重権力」状況　56
信虎の家督相続と内乱の再発　60
大井合戦　63

2……首都甲府の建設

信虎、甲府建設に着手　67
甲府防衛のための城郭整備　71
三国衆の同時叛乱　73
今川軍の甲斐侵攻　75
武田軍の勝利と信玄誕生　77

3……甲斐統一の達成

信虎、北条氏綱を打破　81
北条・今川との戦い　83
佐久出兵　84
境川合戦　86
小山田氏との軋轢　88

国中大乱の勃発 91
河原辺合戦——諏方頼満との決戦 93
甲斐統一成る 95
4……信虎の外交路線転換と勢力拡大
今川・北条との抗争と弟勝沼信友の戦死 97
諏方氏との和睦と晴信の元服 100
花蔵の乱勃発 101
武田・今川同盟の成立 103
北条氏への圧力を強める 106
5……信虎追放
初めて他国に領土を拡大 108
天文九年の大災害 111
武田・諏方同盟の成立 113
海野平合戦 115
信虎追放 117
「信虎悪逆無道」の実態 122

第2部　武田信玄

1……晴信、信濃経略を開始す
佐久・小県の領土を喪失　136
諏方頼重攻略　138
晴信、佐久・上伊那を攻める　140
晴信、北条・今川の和睦を仲介す　142
佐久制圧戦と甲州法度の制定　145
村上義清に敗れ、危機を迎える　150
塩尻峠合戦と小笠原氏の没落　151
砥石崩れ　155
2……川中島合戦始まる
筑摩・安曇郡制圧と村上義清の没落　158
第一次川中島合戦——村上義清の本領帰還ならず　160
甲相駿三国軍事同盟の成立　163
下伊那・木曽郡の平定と斎藤・織田同盟との対峙　165
第二次川中島合戦——善光寺をめぐる戦い　169

第三次川中島合戦――晴信、長尾方を圧倒　172
信濃守護職補任と出家　176

3……川中島の激戦と西上野侵攻

長尾景虎の関東出陣　181
関東管領、上杉政虎が誕生　184
第四次川中島合戦――上杉の南下を阻止　187
上野侵攻始まる　193
武田・北条連合軍の関東転戦　194

4……義信事件と武田氏の外交路線転換

第五次川中島合戦――信玄の飛騨侵攻から生まれた合戦　196
織田信長、信玄に接近す　198
義信事件――今川派のクーデター未遂　203
西上野制圧　205
武田義信の死　206
信玄・信長・家康の密約――武田氏の今川攻め　208
今川氏真、上杉謙信と秘密交渉を開始　211
最後の川中島合戦――信玄、北信濃に大攻勢を仕掛ける　212

5……駿河出兵と三国同盟崩壊

信玄、駿河に出陣 214
越相一和（上杉・北条の同盟）と信玄の撤退 216
宿敵上杉輝虎との和睦交渉 220
小田原侵攻と三増合戦 223
蒲原城攻略と駿府制圧 227
「三ヶ年の鬱憤」の始まり 228

6……信玄の西上と死

北条氏康の死と甲相同盟復活 232
織田・徳川攻めのための謀略 235
信玄、最後の出陣 239
怒る信長、追い詰められる家康 240
三方原合戦と将軍足利義昭の動揺 244
野田城攻略 249
信玄死す 251

第3部　武田勝頼

1……武田勝頼の攻勢

信玄、敵対した諏方頼重の息女を側室とする　256

義信事件で運命が一変　260

波乱の家督相続　261

織田・徳川の反撃――足利義昭追放　265

勝頼、織田・徳川を撃破　267

高天神城攻略　269

2……長篠合戦

長篠合戦の契機　273

信玄の三回忌と勝頼出陣　275

長篠城攻防戦　279

両軍の動向――武田方の索敵・諜報不足　281

酒井忠次の奇襲　284

長篠合戦　286

「旧戦法」対「新戦法」の激突？　288

騎馬衆の実態 290
織田と武田は何が違っていたのか 292
奥三河の争奪戦は鉱山をめぐる争い？ 296
勝頼の戦後処理と軍団再編 298
織田・徳川方の反攻と勝頼 301

3……武田勝頼、再起を目指す

足利義昭と武田勝頼 303
信玄の葬儀 305
甲相越三国和睦交渉と甲芸同盟 308
甲相同盟の強化と北条夫人の輿入れ 311
御館の乱勃発 313
勝頼、上杉景勝と結ぶ 315
武田氏、信濃国全域を領国に編入 318
景勝・景虎の停戦成立 319
上杉景虎、苦況に陥る 322
上杉景虎の滅亡 324
甲相同盟の決裂と甲越同盟 326

甲佐同盟と徳川信康事件 330
織田・徳川・北条同盟の成立 333

4……武田勝頼の栄光と挫折

甲佐同盟、北条氏政を圧迫す 337
沼田城攻略 340
勝頼、信玄時代を超える最大版図を実現 343
勝頼・氏政・家康の戦い続く 345
「甲江和与」交渉 347
「甲濃和親」交渉の挫折 353
徳川方の高天神城包囲網 354
高天神城落城――勝頼の焦燥を利用した信長 356
新府築城――築城開始時期をめぐって 359
新府築城に伴う重い負担 362
上野国の混乱 365
駿豆国境の異変 368
信長、勝頼打倒に向けて動く 373

5……武田氏滅亡

木曾義昌の離反　376
武田勝頼、最後の出陣　377
下伊那の崩壊　382
鳥居峠合戦　385
徳川家康の出陣　387
穴山梅雪謀叛の衝撃　390
高遠城陥落――ある女性の壮烈な最期　393
最後の軍議　397
新府城炎上と信濃の崩壊　398
小山田信茂の離反　401
武田勝頼の最期　405
恵林寺炎上――快川和尚の偈　414
織田信長の戦後処理　418

むすびにかえて――武田氏滅亡、それから　428

主要参考文献一覧　433

あとがき　436

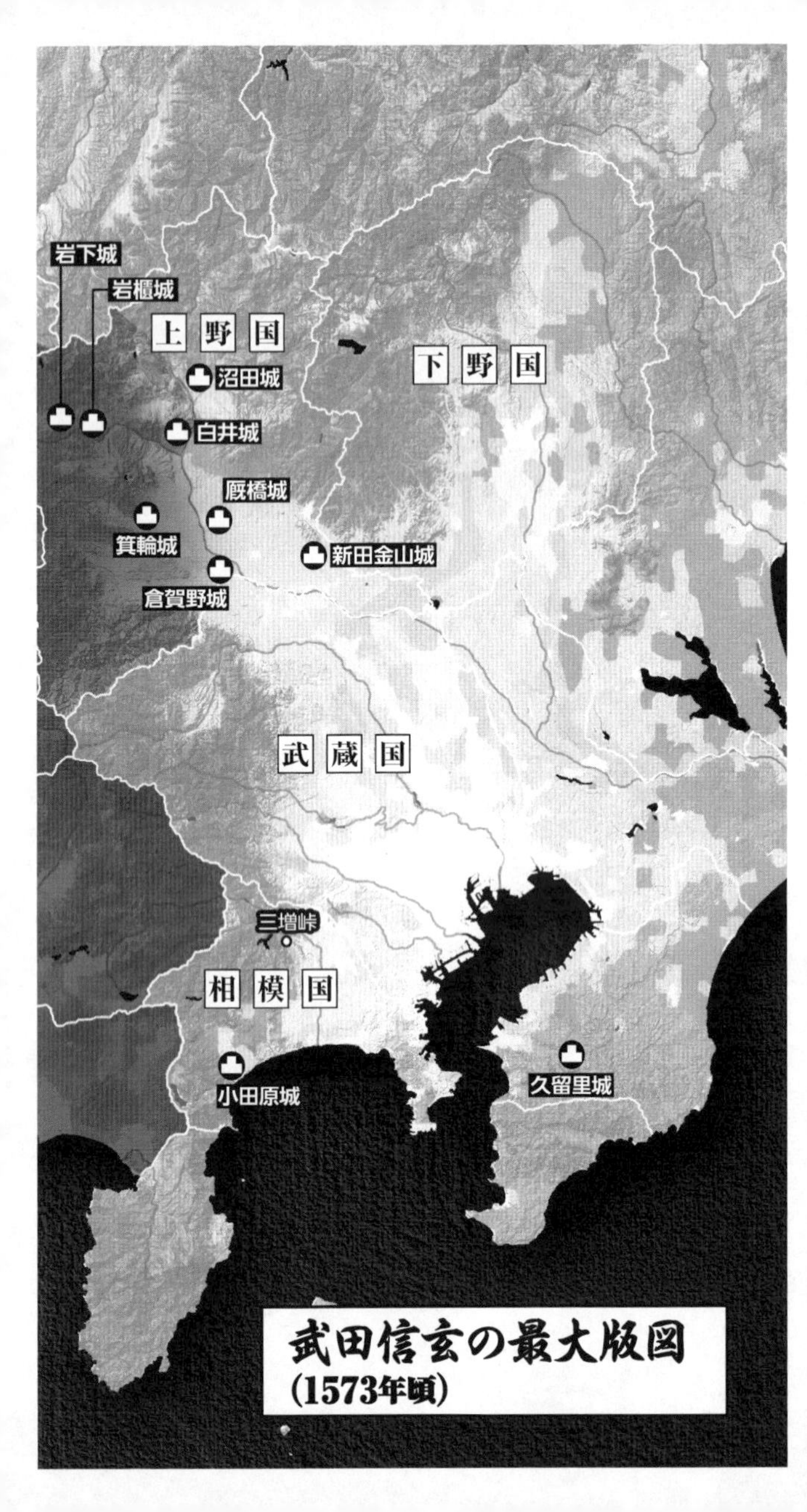

武田信玄の最大版図
(1573年頃)

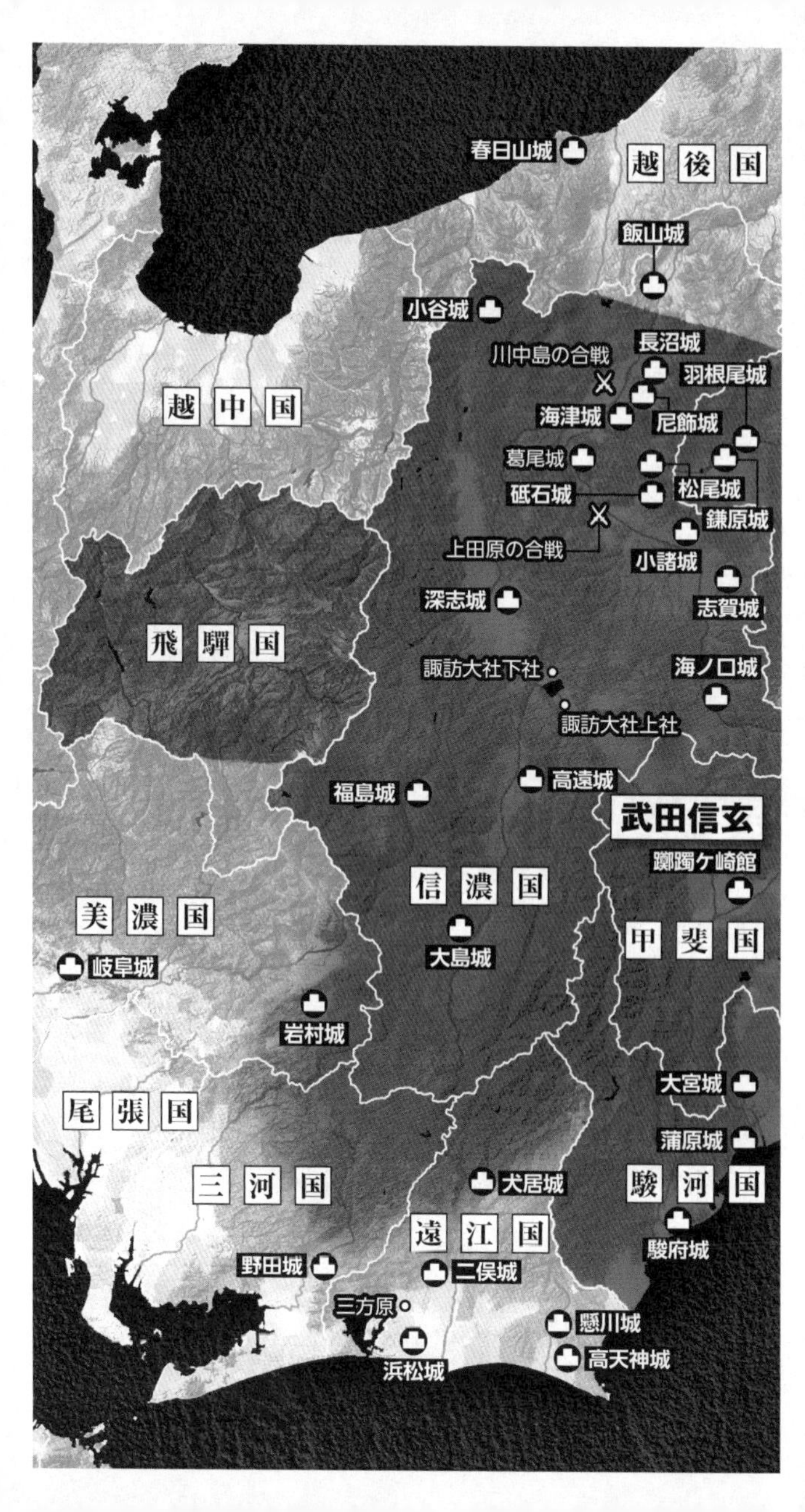

春日山城
越後国
飯山城
小谷城
長沼城
川中島の合戦
羽根尾城
越中国
海津城
尼飾城
葛尾城
砥石城
松尾城
鎌原城
上田原の合戦
小諸城
深志城
志賀城
飛騨国
諏訪大社下社
海ノ口城
諏訪大社上社
高遠城
福島城
武田信玄
躑躅ケ崎館
信濃国
美濃国
甲斐国
大島城
岐阜城
岩村城
大宮城
尾張国
蒲原城
三河国
犬居城
駿河国
遠江国
駿府城
野田城
二俣城
三方原
懸川城
高天神城
浜松城

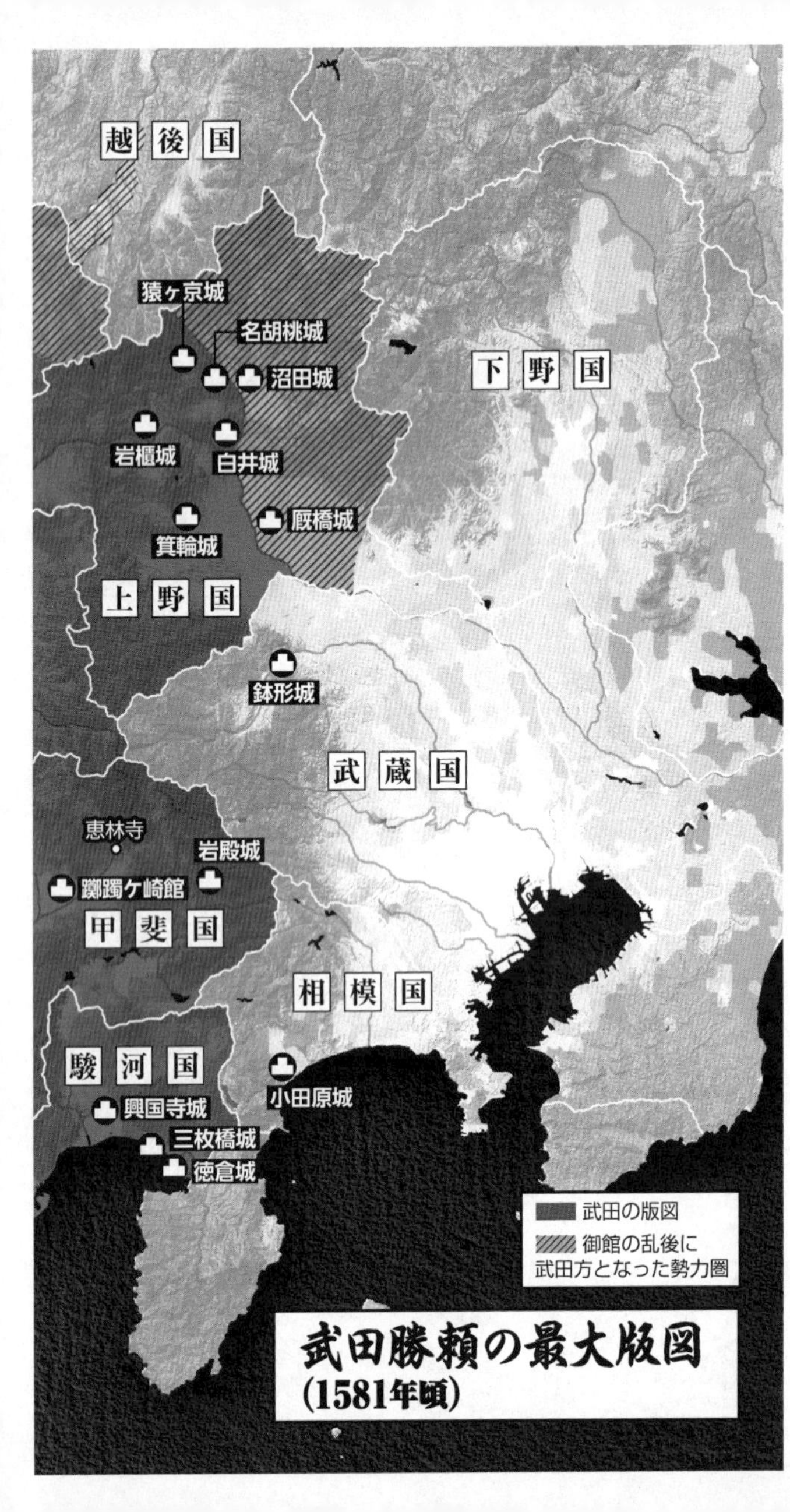
越後国
猿ヶ京城
名胡桃城
沼田城
下野国
岩櫃城
白井城
厩橋城
箕輪城
上野国
鉢形城
武蔵国
恵林寺
岩殿城
躑躅ケ崎館
甲斐国
相模国
駿河国
小田原城
興国寺城
三枚橋城
徳倉城
武田の版図
御館の乱後に
武田方となった勢力圏
武田勝頼の最大版図
(1581年頃)

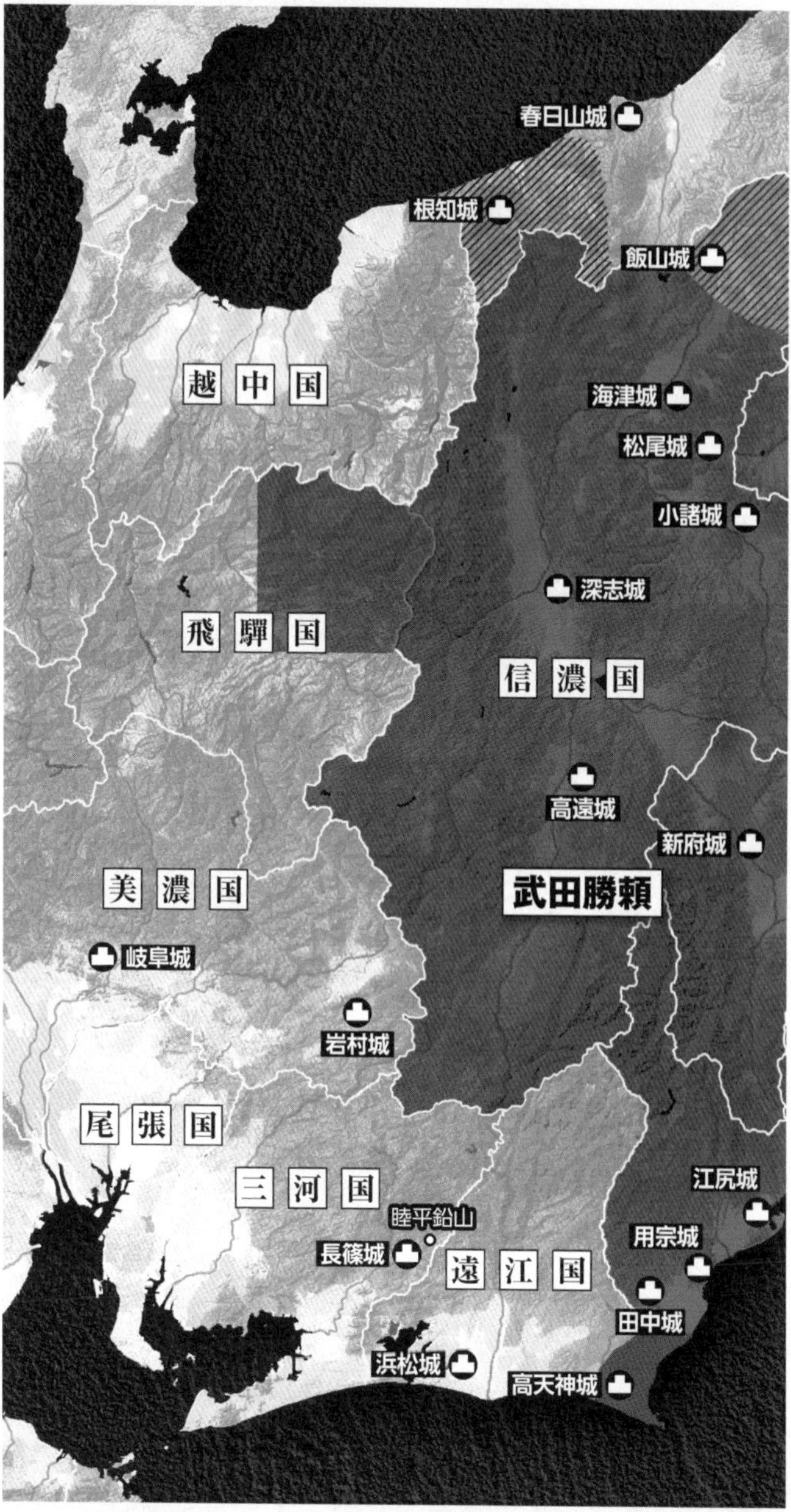

春日山城
根知城
飯山城
越中国
海津城
松尾城
小諸城
深志城
飛騨国
信濃国
高遠城
新府城
美濃国
武田勝頼
岐阜城
岩村城
尾張国
江尻城
三河国
睦平鉛山
用宗城
長篠城
遠江国
田中城
浜松城
高天神城

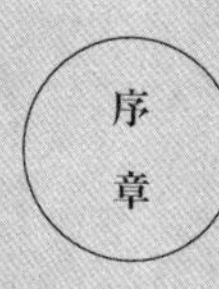

序章

名門源氏意識——戦国武田三代を呪縛し続けたもの

御旗・楯無も照覧あれ

もし、「御旗・楯無もご照覧あれ」という言葉を知っているとすれば、あなたはかなりの歴史通だ。この言葉は、甲斐武田家において、重大な決定を下す時に、当主が家宝の御旗・楯無に誓約するときに発するもので、もしこの言葉が発せられれば、誰も覆すことも、反対することも許されないという不文律があったといわれる。

天正三（一五七五）年五月の長篠合戦前夜、諸将が反対するなか、武田勝頼が、自ら決戦の決断を下し、御旗・楯無に誓約したので、もはや誰も反論できなくなったという逸話は著名である。これは、『甲陽軍鑑』（以下『軍鑑』）巻十九に記されているものである。同書には、長篠で、山県昌景・馬場信春らの宿将が「御一戦なさるのはおやめください」と懸命に諫言したところ、勝頼と跡部勝資、長坂釣閑斎は「決戦すべきだ」と主張して譲らなかった。やがて勝頼が「明日の合戦はもはややめられぬ」といい、御旗・楯無に御誓文をなされたので、その後は誰ものを言うことが出来なくなったと記されている。同じような逸話は、巻十に、若き信玄が長尾景虎（上杉謙信）と和睦し、村上義清の本領帰還を許すよう諫言する家臣らに対し「このまま信濃を納めることなく死ぬことになろうとも、景虎と和睦して、義清の帰還など、御旗・楯無も照覧あれ、絶対に許さぬ。異見は二度と無用だ」と言い放ったというものもある。

この御旗・楯無とは、武田家に重代伝えられた家宝で、御旗は日の丸の旗、楯無は鎧のことを指す。詳細は後述するが、これらの逸話は、御旗・楯無が、武田家にとって神聖な家宝であると同時に、信仰の対象でもあったことをよく示している。

『軍鑑』をていねいにたどっていくと、御旗・楯無に関する記述が散見でき、どのような場面で用いられたのかが、よくわかる。

例えば、巻十に、信虎追放の画策を、信玄らと練っていた甘利備前守虎泰は、八幡大菩薩と御旗・楯無の前で籤（くじ）を取り、信虎に逆心し彼を追放しても、甲斐はもちろん、信虎が奪取した信濃の領土も安泰であるとの結果を得て、クーデターに踏み切ったとある。また、同書巻二十に、勝頼の発言として「（武田家が）滅亡するとしても、信長に膝を屈することなど、御旗・楯無も照覧あれ、絶対にありえないことだ」とある。これは、御旗・楯無が、通常であるならば「神仏に誓って」というべき部分に挿入された用例といえ、二つの家宝が信仰の対象であったことを如実（にょじつ）に物語っている。

ただこれは『軍鑑』の記述であり、史実とはいえないのではと思われる方もいるだろう。かつて、若い頃の私も、そのように疑っていた時期があった。

楯無（菅田天神社所蔵）

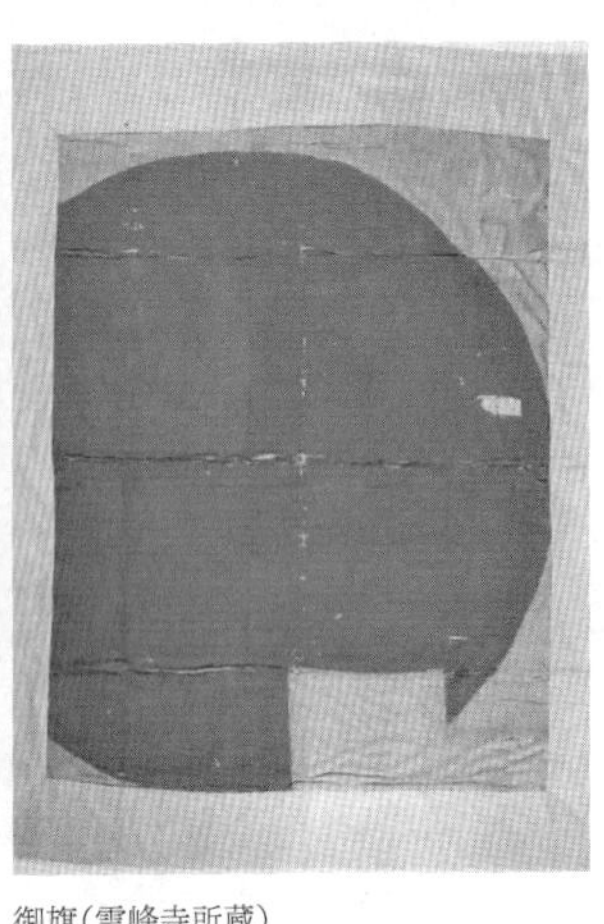

御旗（雲峰寺所蔵）

しかし、御旗・楯無は、同時代史料にちゃんと登場するのである。その事例を紹介しよう。それは永禄十（一五六七）年、武田信玄が、家臣、国衆、およびその陪臣の有力者ら二三七人より提出させた起請文である。世に、「生島足島神社起請文」「下之郷起請文」として名高い起請文のうち、武田信廉（信玄の弟）、浅利信種（譜代［代々仕えている重臣］、箕輪城代、西上野郡司）、長坂昌国（譜代、長坂釣閑斎の子）、室住昌守（譜代、第四次川中島合戦で戦死した室住豊後守虎光の子）、鮎沢虎盛（譜代）の起請文末尾に記された神文（罰文）に、御旗・楯無が登場する。ここでは、長坂昌国の事例を紹介しよう。

右、一事たりといえども、違反に存さば、梵

> 天、帝釈、四大天王、惣じて日本国中の大小神祇、殊には八幡大菩薩、冨上浅間大菩薩、熊野三所大権現、諏方上下大明神、甲州一二三大明神、別しては御籏・楯無の御罰を蒙り、今生においては癩病を享け、当来に至っては、無間地獄に堕在致すべきものなり、よってくだんのごとし

中世の起請文の末尾には、神文（罰文）といって、神仏を列挙し、誓約を破ったら、これらの神仏の罰を受けてもかまわないと明記した重要な部分があった。神文に記される主要な神仏名は、定型化する傾向にあったが、その他には、地域固有の神仏を書き込むのが通例であった。ところが、この起請文には、神仏と併記されながらも、一線を画す形式で「とりわけ御旗・楯無の御罰を蒙ります」と記述されているのだ。ここに、①当時の武田家に、御旗・楯無が実在したこと、②それらは、起請文の神文に記載されるほどの信仰を受けていたこと、③御旗・楯無は、神仏と同様に人間に罰を与える霊力を持つ存在として畏敬されていたこと、が確認できるだろう。『軍鑑』の記述は、出鱈目ではなかったことがわかる。

御旗・楯無とは何か

それでは御旗・楯無について、詳しく紹介していこう。まず、御旗は、現在、裂石山雲峰寺（甲州市塩山上萩原）が所蔵する、日の丸の旗のことである。ただ不思議なことに、江戸時代の文化十一年（一八一四）成立の『甲斐国志』（以下、『国志』）仏寺部第三の雲峰寺の項は「（孫子の旗などの説明の後）其他、日ノ丸、花菱紋ノ馬印各別ニ図アリ及ビ新羅三郎ノ喉輪、信玄自画ノ不動ノ像等アリ」と記し、また同書附録之二に収載された絵図には、「干旄二旒」（馬印）として掲載され、「地絹白、四縁ノ縫糸ハ萌黄、日ノ丸赤、長六尺、四布」とあるのみで、御旗とは記していない。また、慶応四（一八六八）年の『雲峰寺記』にも「一、日之丸ノ旗、旗地白紋赤壱流（ママ）」とあるのみで、御旗とは記されてはいない（『甲斐国社記・寺記』第二巻二五一頁）。これらがいかなる理由なのかは、今後の課題であるが、御旗は甲州市指定文化財に指定されている。現存する御旗は、縦一・三九メートル、横一・五七メートル、日の丸の径一・二六メートル、日の丸は赤で染め出されたもので、生地は白平絹地を縦四枚続きに縫い合わせたものである（『塩山市史』文化財編）。

『甲斐国志』人物部第三「新羅三郎義光」の項に、御旗・楯無の来歴が記されている。それによると、後冷泉天皇は、前九年合戦に際し、源頼義に安倍頼時の征討を命じた。頼義は、戦勝祈願を住吉明神で行ったところ、神託があり、神功皇后が三韓を討った時に奉納した旗一旒と鎧一領を下賜されたという。これが、御旗と楯無の鎧で、頼義から三男の義光に相伝され、甲斐源氏の重器になったとある。

ところが、『軍鑑』巻十九には、安倍貞任・宗任討伐を命じられた時に、後冷泉天皇から拝領したもので、住吉大明神の神宝であったとは記されていない。天皇からの下賜であったことは、『軍鑑』末書下巻上でも明記されている。

このことから、御旗は、後冷泉天皇から源頼義が下賜され、その息子義光（新羅三郎）に相伝されたもので、これが義光の子孫甲斐源氏の家宝となったというのが、武田氏の認識であったことは間違いなかろう。

次に、楯無とは、現在、菅田天神社（甲州市塩山上於曽）が所蔵する鎧のことで、正式名を「小桜韋威鎧兜・大袖付」といい、国宝に指定されている。この由緒も、御旗と同じである。なお、楯無の名は、楯を必要としないほど、丈夫な鎧とされることに由来するとの説がある。問題は、源義光以後、この鎧がどのように相伝されたかである。

源氏には、宗家に代々伝えられた、源氏八領といわれる重宝の鎧が八領あったという。それらは、『保元物語』に「すなわち、月数・日数・源太が産衣・薄金・膝丸・八竜・沢瀉・

盾無と称する八領の鎧、それが風に吹かれて四方へ散るという夢想の告げがございましたので、あれやこれや、さしさわりが多くございます」と記されたもので、平氏の唐皮(からかわ)、薄雲(うすぐも)と並び称されたものであったという。『国志』などは、『平治物語』などにも記述があると言うが、確認できない。『保元物語』では、源氏が保元の乱に巻き込まれることで凋落していく恐れがあることを、霊夢による不吉として、すなわち源氏八領が四散していくと表現している。

現在、源氏八領のうち、唯一現存するものが、武田氏の楯無の鎧といわれている。ただ、『国志』附録之一所収「武田家伝来楯無鎧之図」の解説の中に、『平治物語』の記述として「義朝ハ楯無トテ黒糸威(くろいとおどし)ノ鎧ニ獅子丸ノ裾金物(すそかなもの)ヲ打チシ」「左馬頭ノ楯無、悪源太ノ八龍、大夫進ノ沢瀉、兵衛佐ノ産衣ヲ始、秘蔵ノ鎧ドモヲ雪ノ中ニゾ脱捨ケル」とあることとの矛盾を指摘している。『国志』はいっぽうで、源義朝が脱ぎ捨てた楯無を、甲斐の石和(いさわ)信景が拾い、これを武田に伝えたと記述し、辻褄を合わせようとしているが、これは信頼できない。なお、これらの記述がある、『平治物語』は確認できないので（公刊されている諸本に、右記の記述はみられない）、慎重にならねばならないが、むしろ『平治物語』の記述に問題があるのではなかろうか。そもそも、源義光・義清・清光と続き、保元・平治の乱に加わることのなかった甲斐源氏武田氏の重宝楯無が、源義朝の手元にあったということ自体が、不自然である。もし存在していたのが事実とするなら、別の楯無の鎧と考えるべきであろう。

既述のように、戦国期にはまちがいなく、武田家には楯無と呼称される鎧があったことは確実である。菅田天神社所蔵の国宝「小桜韋威鎧　兜・大袖付」は、学術調査が実施され、鎌倉、南北朝、室町、戦国、江戸の各時代に、修復の手が加えられているが、兜鉢は平安時代後期の早い段階のものであり、大鎧として甲冑史（かっちゅう）、美術史上、重要な遺物であると評価されている。すなわち、この鎧が、伝承通り楯無であることと矛盾しない。なお、この学術調査にもとづき、武田信玄が所持した戦国期の楯無の鎧の復元が実施され、現在、山梨県立博物館に所蔵されている。

武田家当主の条件

武田氏は、御旗・楯無の継承者こそが惣領であるとの認識を保持していた武家であった。中世の武家では、籏と鎧は、惣領家が代々相伝する一門の象徴として重視されていた。そして、家の重宝でありながら、当主が時として戦場において着用することもしばしばみられたことが指摘されている。このことは、御旗・楯無にも当てはまる。しかもそれらの継承が、歴代当主の数え方にも影響を及ぼしていたらしい。だが、それらの継承には、鎌倉・室町・

戦国という長い時間の過程で、幾多の問題や困難を伴ったようだ。

武田氏の御旗・楯無に関する最も古い記録は、『一蓮寺過去帳』の武田信光の記述である。それは次のようなものであった。

> 武田太郎駿河守信義子　伊予守
> 石和五郎信光
> 射礼楯無シ相伝
> 賜甲州石和荘ト　系図ニアリ
> 宝治二戊申年八月十九日
> 重阿弥陀仏

武田（石和）信光は、武田信義の跡を継ぎ、武田家惣領（石和流武田氏）となった人物として著名だが、彼が楯無と射礼（弓の礼法）を相伝したといい、これは系図によるものだと記述される。この系図とは、「円光院武田系図」（十六世紀末成立）や「武田源氏一統系図」の祖本となった古系図のことを指すと推定されている。現在、「円光院武田系図」「武田源氏一統系図」をたどっていくと、御旗・楯無の相伝が、長い歴史の中で、決して順調ではなかったことが窺える。

源頼義―源（新羅三郎）義光―武田義清―清光―信義―信光（石和五郎）までは、惣領に継承されているが、信光の子信政―信時―時綱―信宗―信武という、後の武田信玄に繋がる系統（信時流武田氏）には継承されず、信光の子で、一条を継承した信長―信経―時信―義行の手に渡っている。

ただ、ここで不可思議なのは、一条信経には「楯無相伝」とあるが、その子一条時信（武川衆の祖）には、その記述がなく、時信の子義行の注記に「楯無在所知」とあることだ。この記述を素直に読めば、時信の代になって何らかの理由で楯無を継承できず、その所在もわからなくなってしまったが、義行がその所在を突き止め、取り戻したということであろう。その後、楯無は、武田信武の代になって、「楯無出来」とあるから、彼の手に渡ったのだろう。信武こそ、足利尊氏とともに室町幕府の創設に尽力し、甲斐・安芸守護となった人物である。いっぽうで、信武の父信宗について、別の系図である「武田源氏一流系図」には一族と争って一時没落し、武蔵国滝山に流浪したところ、修行中の行人（ぎょうにん）と出会い、彼に楯無を探してもらったとあり、行人は還俗（げんぞく）したという記述がある。この逸話は、『軍鑑』にも記述され、楯無を探してくれた聖（ひじり）は、都留郡（つるぐん）小山田氏の祖であるという。もちろん、この逸話は史実とはいえないが、石和流武田氏と信時流武田氏との間で、惣領をめぐる争い（それは同時に、御旗・楯無継承をめぐる争い）があったことを窺わせる。

石和流武田氏が、南北朝内乱の過程で没落したのは事実であり、この結果、御旗・楯無は信武の手に確保されたとみられる。だが、信武の子で、甲斐守護を継承した信成には、楯無継承が注記されておらず、信成の子信春の注記に「楯無到来」とあることから、信武から信成に、スムーズに家宝が継承されなかったのだろう。その後は、上杉禅秀の乱に加担して自刃した武田信満から、息子信重への移行がうまくいかず、信重は「楯無相続射礼到来」とあるので、誰かが護持していた楯無を、ようやく取り戻した形跡が窺われる。その後は、武田勝頼まで御旗・楯無の順調な継承が明記されている。特に、勝頼については「当家旗楯無悉く相続」と記述されている。

御旗・楯無が、他家の手に渡った例

このように、武田惣領家に相伝されるべき御旗・楯無が、他家の手に渡るという変則的な出来事があったことが、「武田源氏一統系図」から窺われるが、『軍鑑』はそれを具体的に記述している。その記述をもとに、御旗・楯無の相伝と歴代数の認定を表（表0－1）にしてみた。

これをみると、武田清光から信義への間に板垣氏が、武田信政から信時の間に安田氏が、

図0-1　楯無鎧相伝関係略系図

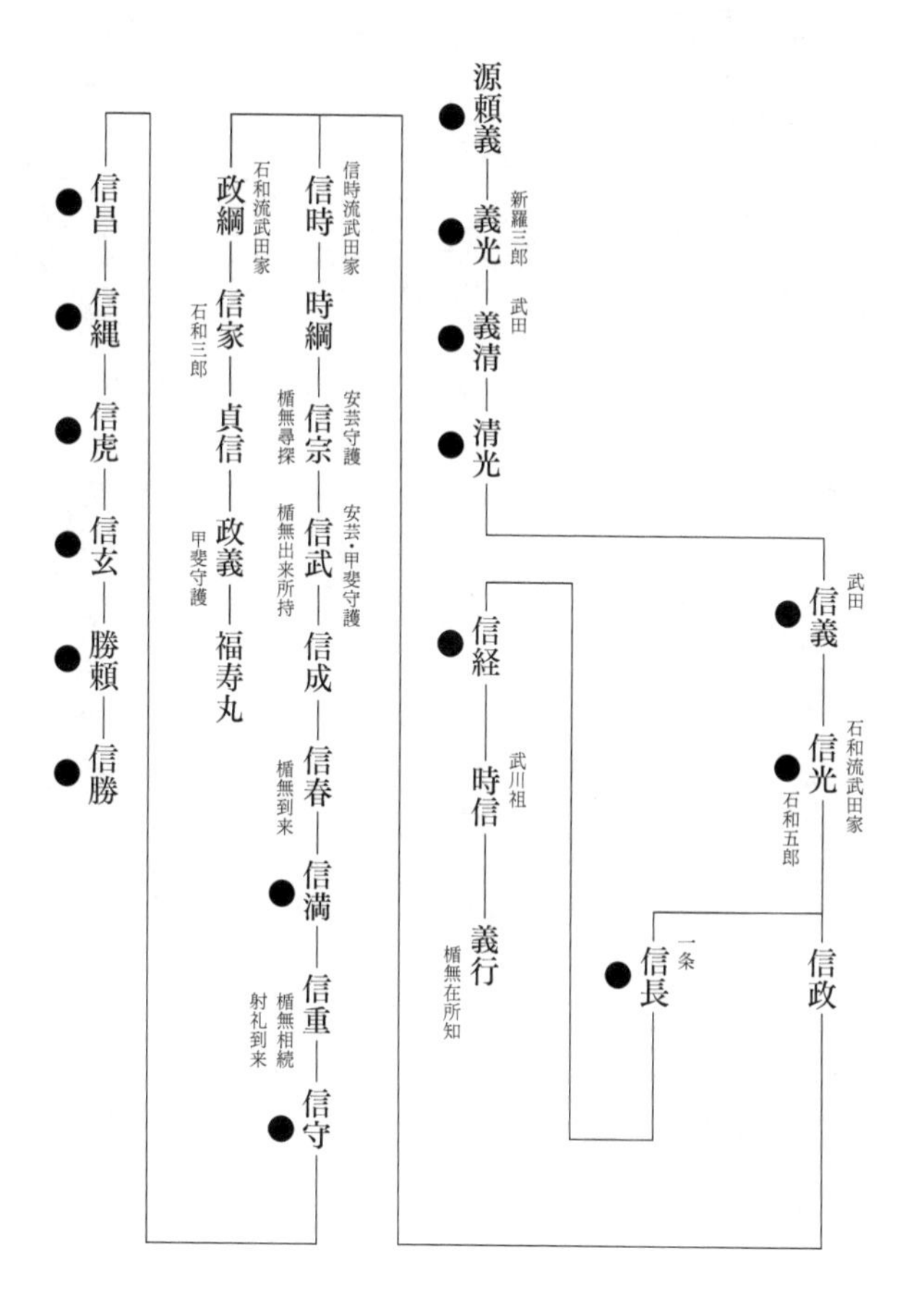

(註)●は「射礼楯無相伝」を示す。「武田源氏一統系図」「武田源氏一流系図」(『山梨県史』資料編中世3下所収)、「大聖寺甲斐源氏系図」(『山梨県史』中世資料編6中世3上所収)をもとに作成。

表0-1　御旗・楯無継承者一覧表

歴代	御旗・楯無継承者	備考
1	源頼義将軍	
2	新羅三郎義光	
3	源(武田)義清	「此御代に甲斐国へ下りたまい候也」
4	源(武田・逸見)清光	
5	板垣	「板垣十二年御陣代をつぐ、子細ハ信義五歳の御時、清光公御他界成故、如此、御十六歳迄の間也」
6	武田信義	
7	武田(石和)信光	
8	武田信政	
9	安田	「安田御陣代、十年」
10	武田信明	武田信時の誤記か
11	武田時縄	武田時綱の誤記
12	武田信宗	
13	板垣	「板垣十年」
14	武田信武	
15	武田信成	
16	加賀美	「加々美、九年」
17	武田信春	
18	武田信満	
19	板垣	「板垣十年之間、御陣代をつぐ」
20	武田信重	
21	安田	「右のごとく十三年、安田御陣代をつぐ」
22	武田信森	武田信守の誤記
23	跡部上野	「跡部上野、十七年御陣代をつぐなり」
24	武田信昌	
25	武田信縄	
26	武田信虎	
27	武田晴信(信玄)	
28	武田信勝	

出典：『甲陽軍鑑』末書下巻上

武田信宗から信武の間に板垣氏が、武田信成から信春の間に加賀美氏が、武田信満から信重の間に板垣氏が、武田信重から信守の間に安田氏が、信守から信昌の間に跡部氏が、それぞれ御旗・楯無を保持していたという。これがどこまで史実かは明らかにしえないが、信宗から信武以降の記述は、簡単には否定できない。とりわけ、信守から信昌の間に、御旗・楯無を保持したとされる跡部上野介景家は、甲斐守護武田氏の権力を専断し、信昌に滅ぼされた経緯を持つ。また、武田家当主でなくとも、御旗・楯無を保持し、陣代をつとめれば、歴代に数えられるという考え方があったことも窺われる。

『軍鑑』末書下巻上には、武田信昌が、跡部から楯無を取り返した経緯が記されている。それによると、武田信守が早世してしまい、幼年の信昌が跡を継いだが、跡部上野は、慣例のように武田一門に陣代をさせず、自身が家中を専断し、信昌が元服しても実権を握ったままであった。そこで信昌は、跡部上野を討つべく立ち上がる。信昌と跡部の合戦に際し、何と跡部上野は、楯無の鎧を着用して戦場に臨んだという。重宝が跡部の手に落ちていたことを示す。これをみた信昌は、強弓を手にするや、一弓で跡部を射落としたという。信昌が放った矢は、楯無の前から後ろに抜け、その痕跡がくっきりと残るほどだった。信昌は自ら跡部の首を落とし、楯無を取り戻した。

信昌は楯無をみて、「武田家が名家であるのは、この具足のお陰である。なのに矢が通ってしまったのは、反逆者が着用したからであろうか」と残念に思い、弓の達者三人に大弓を持たせ、楯無を着用した信昌を射るよう命じた。主君信昌を射るわけにはいかないと、三人は命令を拒否したが、信昌は「武田家が武辺の家だといわれるのは、この鎧のご威光のおかげである。武田を継ぐ嫡子が、これを着用して矢で射抜かれるならば、すべては偽りである。そうであるならば、死んでも悔いはない、もしお前たちが射なければ、私は自刃する」と言い放ったので、三人は決心し、信昌を射た。ところが、弓は楯無を射抜くことが出来なかったという。

こうした逸話が事実かどうかは別にして、楯無は、それをもつ資格のない者が持てば、その人物に災厄が訪れるとの認識があったことは、注目してよい。そして、『軍鑑』末書下巻上の記述を見る限り、武田勝頼は、御旗・楯無を継承した人物に、すなわち武田家歴代に数えられていない。これには、諏方勝頼という彼の出生に対する差別的な扱いが見受けられる。ただ、「武田源氏一統系図」では、勝頼は相続したと認定され、『軍鑑』でも御旗・楯無を継承し、祀っていることは明らかである。

また『軍鑑』には、御旗・楯無は、武田家が滅亡しても、その敵は三年のうちにみな滅んだと記述されている。これは、織田信長を想定しているのであろう。『軍鑑』における御旗・楯無の認識は、まちがいなく信仰の対象であるとともに、神罰をも加える畏怖の対象でもあったことだ。少なくとも、この点は、戦国期の同時代史料でも確認できるところといえるだろう。

武田軍に浸透していた御旗・楯無信仰

武田家においては、惣領の象徴であり、源氏の血統であることの証しでもあった御旗・楯無は、譜代や先方衆などの武家だけでなく、一般の兵卒にまでその存在が知られ、信仰されていた可能性がある。このことを直接証明する文書はないが、一九六〇年代に発見された、近世の記録の中に、武田軍の軍歌と推定される記述がある。その部分を引用してみよう（『山梨県の民謡　民謡緊急調査報告書』一九八三年所収）。

> 山での合戦、山での合戦、おらん党は、強ええぞ、小池の一党、小池のおらん党は、山の武士、エイエイエイエイエイ、オウ、げにゃミタ照覧だ、ミタ照覧
> 佐久口ちゃ津金（つがね）で、諏訪口ちゃおりい（「おびょ」とも読める）、小池の一党、固めた山

を、ねらう奴ばら、ズンズリバッチョロ、突つころがせ、デンポーロ、エイエイ、エイ
エイエイ、オウ、げにゃミタ照覧だ、ミタ照覧

この軍歌と推定される記述は、『逸見（へみ）古歌抄』（小池藤五郎氏所蔵）の中に収録されているものである。同書は、天明八（一七八八）年、小池村名主小池宇右衛門久胤、伝右衛門富幸父子が編集したもので、家伝の武田関係の古記録から抜粋、整理したものであるという。この歌は、史料の所蔵者である小池藤五郎氏（当時、立正大学教授）が、昭和四十年代に紹介し、武田軍の軍歌と推定したので注目を集めた。

この軍歌は、甲州方言がふんだんに使われているところに特徴がある。まずは、見慣れぬ単語について、検討してみよう。はじめに、「おらん党」は、わたし、わたしたち、という意味で、現在でも甲州弁として使用されている。「げにゃ」は、げに（実に）の強調した言い方のことであり、「本当に、まったく、その通り」という意味がある。「奴ばら」は、連中、やつらという意味で、『軍鑑』などにも類例がある。

次に「ズンズリバッチョロ」とは、「ずんずりばっちょう」のことを指すのではないかと思われる。山梨県北巨摩（きたこま）や東八代（ひがしやつしろ）地方の方言に「ずんずりばっちょう」という表現があり、

それは「逡巡（しゅんじゅん）する、ためらう」という意味があるという（『北巨摩郡誌』『東八代郡誌』）。とすれば、「ためらうな、敵を突き転がせ」と解読できるだろう。最後の「デンポーロ」は、甲州の方言で「蝸牛（かたつむり）」のことを指すという（『山梨鑑』）。ならば、この一連の部分は、「ためらうことなく、敵を蝸牛のように突き転がしてやれ」という勇ましい文句になるだろう。

この軍歌に登場する小池党とは、八ヶ岳山麓の小池郷（北杜（ほくと）市高根町小池）の武士たちで、津金・小尾（おび）・小池党らは津金衆と呼ばれる武士団を結成していた。彼らの任務は、甲斐・信濃国境の警備であり、それが歌にも織り込まれている。それは「佐久口は津金で、諏訪口ちゃおりい」とある部分だ。佐久口の警備は、津金が務めるという意味であろう。ならば、それに続く、諏訪口の後の「おりい」は、警備を担当する武士の名字と考えるのが自然であり、それに相当するのが、「折井」で、実在した武川衆の中心メンバーである。

津金衆は、津金・小尾氏らは、信州峠（小尾街道）や野辺山方面など平沢口（佐久往還）を、小池党は野辺山と小荒間方面（いわゆる棒道）を主に監視し、折井氏を中心とする武川衆は、諏訪方面から釜無川（かまなしがわ）沿いの甲州道（諏訪口）を監視していた。

彼らは、自らの任務と敵との戦いの様子を勇ましく歌い上げたが、その末尾に「ミタ照覧」と、武田家の重宝御旗・楯無をも歌詞に加え、その賛歌としていたのだ。この軍歌が、果たして当時のものを伝えるものかどうかは、なお検討の余地がある。だが、武田軍の兵卒にも、御旗・楯無は誇りとみなされ、自軍の勝利のための守護と認識されていたことが、軍歌として伝承されているのであれば興味深い。

武田家と足利家

御旗・楯無という重宝を軸に、武田家の名門意識を瞥見してきた。管見の限り、戦国期に至るまで、家宝の旗と鎧を、源氏の血を引く貴種の象徴として喧伝してきた武家は、存在しない。そして、武田家における源氏意識は、戦国期において、政治・外交路線に大きな影響を与えていた。

私はかつて、武田信玄の強烈な源氏意識を指摘したことがある（平山・二〇〇六年）。それは、信玄自身の書状や、武田一門の画像賛、さらに信玄の葬儀記録である『天正玄公仏事法語』などにほとばしる自己認識に他ならない。

信玄は、生前、自分は新羅三郎義光を祖とする、甲斐源氏の子孫であることを誇りとしていた。そして、甲斐武田家の本家に相当する若狭武田家の子孫が、朝倉義景に庇護されたことに謝意を示し、これを契機として、朝倉との連携が開始されることとなる（戦武一五五一号)。信玄が、父信虎追放後、父から継承していた左京大夫を捨て去り、大膳大夫を称したのは、本家筋にあたる若狭武田氏の官途を引き継ぐ意図があったのではないかと私は考えている。それは、室町幕府を支え続けた若狭武田氏への敬意によるものであろう。

武田信虎も、室町幕府将軍足利義晴への奉公を申し出で、上洛を期待され、幕府再興の一翼を担うべき家格の大名と認識されていた。信玄もまた、幕府再興とその安定には努力を惜しまぬ戦国大名であった。これは本文で叙述することにしたいが、信玄は足利義昭政権の成立と維持に、助力を惜しまぬ姿勢を一貫して示していた。

それは、近年、谷口雄太氏が明快に指摘したように、中世後期の武家社会において、足利氏を頂点とし、足利一門を上位とする儀礼的・血統的な秩序意識・序列意識が広く見られ、この価値観が共有されていたことと密接に関連している(谷口・二〇一九年)。ここに、戦国期武田三代の自意識が看取できる。なぜならば、武田家にとって、自家は源氏の血統を引くというだけでなく、数ある源氏の子孫の中で、他家とは一線を画する地位にあるという自己認識があったからである。

それは、武田家が祖新羅義光を、八幡太郎義家の弟という注記をつけて喧伝していたからである。なぜかといえば、これは後三年合戦の故事にちなんでいる。義光は、兄義家の危機を座視しえず、無断で東北に出陣した兄想いの弟という構図である。これは、そのまま、南北朝内乱や観応の擾乱における、足利尊氏と武田信武の緊密な関係に引き継がれる。実際に、武田家において「源義光が安倍貞任を討ち、武田信武に至るまで、代々将軍足利家への功績について、武田を超える家はない」との誇りが実在していた（『天正玄公仏事法語』）。

このことは、八幡太郎義家とその子孫足利将軍家を支える、新羅三郎義光とその子孫武田家という構図を浮かび上がらせる。武田信虎・信玄・勝頼の戦国武田三代は、間違いなく、この源氏意識を根底に、外交を展開し、最後は織田信長との対決に踏み切るのである。ここに、他の戦国大名家にはみられぬ源氏意識の発現をみることができるだろう。だが、この意識こそが、良くも悪くも、戦国武田三代の行動原理を規定したといえそうである。戦国時代は、正当性、すなわち大義名分がなければ、相手に戦争を仕掛けることはなかなか困難であった。そうした中にあって、源氏意識と将軍足利氏との特殊な関係性のために、信虎・信玄・勝頼は織田信長との戦いに身を投じていくこととなる。しかも厄介なことに、信玄の後継を託された勝頼は、甲斐源氏武田氏の家督でありながら、そうなる以前は諏方神氏を称していたという複雑さだった。源氏意識と諏方神氏出身との相剋が、勝頼を追い詰め、武田氏を滅亡に導いていく。

第1部

武田信虎

武田信虎公画像（大泉寺所蔵）

1 武田信虎の前半生

割拠する甲斐国衆

武田信虎が家督を相続した時期、室町期の甲斐国内の在地領主は、国人(こくじん)から脱却し、さらに成長しつつあった。ここでいう国人とは、室町幕府や守護の被官であるか否かに関わりなく、守護役などの一国平均役（一国単位において、荘園・公領を問わず一律に賦課された臨時の租税・課役）を負担し、幕府・守護の「国」「郡」支配に関与し、その安定に寄与することが期待されていた国の侍(さむらい)身分を包括して指すものである。つまり、国人とは、大身の武家だけでなく、中小の武家をも指す呼称に他ならない。

戦国争乱の始まりは、これら国人たちに深刻な影響を与えていた。その中で、滅亡、没落する国人が相次ぐわけだが、それは別の角度からみれば、有力な国人が領域権力として成長、台頭してくる過程でもあった。彼らは、中小国人を制圧、もしくは滅亡させながら、本拠の城館と本領を中核に、一円領を形成し、国衆(くにしゅう)（戦国期固有の有力領主）へと脱却しつつあった。

領域権力とは、本領ではない、自分には所縁のない地域をも支配下に置くとともに、その地域の郷村、寺社、侍身分などから保護と安全保障を求められる存在に他ならない。その規模は、少なくとも数カ村以上、大身ともなれば、半郡や一郡規模を支配した。東国ではおおよそ所領規模一〇〇〇貫文以上の大身の武家を国衆と想定している。

武田氏の本国甲斐では、こうした領域権力たる国衆に成長しつつあったのは、逸見今井氏、栗原武田氏、油川武田氏、岩手武田氏、大井武田氏、穴山武田氏、小山田氏、加藤氏、小菅氏などである。甲斐国は、国中、河内、郡内という伝統的な地域区分があるが、国中（甲府盆地）に拠点を構えるのは、逸見今井氏、栗原武田氏、油川武田氏、岩手武田氏、大井武田氏、河内（山梨県の南側、富士川沿いの巨摩郡南部と八代郡西南部一帯の広域呼称）は穴山武田氏、郡内（都留郡）は小山田氏、加藤氏、小菅氏である。

このうち、今井・栗原・油川・岩手・大井・穴山氏は、武田一族である。

逸見今井氏は、甲斐守護武田信満（?〜応永二十四〈一四一七〉年）の子今井信景を始祖とする国衆である。信景の孫信慶の代に、逸見氏をも自称した。逸見氏とは、甲斐源氏の祖武田義清の子清光が逸見荘（山梨県北杜市一帯）に進出し、逸見冠者を称したことに始まる。だが、逸見氏は、文明四（一四七二）年五月に、「ヲハ子ノ城」（「ツカネノ城」か、源太ケ城〈北杜市須玉町上津金〉）で滅亡した。その後、逸見一帯を支配したのが、今井氏である。今井氏は、もともと今井（甲府市）を本領としていたが、今井信泰（甲斐守護武田信満の子、信重の弟）が江草に入って江草氏を称した。だが、信泰が応永二十一（一四一四）年に早世したため、弟の信景が遺領を相続した。逸見今井氏は、小倉（こごえ）を本拠にしたとされ、本城は中尾城もしくは、獅子吼城（ししくじょう）と推定されている。

栗原武田氏は、甲斐守護武田信成の子武続が栗原郷（山梨市）を本領としたことに始まる。その後、栗原信明が惣領となり、下栗原に居館（現大翁寺）を構えた。また有力な栗原一族として、東後屋敷に武田金吾屋敷を構えた系統（栗原左衛門尉（さえもんのじょう）信宗・信由の系統）と、中栗原にある栗原屋敷（現養安寺）を構えた系統（栗原信尊〈信孝〉か）などがいる。後に、武田信虎に反抗した栗原惣二郎昌種は、栗原信明の子で、信遠の弟、また栗原伊豆守信友は、信遠の後継者と、それぞれ推定されている。なお、栗原氏は、武田惣領家を支える有力者であり、その動向は、信昌・信縄（のぶつな）・信虎に強い影響を与えた。

大井武田氏は、甲斐守護武田信武の子弾正少弼（だんじょうしょうひつ）信明（法名最勝寺殿）が、観応元（一三五〇）年頃、巨摩郡大井荘に入部したのが始まりといわれる。室町末期に、宗家を継いだ大井式部大輔信包の子が、戦国期に武田信虎を悩ませた大井信達である。大井氏の本拠は、上野城（椿城、南アルプス市上野）とされるが、それは出城であり、実際には、鮎沢（南アルプス市）に居館を構えていたとする説が強い（萩原三雄編・一九九一年）。油川武田氏は、甲斐守護武田信昌の次男彦八郎信恵が油川（甲府市、笛吹市）を領し、油川氏を称したことに始まる。信恵は、生母が都留郡小山田信長の姉妹とされ、岩手氏を継いだ縄美（縄満）は同母弟であったという。父信昌に寵愛され、兄信縄と甲斐守護の地位をめぐって激しく争った。油川氏の居館は、東油川（笛吹市石和町）の油川山泉竜寺（曹洞宗）の地にあったとされ、要害は勝山城（甲府市上曾根）と、福泉寺城（所在地不詳）であったと推定されている。

　岩手武田氏は、甲斐守護武田信昌の子縄美（縄満）が、岩手を領し、岩手氏を称したことに始まる。縄美は、油川信恵の生母同母弟であったという。縄美は、兄信恵とともに、異母兄武田信縄、甥信虎と戦っている。岩手氏は、永正五（一五〇八）年十月四日、武田信虎に敗れ、壊滅したというが、縄美の息子治部少輔信勝だけが生き残り、細々と家系を繋いだとされる。だが、信玄・勝頼に仕えた信勝―信盛（能登守・遊山）―信景（右衛門佐、能登守）―某（右衛門尉）の系統には、昔日の面影はなく、居館跡や城などは不明である。

　穴山武田氏は、甲斐守護武田信武の子義武（四郎、修理大夫、信濃守）が穴山（山梨県韮

崎市）を領した穴山氏の養子に入ったことが、その隆盛の始まりである。その後、義武の養子に満春（甲斐守護武田信春の子、後に武田陸奥守信元となり甲斐守護となる）が入り、さらに武田伊豆千代丸（甲斐守護武田信重の弟信長の息子）、信介（甲斐守護武田信重の子、刑部大輔）が相次いで養子として相続した。穴山武田氏が、本領穴山を離れ、甲斐国河内領を支配するようになったのは、穴山満春の時代であったとされる。

穴山信介以後、穴山氏はようやく実子相続により、家系を繋いでいく。信介の子乙若丸が応永三十二（一四二五）年十月に夭折すると、その弟信懸（兵部大輔、伊豆守、法名建忠寺殿中翁道義、斎名臥龍）が跡を継ぎ、栗原氏と同じく武田惣領家を支え続けた。とりわけ、穴山信懸の動向は、武田氏に強い影響を与えている。

武田氏以外の国衆

都留郡小山田氏は、秩父平氏小山田氏の子孫であり、秩父重弘の子小山田有重（武蔵国小山田荘別当、畠山重能の弟）を祖とするとされるが、近年では否定的な意見が強い。可能性として、南北朝内乱期に、北朝方の藤原姓小山田氏が、南朝方の平氏姓小山田氏を滅ぼしたか、都留郡の藤原姓の新興勢力が小山田氏を称し、秩父平氏小山田氏と小山田上杉氏の末裔を僭称したか、が想定されている。

都留郡加藤氏は、上野原の内城館（上野原城）を本拠とする国衆である。加藤氏は、確証はないが、鎌倉御家人加藤景廉を始祖とするといわれ、都留郡上野原との関わりは、加藤兵衛尉が古郡氏の遺領古郡庄を拝領したことに始まる。建暦三（一二一三）年に勃発した和田合戦で、古郡保忠は和田氏に味方し滅亡した。五月七日、鎌倉幕府より論功行賞として、加藤兵衛尉がその遺領である古郡を与えられ、入部した（『吾妻鏡』）。この古郡庄こそ、現在の上野原に相当するといわれる。加藤氏の系譜には、不明な点が多いが、上杉禅秀の乱後、甲斐が守護不在となり、鎌倉公方足利持氏の支援を受けた逸見氏によって横領された際、武田信長を助けてこれと戦った加藤梵玄が、『鎌倉大草子』に登場する。その後、長尾景春の乱が勃発すると、加藤氏は景春方に味方し、文明十（一四七八）年、相模国奥三保で、大石・本間・海老名氏らとともに、関東管領上杉方と対峙した。太田道灌と太田資忠は、十月、彼らを打ち破り、加藤要害に攻め寄せ、加藤領の鶴川（上野原市）などに放火している（「太田道灌状」）。これにより、加藤氏は降伏したと推定されている。その後は、小山田氏とともに、甲斐の内乱に参画しているが、武田三代の時期には、小山田氏の相備となり、加藤駿河守（虎景）―丹後守景忠―次郎左衛門尉信景―千久利丸の四代が史料で確認できる。戦国期には、鶴川に築かれた長峰砦を預けられたという。

小菅氏は、都留郡小菅を本領とし、小菅城に拠った国衆であるが、その系譜関係は一切不明である。文明十年十二月、小菅の惣社箭弓神社宝殿造営の棟札に、藤原姓の小菅遠江守信景・次郎三郎信久父子が登場するのが、史料の初見である。この系統が、戦国期小菅次郎

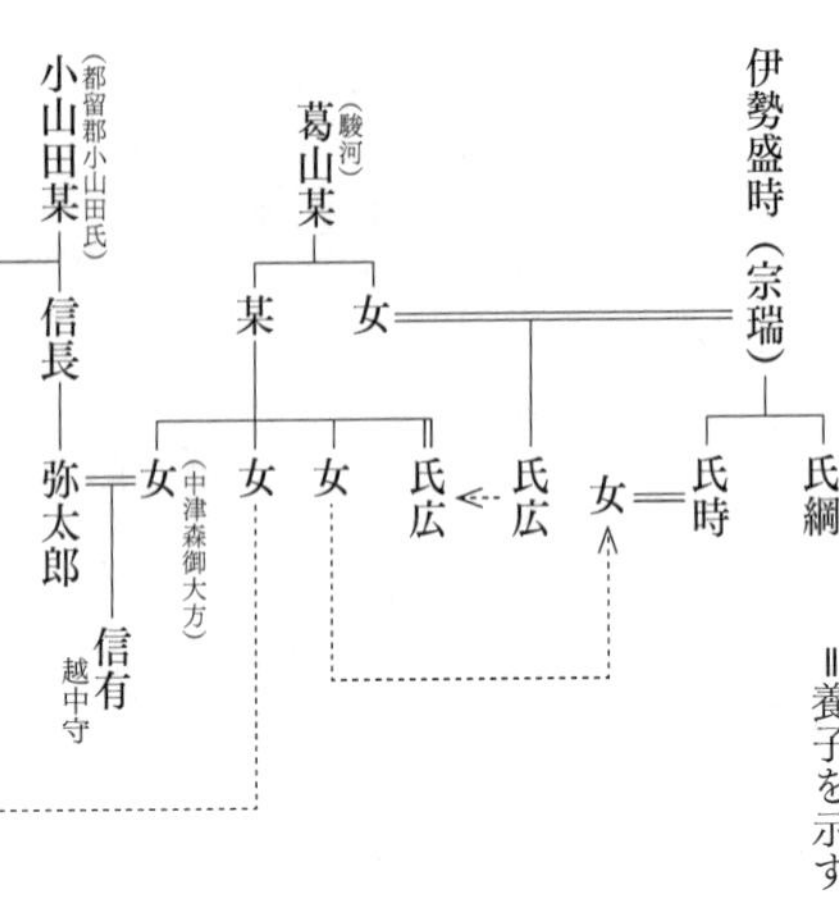

三郎や、小菅五郎兵衛尉に続くのであろう。小菅、丹波における寺社の由緒をみると、小菅氏による建立や造営、修理などを伝えるものが広く分布していることから、現在の小菅村、丹波山村が支配領域に相当すると推定される。小菅氏は、次郎三郎の系統が宗家とみられ、五郎兵衛尉は山県昌景・昌満父子の同心衆となって本領を離れたと推定される。小菅五郎兵衛尉は、長篠合戦直後、昌景戦死に伴い昌満の陣代をつとめたという（『軍鑑』）。武田氏滅亡時は、小山田信茂と行動を共にし、五郎兵衛尉は処刑さ

図1-1　甲斐国人の婚姻関係推定図

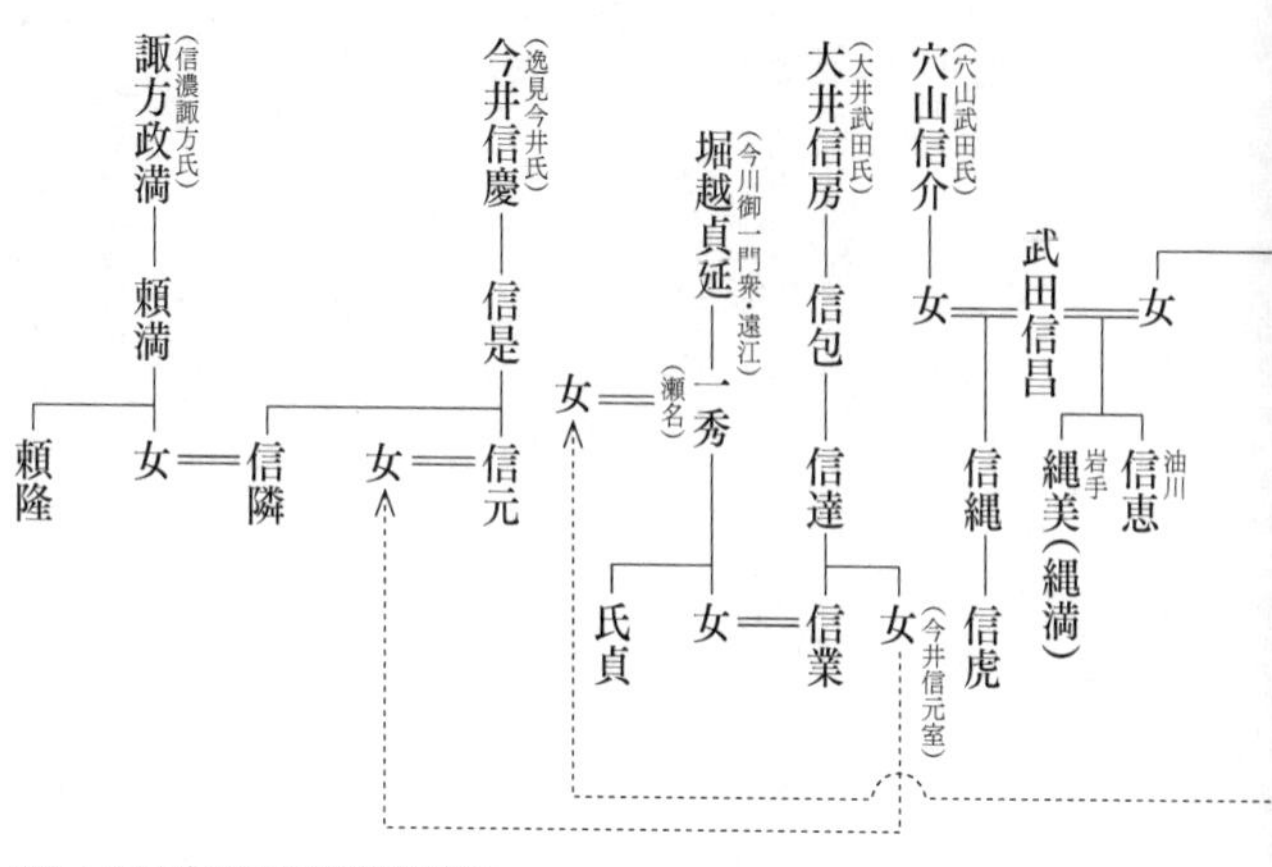

出典：平山優『武田信虎』（戎光祥出版）

れたが、宗家が徳川氏に仕えた。

甲斐国衆と他国との関係

武田信虎は、家督相続直後より、これら甲斐国衆との戦いを余儀なくされた。信虎にとって厄介であったのは、彼らとの戦いが、同時に彼らを支援する他国勢力の介入を招いたことである。特に、逸見今井氏は信濃諏方（すわ）・岩村田大井氏、大井武田・穴山武田氏は今川氏、油川武田・岩手武田氏や郡内小山田氏は伊勢（北条）氏、栗原武田氏は関東管領上杉氏を背景にしていた。

なぜ甲斐国衆と他国勢力との関係性が築かれていたのだろうか。それは、彼らの系譜と婚姻関係を追っていくことではっきりする（図1－

1参照)。甲斐の国衆は、相互に緊密な姻戚関係を持っていたが、それに加えて隣接する国衆や大名の重臣層とも、同様の関係を取り結んでいた。これは、国衆が存亡を賭けた安全保障体制の構築を、婚姻によって成し遂げていたことを示している。武田信虎の甲斐統一事業は、武田宗家に反抗する国衆との戦いだけでは済まず、これを支援する近隣勢力の介入を排除せねばならぬ、極めて困難な道程だった。

甲斐の戦国争乱が始まる

延徳四(一四九二)年六月十一日、甲斐守護で惣領の武田信縄(のぶつな)(信虎の父)は、父信昌に対しクーデターを起こしたとされ、彼を落合に隠退させた。だが、信昌はこれに実力で対抗する構えを見せ、父信昌に信縄の弟油川彦八郎信恵、穴山信懸が味方して、武田氏は分裂した。双方に甲斐の武士が荷担し、甲斐国は内戦へと突入していった。『勝山記』が「甲州乱国ニ成リ始テ候也」と記した、戦国争乱が始まったのである。

通説では、信昌・信恵と信縄の分裂、対立は、父信昌が信恵を愛し、彼に家督を譲り渡そうとしたことから、それに反発した信縄が起こしたクーデターであったとされてきた。だが近年、異論が提起されている。

押さえておく必要があるのは、武田氏の内訌が、足利茶々丸のクーデターから、ちょうど一年後に始まっていることである。延徳三年四月、堀越公方足利政知が死去したのち、父政知により廃嫡に追い込まれていた足利茶々丸がクーデターを起こしたのであった。さらに、内戦開始直後の、九月九日、駿河今川氏親の甲斐侵攻が始まっている。氏親の動きは、信昌・信恵・穴山信懸（武田一門）支援のために動いたことによるものである。そればかりか、信濃諏方頼満も、甲斐に家臣矢ヶ崎氏らを派遣し、信昌方を支援していた。

つまり、信昌・信縄父子の対立は、堀越公方府への対応をめぐる、両者の対立が発端だと推定されているのだ。信昌・信縄父子は、足利政知の関東下向以来、一貫して政知支持（幕府方支持）であった。ところが、足利茶々丸の義母、異母弟殺害により、堀越公方府は室町幕府と対立する事態が不可避となった。信昌は、反茶々丸の態度を鮮明にし、信縄は引き続き堀越公方府を支えること、すなわち茶々丸方になることを選択したのではないか。この意見の分裂が、父子、兄弟の分裂に至り、信昌が家督を信縄から信恵にすげ替える強行策に出たため、信縄は決起したのであろう。武田氏の内訌は、かくて「兄弟相論」という形を取ることとなった。

この内訌に、茶々丸支援を鮮明にした関東管領山内上杉顕定が信縄方に、反茶々丸の駿河今川氏親・伊勢宗瑞（北条早雲）、諏方頼満が信昌・信恵方に、それぞれ荷担し、後者が甲斐に侵攻して争乱が本格化したと推定される。信縄は、足利茶々丸を甲斐国吉田で一時庇護するなど、反茶々丸派と鎬を削っている。

関東の内乱が甲斐の争乱に結びつき、これが甲斐における戦国争乱の幕開けとなってしまった。それは、武田信昌・油川信恵・岩手縄美対武田信縄という基本構図で推移し、この両派に武田一族や甲斐国人がそれぞれ結びつき、激突し続けるのである。さらに、信昌・信恵・縄美派に、駿河今川氏や伊勢宗瑞などが、信縄派には山内上杉氏などが与し、対外勢力をも誘引することとなった。

この争乱は、明応七（一四九八）年八月、明応の大地震で一時和睦となり、足利茶々丸は、和睦の証として、信縄方から伊勢宗瑞に引き渡されたと推定されている。茶々丸は、まもなく処刑された。しかし、和睦したとはいえ、この時の争乱の構図は、燻ったまま、信縄は、甲斐守護として政権運営を行っていく。戦国武田三代の初代信虎は、父信縄の跡を継ぎ、この構図をそのまま引き受けて、戦い始めるのである。

武田信縄と今川氏・伊勢氏の対立

当時の室町幕府将軍足利義澄・細川政元政権は、古河公方足利政氏、関東管領山内上杉顕定、越後守護上杉房能と相次いで和睦した。

かくて、武田信縄は、将軍義澄・細川政元政権を奉じる立場となり、駿河今川氏親、伊勢宗瑞との関係も改善されたと推定される。ところが、文亀元（一五〇一）年、尾張・遠江守護斯波義寛が、将軍義澄・細川政元政権に接近し、今川氏に切り取られた遠江の奪回に動く。斯波義寛は、信濃の府中小笠原貞朝、松尾小笠原定基、山内上杉顕定とも結び、今川・伊勢包囲網を形成したのである。当時、武田信縄は、山内上杉顕定と同盟関係にあったため、事実上、斯波方を支援する格好となった。確認されていないが、斯波氏が信縄と同盟を結んだ可能性もある。いずれにせよ、信縄が今川・伊勢包囲網に参加したことは間違いない。

伊勢宗瑞は、武田信縄に対抗すべく、同年、信濃国諏方頼満と結んだ。これに対し武田信縄は、諏方頼満と対立する府中小笠原長朝と結んだらしい。実は、小笠原長朝の生母（小笠原清宗の妻）は、武田信昌の息女、つまり信縄の姉妹だった。このような背景もあって、信縄は今川・伊勢・諏方と敵対する結果となった。

今川・伊勢包囲網に対し、今川氏親・伊勢宗瑞は、将軍義澄と対立する、元将軍足利義稙に接近した。伊勢宗瑞は、永正二（一五〇五）年に、山内上杉顕定と和睦し、永正五年に将軍義澄が追い落とされ、足利義稙政権が成立すると、今川氏親とともにこれを支持した。こうして、斯波氏が構築した今川・伊勢包囲網に綻びが生じ、足利義稙を後ろ楯にした氏親・宗瑞が情勢を優位に進めるなか、武田信縄は前将軍義澄を奉じたままという格好となり、東国で孤立していった。しかも、間の悪いことに、事態が転回しないまま、永正四年、武田信縄が死去してしまい、信虎が家督を継ぐこととなった。信虎は、今川・伊勢・諏方氏らと敵対関係に陥った情勢下で、武田惣領家を引き継いだのである。

武田信昌・信縄父子の「二重権力」状況

先に触れたように、明応七(一四九八)年八月の大地震をきっかけに、武田信昌と武田信縄は和睦した。和睦後、武田信昌は、落合に隠居し「落合御前」と呼ばれたが、依然として武田家中で隠然たる影響力を保持しており、武田信縄は甲斐守護として、独自の政権運営を行うことが難しかった。そのことは、塩山向嶽寺の宗派内の紛争解決に関する信縄の対応からうかがい知ることができる。文亀四年(永正元年・一五〇四年)、塩山向嶽寺は、武田重臣楠甫昌勝を通じて、甲斐守護武田信縄に目安(訴状)を提出し、同寺の知事方を務める林都寺が法度を破り、反抗を続けている不当を訴えた。諸事に忙殺されていた信縄は、同年二月、ようやく事態の解決に乗り出し、向嶽寺の訴状を検討した結果、林都寺の所行は、開山抜隊得勝（ばっすいとくしょう）以来の法度を破るものであり、言語道断だと断じたのである。

このため、信縄は、二月二十七日、楠甫宛に書状を認（したた）め、裁許を下す以前に、向嶽寺の人々が一致結束するための合議が必要であると指摘した。重要なのは、信縄が、楠甫に次のように述べていることである。書状の一節に「このこと（向嶽寺に関する裁判）だけに限らず、落合御前をさしおき、紛争の仲裁に関する判断をすることは控えることにしている。（この点について）信昌へ何度も謝罪をして欲しい。信縄においては、少しも信昌を疎略に扱うつもりなどまったくないのです。この趣旨を、よくよく（信昌へ）申し届けて欲しい」と記されている。

実は楠甫昌勝も、同年二月二十七日に、塩山向嶽寺に書状を送っており、その中で、対応が遅れたために、信縄や取次役の楠甫が、向嶽寺に逆らう林都寺に加担していると誤解されたことについて、懸命に陳弁しているのだ。このことから、向嶽寺が、訴状提出後も、一向に埒（らち）があかぬことに痺（しび）れを切らし、守護武田信縄が争論相手の林都寺の肩を持っているのではないかと邪推し、隠居武田信昌（落合御前）に訴え出たことから、信昌が信縄に善処を申し入れたことと考えられる。その結果、信縄は、向嶽寺の訴えを全面的に認め、勝訴を保証する判物を与えた。しかしその判物は、信縄単独ではなく、信昌の署名も加えられていた。それは以下のようなものであった。

塩山向嶽庵御法度のことは、開山の御遺誡の通りに、先規に背く輩は、永久に御門中から追放すべきである。将又、継統院（武田信成）・成就院（武田信重）の定めた掟の如く、庵中に対し俗徒（一般の人々）が一つとして干渉するようなことは許されない。万一、この趣旨に背く族がいたならば、厳しく成敗することであろう。然らば、すぐさま尊像を始めとして、大衆（僧侶の集団）は心を一つにして、帰山（向嶽寺に帰ること）が重要である。恐々謹言

二月二十八日　　信昌（花押）

信縄（花押）

塩山向嶽庵

大衆中

この判物をみると、武田信縄政権は、隠居した信昌の意向を常に確認し、その同意と支持

なくして、政策の実行がなしえない、いわば「二重権力」の状況にあったことが如実に窺われる。信縄も信昌も、ともに内戦で相手を打倒したうえで政権を掌握したわけではなく、あくまで双方が妥協の上で、内戦を停止し、政権を構成した結果が、こうした政権のあり方を規定したとみられる。

信縄は惣領、守護としてその与党を背景に政権運営を行ったが、一方の信昌も隠居ながら、彼の与党を背景に隠然とした影響力を保持し、信縄政権に掣肘を加えていたのであった。二人の署名による向嶽寺への裁許状は、甲斐国内を二分する勢力が、双方のトップである信縄・信昌の合意という形で、信縄政権の判断を支持したという性格を持つものであったといえるだろう。信縄政権は、こうした危うさを内包していた。

しかしまもなく転機が訪れる。落合御前武田信昌が、永正二年九月十六日に死去したのだ（享年五十九）。これで、信縄はようやく名実ともに、甲斐守護と武田惣領として、家中を掌握する道が開けてきたのだった。しかし、運命は残酷であった。まもなく信縄は病に罹り、思うような政権運営が出来なくなっていく。

永正三年四月、信縄は病気平癒の願文を、北口本宮富士浅間神社に納めた。しかし病状は改善せず、十月には伊勢神宮の幸福大夫に鎧一領を納め、病気の即時平癒の祈願を依頼している。だが信縄は再起することなく、永正四年二月十四日、幼い息子信虎を残して死去した。享年ははっきりしないが、一説に三十七歳という。実は、信虎の生母岩下の方も、夫信縄に先立ち、永正三年十月十七日に死去している。信虎は、父母を相次いで失ったのであった。こうして、当時わずか十歳だった信虎の試練が幕を開けることとなる。

信虎の家督相続と内乱の再発

信昌を失ったとはいえ、かつての反信縄派は、油川信恵・岩手縄美兄弟（いずれも信縄異母弟、信虎の叔父）が健在であった。彼らは、信縄死去と幼君信虎の家督相続という事態を見逃さなかった。家督を継いだ当時の信虎は、わずか十歳。恐らく元服していなかったと想定される。

信虎が家督を相続した翌永正五（一五〇八）年、叔父油川信恵と岩手縄美ら、旧信昌派が挙兵し、明応七年以来沈静化していた甲斐の内乱が再発した。彼らの挙兵は、室町幕府将軍足利義澄が追放され、新将軍に足利義稙が就任した時期と連動していた。かつて武田信昌・油川信恵・岩手縄美を支援していた駿河今川氏親・伊勢宗瑞も、義稙方であったこともあり、父信縄が、義澄を奉じていた状態を引き継いだ信虎を打倒するには、格好の情勢だったのだろう。

油川信恵・岩手縄美方には、都留郡小山田弥太郎、小山田平三（境小山田氏、小山田一族）ら郡内衆、栗原惣次郎昌種、栗原金吾（左衛門尉信宗）、武田譜代（代々仕えている重臣）河村左衛門尉（信恵の側近）、同工藤氏などが味方した。郡内小山田氏は、弥太郎と油川信恵、岩手縄美が従兄弟であった。

だが幸いなことに、幼君信虎には、今井信是（のぶこれ）、大井信達（のぶさと）、栗原信友、穴山信懸（のぶとお）らが味方したらしい。また、武田一門松尾信賢（信虎の叔父、信賢息女は後に信虎の側室〈松尾老母、高林妙桂禅定尼〉）、曾根、飯富（おぶ）、板垣などの武田譜代も、信虎方に留まった。信虎方は、油川・岩手方のように、他国の後押しこそなかったものの、甲斐国では多数派であった。

両軍は、永正五年十月四日に激突した。その合戦場は、坊ケ峰（ぼうがみね）と伝えられ、この合戦は「坊ケ峰合戦」と呼称されている。この合戦で、油川信恵、息子弥九郎、同清九郎、同珍宝丸、岩手縄美、栗原昌種、河村左衛門尉らが戦死し、信虎の圧勝に終わった。油川・岩手を支援していた郡内小山田弥太郎は、永正五年十二月、信虎と戦ったが、弥太郎を始め小山田勢の多数が戦死して敗退した。生き残った工藤氏や、小山田一族境小山田平三は、伊豆韮山（にらやま）に逃れ、伊勢宗瑞に匿（かくま）われた。

信虎は、追撃の手を緩めず、永正六年秋、自ら軍勢を率いて今度は都留郡に攻め込み、河口（富士河口湖町）を焼き払い、さらに十二月に再び都留郡に攻め込んで、小山田方を多数討ち取った。武田軍の都留郡攻めは、永正七年春にまで及び、遂に小山田氏は信虎に降伏した。

この時の小山田氏当主は、弥太郎の息子越中守信有であった。信虎は、小山田信有に、自分の妹を正室として嫁がせ、関係強化を図った。この一連の合戦に、伊勢宗瑞は介入していない。彼は当時、今川氏親の名代として三河の侵攻作戦に従事しており、その後、関東の山内・扇谷（おうぎがやつ）上杉氏との戦端を開いていた。こうした情勢下で、宗瑞には油川・岩手・小山田氏を援助する余裕がなかったのだろう。

さしもの信虎も、伊勢宗瑞の介入を受ければ厄介なことになると考えていたと思われる。とりわけ、永正六年十二月から翌七年春にかけての攻勢は、宗瑞が関東での行動を終える前に、小山田氏を降伏させることを狙ったものだったとみられ、まさに一刻を争う事態だったと推察される。そして、信虎の目論見どおり、宗瑞が関東から撤退する直前に、小山田信有を降伏させたのだろう。

だが、信虎の都留郡出兵の間隙を衝いて、信濃諏方郡の諏方頼満が甲斐に攻め寄せてきた。これは、伊勢宗瑞の要請を受けた可能性が高い。永正六年十月二十三日、小尾弥十郎が、今井兵庫助信是の居城江草城（獅子吼城、北杜市須玉町）を乗っ取った。これは、諏方氏や伊勢氏の調略を受けてのことと推定されている。小尾の挙兵をきっかけに、諏方頼満が甲斐に出兵し、十二月二十四日、今井信是軍と激突した。この合戦で、今井軍は苦戦し、「テウカ城」（若神子城か）で武田平三、源三、武田上条彦七郎、亀千代が戦死した。武田平三と源三は、今井信是の弟と推定されている。今井信是は、諏方氏に降伏したとみられ、この時、諏方頼満の息女が今井信是の息子信隣（山城守、兵部大夫）に嫁いでいる。今井氏は、これ以後、武田信虎支持の立場を離れ、次第に反抗的になっていく。信虎は、諏方頼満の甲斐出兵を知ると、ただちに都留郡からとって返し、相手の出方を窺った。そのため、諏方軍はそれ以上の行動をせず、今井氏の降伏を区切りに撤退したらしい。

大井合戦

永正十（一五一三）年五月二十七日、信虎を支えてきた穴山信懸（建忠寺殿中翁道義、穴山道義入道）が、息子穴山清五郎に暗殺された。この事件は、駿河今川氏と境界を接する穴山武田氏の家中で、武田氏を支援する信懸の路線に反対する勢力が台頭し、その中心人物の一人である穴山清五郎が父弑逆に走ったといわれる。

信懸暗殺後、その跡を継いだ穴山甲斐守信風は今川氏に従属したらしく、穴山八郎を人質として提出したらしい。穴山武田氏の今川帰属を受け、穴山領と接する大井信達・信業父子もまた、今川氏への従属に舵を切った。大井信達は、嫡男信業に、今川重臣瀬名一秀の息女を迎える決断を下した。これは、武田信虎への敵対と今川従属を意味した。この結果、今川氏の勢力が、甲府盆地に食い込む事態となった。

信虎は、永正十二年十月、大井信達・信業父子を討つべく出陣した。これが大井合戦の始まりである。武田軍は、大井氏館に攻め寄せたものの、その周囲が深田であったため、足を取られて身動きがとれなくなり、そこを大井方に反撃され、重臣層十二人と兵卒一二〇〇人が戦死する大敗を喫した。

こうした事態に、駿河今川氏親は、永正十二年十一月、大井氏に援軍を派遣した。葛山氏広（伊勢宗瑞の息子、今川一門）、庵原周防守、福島左衛門尉助春ら一〇〇〇人ほどであったと推定されている。今川軍は、甲斐に侵攻すると、直ちに路次封鎖（経済封鎖）を実施し、甲斐への物流を完全に封じて、武田方を苦しめた。

今川軍は、甲府盆地深く侵入し、九月二十八日、万力（山梨市）で両軍が激突した（万力合戦）。今川軍は、この前後に甲斐の寺社多数を放火している。窪八幡神社、またその別当寺の八幡山普賢寺（山梨市）、松本（笛吹市石和町）の大蔵経寺、七覚山円楽寺（甲府市中道町）などが記録されている。信虎は苦戦し、万力合戦で敗北すると、恵林寺に逃げ込んだという。この時、信虎が逃れたのは、恵林寺ではなく、背後にある恵林寺山城であったろうと推定されている。

信虎を追い詰めた今川軍であったが、武田方を滅亡させることは出来なかった。今川軍は、油川信恵の属城であった勝山城を再興し、ここに布陣した。以後、国中では戦線は膠着する。

これに対し、永正十三年末、都留郡の武田方が反撃に転じる。十二月二十六日、都留郡で両軍の戦闘があり、今川方は敗退したらしい。今川方は、吉田城（富士吉田市）に入り、武田方と対峙したという。明けて永正十四年一月一日、都留郡の武田方は、船津の土豪小林尾張入道道光（宮内丞の父）をして、吉田城山を攻撃させた。攻撃に耐えられなくなった今川方は、一月十二日夜、城からの脱出を試みている。まもなく、都留郡の今川方は和睦を申し出て、甲斐から撤退した。

戦局が武田信虎方に優位になるにつれて、甲斐国勝山城に籠城していた今川軍は、甲斐国衆と距離を置かれ始めていた。それまで、ひっきりなしに今川の陣所を訪れていた彼らが、相次いで信虎方へと鞍替えし始めたのである。今川方は、これを甲斐国衆の変心と認識していた。かくて、甲斐の今川軍は敵地で完全に孤立してしまった。

この事態に、今川氏親は、信虎との和睦を決意し、その交渉を連歌師宗長に託した。宗長は、甲斐に赴き、怒りのあまり和睦に難色を示す信虎を懸命に説得した。宗長の努力が実り、両氏の和睦が実現し、永正十四年三月二日、勝山城に孤立していた今川軍二千余人は、帰国を許されたのであった。今川軍撤退後、大井信達・信業父子も降伏した。この時、信達は一女を信虎の正室として娶せ、従属の意志を鮮明にしたとされる。この女性こそ、武田信玄・信繁・信廉らの生母大井夫人（瑞雲院殿）である。こうして、苦難に満ちた、三年に及ぶ大井合戦は終結した。

大井合戦を終えた信虎は、永正十六年早々、北巨摩の国衆今井兵庫助信是と合戦に及んだ。これは、この直前の永正十五年十二月、隣国諏方において、諏方大社大祝・惣領の諏方頼満と、諏方大社下社大祝の金刺昌春が衝突し、金刺昌春が没落した事態と連動したものであろう。この合戦で諏方頼満は、諏方郡統一を達成したのである。

武田氏は、父信縄時代以来、諏方頼満とは不和で、諏方大社下社の金刺氏を支援していた経緯があった。金刺氏の危機を救うべく、諏方に出陣しようとした信虎の前に、諏方頼満と連携していた今井信是が立ちはだかったとみられる。信虎の救援は間に合わなかった。信虎と今井信是の対立は、永正十六年四月、和睦が成立し終息した。今井信是との和睦を成立させた信虎は、新たな本拠、甲府の建設に乗り出していく。

2　首都甲府の建設

信虎、甲府建設に着手

武田信虎は、通説によれば、祖父信昌、父信縄の居館であった川田館をそのまま本拠として継承したといわれている。信虎は、永正十一（一五一四）年に、川田館を整備しなおしたが（『王代記』）、永正十五年六月二日、甲府に居館を移すことを国内に宣言した（同前）。

信虎が、川田館を廃し、新たな居館と首都建設を決断した理由とは何であったのか。その理由は諸説ある。それらを列挙すると、以下のようになる。①川田館周辺は、洪水の常襲地帯であったことから、政治・軍事・経済の中心としての、安定した都市整備が困難だったこと、②甲府盆地の開発が進み、伝統的な東郡（ひがしごおり）だけでなく、中郡（なかごおり）や西郡（にしごおり）などの農業や商工業も発展してきており、それらを統合するためにも、甲府盆地中心部への進出を必要としたこと、③室町後期から戦国期にかけての、甲斐の市・町・宿の状況をみると、東郡だけでなく甲府盆地にほぼ万遍なく展開する状況になっており、②の状況が裏づけられた。このことなどから、政治都市甲府の建設を領国経済の統制の軸とすることで、戦国大名としての権力を確固たるものにしようとしたこと、④川田では、城下拡大には手狭であり、しかも防衛などに課題があること、などである。

この他にも、父祖以来、武田氏は守護代跡部（あとべ）氏（小田野城主）や、武田一門で有力国衆の栗原武田氏（栗原氏館、金吾屋敷など）の軍事力に支えられ、庇護される形で維持されてきた。信虎は、この状況を克服し、彼らに頼ることなく、自立した政治権力として国衆の上に君臨し、統治を果たすべく、新首都建設に踏み切った可能性が指摘されている。

信虎が甲府建設後、真っ先に実施したのが、栗原・今井・大井氏らの国衆を含めた家臣の城下集住策であったことは、その象徴である。それまでのように、武田氏が依存する国衆の支配領域近くに居館を建設するのではなく、逆に自ら築いた城下に彼らを呼び寄せたのは、まさに彼らの上に立つ政治権力であることを、鮮明にする行為に他ならなかった。

甲府の建設は、永正十六年八月十五日から本格的に始まった。同年十二月二十日、居館が完成したらしく、信虎は川田館からここに移り住んだ。この居館こそ、信虎・信玄・勝頼三代、六十二年にわたって使用された武田氏館（以下、躑躅ケ崎館）である。また信虎は、甲斐の国衆や譜代らにも、甲府城下に屋敷を造らせ、そこへ居住を命じた。信虎の甲府移転とあわせて、信虎正室大井夫人や、小山田信有正室（信虎の妹）も転居しており、信虎の甲府移転時には、すでに城下においても国衆や家臣らの屋敷がかなりの程度完成していたことを窺わせる。信虎が実施した、甲斐国衆らの城下集住政策は、当時としては画期的であり、織豊期の家臣らの城下集住策のさきがけでもあった。

信虎は、甲府に府中八幡宮（武田氏の氏神、石和八幡宮より遷座）、御崎明神（武田氏の屋敷神、川田館より遷座）、大神宮（旧石和御厨の鎮守、窪中島より遷座）、国母地蔵尊（法城寺）などを移転させ、新規造営として南宮明神（諏方明神）、大泉寺（曹洞宗、信虎の菩提寺）、誓願寺（浄土宗）、天尊体寺（浄土宗、武田竹松〈信虎の長男〉の菩提寺）、信立寺（日蓮宗）などが数えられる。

信虎が、甲府に建立した寺院として注目されるのは、国母地蔵尊（上条地蔵尊）を祀る法城寺である。この地蔵尊は、その名の通り、国生み伝説（湖水伝説）を持ち、古くから信仰され、国母地蔵尊と尊称されていた。湖水伝説とは、今も山梨県民には広く知られた次のような伝説である。甲府盆地はかつて湖であり、農業をする耕地に恵まれず、多くの人々が苦しんでいた。これを見かねた地蔵菩薩が人々の前に姿を現し、盆地南部の山を切り開き、水を落とした。そのため、たちまち水が引き、豊かな土地が出現し、人々は安心して農業に専念出来るようになったという。地蔵菩薩の恩恵により、国土が出現し、農業が盛んになったことに感謝し、人々はこれを「国母地蔵」「稲積（いなづみ）地蔵」と尊称し篤く信仰するようになったというものである。この伝説は、すでに室町時代前期までには成立しており、甲斐国内では秋の収穫時に稲穂を供えるのが古来の風習であったという。

信虎は、この国母地蔵尊を甲府に移し、新首都に求心力を持たせようとしたのだろう。

信虎は、大永七（一五二七）年一月二十五日、南宮明神の西の土地を整地し、七月十九日に国母地蔵尊をここに遷座させ、八月三日には、地蔵尊を納める新たな仏殿の柱立を始めさせた。こうして建立されたのが、法城寺である。その名は湖水伝説にちなむもの（水が去りて土と成るを表記したもの）であり、大永八年までには完成したと考えられている。

甲府防衛のための城郭整備

信虎は、躑躅ケ崎館を取り巻く縁辺部の山々に、甲府を防衛するための城砦を相次いで築いた。それらは、要害城（丸山城、要害山城）、熊城、湯村山城、一条小山砦、法泉寺山の烽火台、鐘推堂山、一の森山の烽火台、積翠寺山の烽火台、茶道峠の烽火台である。

このうち、史料に登場するのは、要害城、湯村山城、一条小山砦、鐘推堂山の四ヶ所である。

要害城は、躑躅ケ崎館の裏手（北側）に位置する丸山（標高七七五メートル、比高二五〇メートル）に築かれた城で、『甲陽軍鑑』には武田氏の本城と記述されている。永正十七（一五二〇）年六月晦日、信虎が積翠寺裏の丸山を城に取り立てるよう命じ、普請が始まった。閏六月一日、信虎は、自ら丸山に登り、城普請の様子を検分している。この築城は、信虎に対し、大井・栗原・今井三氏が同時に叛乱を起こした直後にあたっており、いざという時のために、急遽築城を開始したものとみられる。

その後、永正十八（一五二一）年八月十日、信虎は、今川氏親重臣福島一門を中心とする今川軍の甲斐侵攻が始まったことを受け、要害城主に、重臣駒井昌頼を任命した。これも同様の理由であろう。甲府周辺に築かれた城砦のうち、城主が任命されていたのは、要害城だけであり、いかにこの城が重視されたかがわかる。なお、この時、信虎正室大井夫人はこの城に退去し、信玄を産んでいる（以上『高白斎記』）。

次に、確実な史料に恵まれないが、永正十七（一五二〇）年頃に整備したのが、鐘推堂山である。これは甲府に至る狼煙の最終中継地として整備されたとみられ、その名称から鐘が配置されていたのであろう。

そののち、大永三（一五二三）年四月二四日、信虎の命令で築かれたのが、湯村山城である。

この城は、躑躅ケ崎館の西部、湯村山（標高四四六メートル、比高約一五〇メートル）に築かれた（『高白斎記』）。城下南側の甲府に至る道筋に、「関屋」の小字が伝わっており、信濃からの道（穂坂路）を押さえる要所であったと推定される。

大永四年六月十六日、甲府の南端にあった独立丘の一条小山（現在の甲府城跡）に、信虎が築かせたのが、一条小山砦である。当時、一条小山には時宗の一蓮寺があったが、信虎は、これを山の麓の小山原に移転させた。

このほかの城砦や狼煙台の築城年代は、史料が欠如しており、確定できないものの、信虎期から信玄期にかけて整備されたことは確実であろう。

これらの城砦や烽火台は、甲府の四方を守るための拠点として整備されたもので、いざというときには要害城に籠城することが想定されていたのだろう。

このほかにも、甲府城下の街路を整然と碁盤の目のように区画し、東西に八日市場〈天文四〈一五三五〉年初見〉、三日市場（大永六〈一五二六〉年初見）が設置され、職人町として紺屋町、連雀（れんじゃく）町、細工町などが整備された。甲府には、南端の一条小山周辺に、一蓮寺門前町がすでに発展していたが、信虎はこれを裾野に取り込むように、甲府城下町を整備していったのである。

武田信虎の甲府建設は、中世都市鎌倉や京都、奈良を意識した都市構想であることが指摘されるが、家臣の城下集住策といい、その先駆性は高く評価されるべきだろう。

三国衆の同時叛乱

永正十七（一五二〇）年五月、栗原信友、大井信達・信業父子、今井信是・信元父子が信虎に叛き、家族を引き連れて甲府を退去し、本領に引きこもった。甲府建設に伴う、彼らへの統制強化に反発したのであろう。

これに対し信虎は、六月、譜代板垣信方、曾根出羽守、曾根三河守昌長、曾根大学助らを率いて甲府を出陣した。この時、信虎は、なんと軍勢を三手に分け、栗原・大井・今井三氏の本拠に向け進攻させたという。武田軍は、譜代らの軍勢の他に、信虎直轄の足軽衆（「上意ノ足衆」）を多数擁しており、すでにこの段階で、軍勢を三軍に分割しても、個々の国衆の兵力を上回るほどであったことが窺われる。信虎は、他国の牢人らを多数召し抱え、直轄軍事力たる足軽衆を編成していたようだ。

武田軍と、栗原・大井・今井氏との戦いは、六月十日酉刻（午後六時頃）、同時に行われたという。栗原信友は、都塚（笛吹市一宮町）で敗れ、居館に敗走したものの、武田軍に包囲された。信友はたまらず、武蔵国秩父に逃れ、後に信虎に降伏して帰参を許されたという。栗原が秩父に逃れたのは、関東管領上杉氏と関係が深かったからであろう。

いっぽう、大井信達・信業父子と今井信是・信元父子の連合軍は、今諏訪合戦（南アルプス市今諏訪）で武田軍に撃破され、本領に逃れた。だが大井氏は城（椿城か）を、武田軍に包囲され、結局降伏した。今井信是・信元父子も、武田軍に追い詰められ降伏している。このように、信虎は、三国衆の同時叛乱をあっけなく鎮圧したのであった。

なお、『王代記』は気になる記録をしている。それは、三国衆の叛乱を鎮圧した後に、「以後奇政、万民憂之」（これ以後、圧政が始まり、万民がこれを憂えた）とあることだ。信虎の苛政が、人々の記憶に刻まれるようになった契機が、この事件だったとすれば、国衆を圧伏し自信を得た信虎が、領国統治の強化を図るようになったのだろう。これを多くの人々が、苛政と捉えたとみられる。後に「信虎悪逆非道」と指弾される事態の始まりとして明記しておきたい。

今川軍の甲斐侵攻

永正十八年（大永元年、一五二一年）二月二十七日（二十八日とも）、駿河今川氏の軍勢が、河内に侵攻した。今川氏は、河内の国衆穴山甲斐守信風（のぶかぜ）を帰属させ、甲斐国南部を制圧したのである。今川方は、その後しばらく目立った活動をしていない。恐らく、穴山氏の帰属と河内領の仕置を実施していたのだろう。

この直後の四月十三日、信虎は、朝廷から従五位下に、同十九日に左京大夫に叙任、叙爵された。信虎の叙任は、室町幕府政所執事伊勢貞忠の働きかけによるものであり、このことから、彼は、室町幕府将軍足利義稙と連携していたことがわかる。そして、叙任、叙爵を契機に、信虎と改名した（それまでは「信直」）。

信虎は、今川氏に帰属した穴山信風に翻意を促すべく、調略工作を開始した。これは奏功したらしく、同年七月、穴山信風は今川氏と断交し、武田氏に再帰属する決断を下したらしい。それは七月十五日、信虎の命令を受けて、今川氏のもとに信風が人質として提出していた武田八郎を、駿河から帰国させているからである。この武田八郎は、信風の弟（穴山信懸の子）か、信友の弟に相当する人物といわれている。

だが、これが今川氏を刺激した。今川氏親は、その報復として、甲斐侵攻を実行に移したのである。今川方は、駿河国富士郡の国衆富士氏らの軍勢を甲斐国河内地方に派遣した。信虎も全軍を挙げて出陣し、八月二十八日、武田軍は富士軍を撃破した。事態を重く見た今川氏親は、重臣福島氏らを主力とする大軍を甲斐に派遣することとしたのである。

この時、今川軍を率いていたのは、遠江国高天神城（たかてんじんじょう）主福島左衛門尉助春と推定されている（福島兵庫助〈上総介〉正成というのは、軍記物によるもので、現在ではその名は否定されている。また北条綱成が彼の息子であるというのも事実ではない）。

福島衆を主力とする今川軍は、九月、甲斐に侵攻を開始した。その兵力は、史料によってまちまちであるが、五〇〇〇人を超える規模だったと思われ、大軍と認識されるほどであった。九月六日、信虎は、河内の大島（身延町（みのぶちょう）大島）でこれを迎え撃った（大島合戦）。だが、武田軍は敗北を喫した。この敗戦は武田方では、「大嶋ノ凶事」と呼ばれるほどの衝撃を与えたらしい。信虎は、甲府に撤退した。

武田軍を撃破した今川軍は、甲府盆地に侵入し、九月十六日、大井信達・信業父子の属城戸田（富田）城を攻略し、ここを前線拠点とした。戸田落城を知った信虎は、臨月であった正室大井夫人を、寅刻（午前四時頃）に丸山城（要害城）に避難させている。今川軍は、各地を放火して回り、武田方を圧迫した。

甲斐の武士たちは、信虎の参陣要請には従わず、かといって今川軍に帰属することもなく、本領に引きこもって、事態の成り行きを見守っていたという（『軍鑑』）。

そのため、信虎のもとに集まった兵力は、わずか二〇〇〇人ほどであったとされる（同前）。

十月、今川軍は遂に甲府攻略のため動き出す。今川軍は、戸田城を出て、西郡道を進み、甲府を目指した。信虎は、これを迎え撃つべく、甲府の「飯田口」に布陣した。

武田軍の勝利と信玄誕生

大永元（一五二一）年十月十六日、今川軍と武田軍の決戦が、飯田河原で行われた（飯田河原合戦）。

信虎は、なんと劣勢を跳ね返し、わずか二〇〇〇人ほどの軍勢で、今川の大軍を撃破することに成功した。今川軍は百余人の戦死者を出して撤退した（『王代記』）。信虎は滅亡と甲府陥落の危機を脱した。

飯田河原の合戦から半月後の、十一月三日戌刻（午後八時頃）、要害城に避難していた信虎正室大井夫人は、男子を出産した。彼こそ、後の武田晴信（信玄）である。嫡男の誕生を祝い、重臣曾根三河守縄長が、蟇目役（妖魔を退散させ邪気を払う蟇目を射る重要な役）の大任を果たしている。この時、信虎は、飯田河原合戦に勝利した直後に誕生した男子であることから、大いに喜び、「勝千代」と命名したとされる（『軍鑑』）。勝千代は、武田家中の人々から「御曹子様」と敬われ、早くもその輿望を集めている。

今川軍は、十一月十日、油川信恵の属城で、大井合戦の際に取り立てた故地でもある、勝山城に移動し、ここに陣を張った。態勢を立て直した今川軍は、十一月二十三日、再び甲府に向けて進撃を開始した。

武田・今川両軍は、十一月二十三日酉刻（午後六時頃）、甲府郊外の上条河原（甲府市古上条、後屋一帯、甲斐市島上条説は誤り）で激突した（上条河原合戦）。この合戦で、今川軍は六〇〇人、四千余人、数万騎が戦死したと、混乱した風聞が流れるほどの大敗を喫し、総大将福島とその一門はことごとく武田軍に討ち取られた。大将福島は、武田軍の足軽大将原美濃守虎胤が、福島の伯父は小幡山城守虎盛がそれぞれ討ち取ったと伝わる（『甲陽軍鑑結要』竜韜品）。敗残兵は戸田城に逃げ延び、ここに籠城した。生き残った兵卒は、三千余人であったという。危機を脱したことを確認した大井夫人は、生まれたばかりの御曹子様（武田信玄）を連れて、十一月二十七日、積翠寺より甲府に下り、躑躅ケ崎館に戻っている。

戦場跡に無惨に散乱する福島一門と今川軍兵卒の遺骸は、時宗の遊行上人不外が弟子らとともに集めて手厚く葬り、墳墓を築かせている。現在、「福島塚」が甲府市後屋町に伝承されている（塚は現存せず地名のみ）。江戸時代の検地帳には「くしま塚」の他に、現存しないが、「れんたい」（蓮台＝墓地）、「くらまつか」（鞍馬＝馬具、馬）などが登録されており、かつてはいくつかの塚があったことが窺われる。

戸田城に籠城した今川軍の残存兵たちは、甲斐で孤立無援のまま越年した。不思議なことに、今川氏親が、彼らの帰国のために奔走した形跡は確認できない。追い詰められた戸田城の敗残兵たちは、信虎に降伏と開城を申し出た。だが、信虎は首を縦に振ろうとはしなかった。哀れに思った遊行上人不外は、信虎を懸命に説得し、敗戦からおよそ二ヶ月後の大永二（一五二二）年一月十四日、信虎を説き伏せ、戸田城に籠城する今川軍三千余人を、一人残らず帰国させることに成功した。不外は、今川軍の帰国を見届けると、一月二十八日、甲府一蓮寺を発ち、諏方に向けて旅立った。

　生涯最大の危機を脱した信虎は、大永二年一月三日より、国中（甲府盆地一帯、都留郡、河内を除く）全域に棟別銭を賦課した。このような臨時課税を実施した事例は、信虎時代には他にみられない。勝利したとはいえ、信虎の痛手のほどが窺われる。

　今川軍を撃退したことで、穴山武田氏の帰属が確定し、信虎による甲斐の統合が事実上達成された。どちらにも味方せず、時勢を窺っていた国衆や譜代らも信虎の威勢に従うようになったのだろう。信虎は、大永二年にそれを誇示するデモンストレーションを実施した。信虎は、家臣らを引き連れ、身延山久遠寺に参詣し、日伝上人より「御授法」（大曼陀羅御本尊を与えられ、師弟関係を結んだ）を授けられ、供をした家臣らもこれに倣ったという。さらに信虎は、都留郡にもおもむき、富士登山を果たし、噴火口を一周する八葉巡りを行った。外敵の侵攻を撃退し、甲斐一国の国衆や譜代らを従えたことを、内外に喧伝するための行為だったと考えられる。

3　甲斐統一の達成

信虎、北条氏綱を打破

今川氏の侵攻を撃退し、しばらく国内の平穏が続いていた大永四（一五二四）年早々、武田信虎は関東の争乱に介入することを決断する。関東は、伊勢宗瑞・氏綱父子が伊豆から相模を制圧し、宗瑞の死後、氏綱は武蔵に向けて軍事行動を本格化させていた。また、氏綱は、大永三年六月から九月までに「北条」姓を称し、上杉氏に代わる関東の支配者を志向するようになる（戦国大名北条氏の成立）。

北条氏の侵略に直面した扇谷上杉朝興（ともおき）は、大永三年、それまで抗争を続けていた山内上杉憲房に和睦を申し入れた。憲房はすぐに和睦に応じ、両上杉氏はこれまでの対立を超えて、北条との対決に踏み切った。その過程で、北条氏と対立していた甲斐武田信虎に、支援を申し入れたのである。信虎は、両上杉氏の要請に応え、大永四年早々に関東に出兵した。

信虎の出兵は、扇谷上杉氏の危機を救うためであった。武田軍は、大永四年二月、都留郡猿橋に在陣した。実はこの直前の一月十三日、北条氏綱は、扇谷上杉氏の江戸城の攻略に成功した。上杉朝興は、河越城から松山城に後退を余儀なくされた。こうした事態を受け、信虎は扇谷上杉氏を助け、氏綱を牽制すべく、相模国津久井郡に出てきたのである。

このころ氏綱は、江戸城を出て、三月には蕨城（わらびじょう）、四月までには毛呂山城（もろやまじょう）（埼玉県毛呂山町）を攻略した。これに対し、扇谷上杉朝興は、山内上杉憲房と藤田陣（埼玉県寄居町）で合流を果たし、北条軍と対峙した。

信虎は、三月、雁坂峠を越えて秩父に進軍し、上杉憲房を支援したうえ、七月には、扇谷上杉朝興とともに武蔵国岩付城を攻め、これを攻め落とした。さらに両上杉軍は、十月、武蔵毛呂山城を包囲した。両上杉・武田軍に押された北条氏綱は、江戸城を出陣し勝沼（東京都青梅市勝沼）に到着したが、反撃に出ることがまったく出来ず、両上杉氏と和睦し、毛呂山城を明け渡した。この時、すでに信虎は帰陣していたようだが、北条氏の攻勢を挫（くじ）くことに成功した。

氏綱は、両上杉氏と和睦すると、武田信虎にも和睦を申し入れた。当時、北条氏の同盟国今川氏親は、大永四年以来病床にあり、死去する大永六年まで、今川氏はほとんど軍事行動を起こしていない。氏綱が、信虎との対立を継続するのを諦め、いったん和睦を申し入れたのも、この辺に事情がありそうである。

武田・北条両氏の和睦は、大永四年十一月に合意に達したと推定され、翌大永五年、氏綱は、銭一〇〇〇貫文を甲府に送り届けた（『勝山記』）。これは、戦国期における敵同士の和睦では、申し入れをした方が礼銭を支払うのが慣例であったからである。

だが、武田・北条の和睦は、大永五年に両上杉氏と北条との和睦が破綻（はたん）すると、これに連動する形で崩壊する。信虎は、和睦が破綻すると、大永五年に相模国津久井郡に攻め込み、津久井城を攻略し、奥三保十七ヵ村を初めとする、津久井領を併合した。驚いた北条氏は、これをすぐに奪回したらしい。信虎の津久井郡保持は、永く続くことはなかった。

そして、大永五年三月二十五日、関東管領山内上杉憲房が死去した（享年五十九）。家督は憲房の実子憲政が若年だったため、養子の上杉憲寛が継いだ。信虎は関東管領を継いだ上杉憲寛と、同盟継続を確認している。

北条・今川との戦い

大永六（一五二六）年、信虎と北条氏綱は、何度か和睦の交渉をしたものの合意に達せず、戦闘が続いた。このころ、室町幕府将軍足利義晴は、天下静謐（せいひつ）のために信虎に上洛を命じていた。

だが、北条・今川との抗争が続くなか、信虎が甲斐を離れることは難しかった。

大永六年七月、武田信虎と北条氏綱との本格的な衝突が、甲駿国境の籠坂峠を挟んで勃発した。信虎は、山中（山中湖村）に在陣し、武田軍を駿河に派遣した。北条軍は、これを梨木平（静岡県小山町）で迎え撃った。信虎が、甲駿国境の御厨地方に出陣したのは、大永六年六月二十三日、今川氏親が病歿し、わずか十四歳の息子氏輝が家督を継いでいたことが背景にあった。当主交代で幼君という事情から、今川軍は容易に動けぬと信虎は判断し、御厨地方に侵攻したのであった。

今川・北条軍は、須走殿（須走浅間神社の神職か）、高田一族（伊豆三嶋の土豪）、黒石入道（下古城〈小山町下古城〉の城主か）、葛山氏（駿河国衆、葛山城主）、御宿氏（葛山一門で重臣）の一族が戦死する打撃を受けた。今川・北条軍は、苦戦したものの、武田軍の攻勢を凌ぎきった。

佐久出兵

大永七（一五二七）年、信濃国佐久郡野沢（長野県佐久市）の国衆伴野貞慶が、信虎に助

けを求めてきた。伴野氏は、甲斐源氏の支流で、小笠原長清〈逸見〈武田〉清光の三男加賀美遠光〈武田信義の弟〉の次男〉の六男時長が、佐久郡伴野荘地頭として入部したことに始まる。その伴野氏は、同じ甲斐源氏の流れを汲む岩村田大井氏とは、犬猿の仲であった。永正六（一五〇九）年、伴野貞慶は、佐久郡全域を統合しつつあった岩村田大井貞隆に押されていた。佐久の国衆を糾合することに成功した大井貞隆は、前山城の伴野氏に襲いかかったのである。

貞慶は抗しきれず、前山城を放棄し、雁峰城（小田切城、佐久市臼田町）に籠城したものの、二月二日、城を脱出し、甲府に亡命したのだった。伴野貞慶の請いを容れ、信虎は、五月下旬、軍勢を率いて佐久郡に出陣した。これを知った大井氏を始めとする佐久郡の国衆らは、武田軍との衝突を回避して、伴野氏との和睦と本領復帰を承認したのである。

武田・伴野・佐久郡国衆の和睦成立は、六月三日のことであった。本領回復を成し遂げた伴野貞慶は、大いに喜び、信虎に所領の進呈を申し出たが、信虎はこれを辞退、返却している。佐久出兵を終えた信虎は、七月八日、そのまま信濃善光寺を参詣し、十七日に帰国の途についた。

同じ頃、信虎は駿河今川氏輝と和睦した。父氏親を失ったばかりの今川氏輝は、当時十五歳の少年であった。そのため政務は、実母の寿桂尼（じゅけいに）が取り仕切ることとなった。恐らく寿桂尼は、武田信虎と争うことは得策ではないと判断し、和睦をもちかけたのであろう。和睦の時期は明らかではないが、それが実現すると、武田氏は和睦の事実を走り馬で触れ回らせたという。

北条氏綱とは、なおも抗争が続いていたが、山内・扇谷上杉氏との同盟により、北条包囲網が形成され、さらに今川氏との和睦が実現したことで、氏綱の脅威は大きく低下した。かくて、甲斐は久しぶりに外敵の侵攻を受ける危険性から遠ざかったのであった。

境川合戦

大永五（一五二五）年四月、武田氏を頼って甲府を訪れた人物がいた。もと、諏方大社下社大祝であった金刺諏方遠江守昌春である。彼は、永正十五（一五一八）年、諏方大社上社大祝で諏方氏惣領の諏方頼満と戦って敗れ、没落していた。金刺昌春は、本領復帰のため、信虎を頼ってきたのだった。信虎もまた、昌春を庇護するメリットがあった。彼の本領復帰を諏方侵攻の大義名分にしようとしたのである。諏方頼満とは、父信縄以来、宿怨（しゅくえん）の間柄であったから、頼満攻めの口実に、昌春を利用しようとしたのであろう。信虎は、甲府城下に屋敷を与え、ここに金刺昌春を匿った。

大永八年（享禄元年・一五二八年）八月、武田信虎は甲府で庇護していた金刺昌春を擁し、彼の帰国の援助を大義名分に、信濃国諏方郡への侵攻を開始した。信虎にとって、諏方郡への初めての本格的な出兵であった。信虎は、甲斐国全域に対し軍事動員をかけ、軍勢を召集した。武田軍は、八月二十二日、甲信国境の境川に向けて進軍し、途中、蔦木郷のうちの小東（長野県富士見町）にある新五郎屋敷を城に取り立てた。この小東の城とは、先達城のことを指すと推定される。

武田軍の出陣を知った諏方頼満・頼隆父子は、八月二十六日、青柳（茅野市青柳）近くのシラザレ山（茅野市金沢木舟）に布陣した。信虎は、八月晦日、甲信国境の境川を超え、一気に諏方郡になだれ込む動きを見せた。これを阻止すべく、諏方軍が境川に移動し、ここで激しい合戦となった（境川合戦）。最初の合戦は、早朝に御射山神戸で行われた。

この合戦で諏方軍は撃破されたという。態勢を立て直した諏方軍は、境川に布陣していた武田軍に夜襲を仕掛け、この合戦で大勝利をおさめた。諏方軍は、千野孫四郎が戦死したが、武田軍は重臣荻原備中守をはじめ二百余人が戦死した。この敗北により、信虎は諏方侵攻を中止し、甲府に撤退せざるを得なくなった。信虎の諏方攻略の野望は、ここに挫折した。

小山田氏との軋轢

大永八年（享禄元年・一五二八年）、信虎は甲斐国内に徳政令を発した。

その内容は「三年以前に負った債務については、すべて無償で破棄し、それ以後の債務については、利子を払わずに借りた元金の返済で破棄するものとする」というものであったという。

この時期の甲斐は、悲惨だった。永正八（一五一一）年から同十七年、さらに大永二（一五二二）年〜同三年、大永七年〜同八年（享禄元年）は、連年のように災害、飢饉（ききん）、疫病、凶作が頻発した。これらは、信虎が家督を相続した後、国内の反対派や、伊勢（北条）、今川、諏方氏との合戦に明け暮れていた時期と重なっている。それに加えて、享禄元年は、五月の大雨による大水で田畠が荒廃し、六月から八月にかけては大旱魃（かんばつ）に見舞われていた。

信虎は、民衆の疲弊を見かねて、徳政令を出したのだろう。この徳政令は、戦国期東国の戦国大名領国では、最も早い事例とされている。

明けて享禄二年（一五二九）、信虎は、都留郡の国衆小山田信有と不仲となり、同年六月頃より都留郡への路次封鎖（経済封鎖）に踏み切った。その理由については諸説あるが、信有が、北条氏からの誘いに応じようとしたからではないかとされている。

　信虎による路次封鎖で、小山田氏は大打撃を受けたようだ。この時期の都留郡は、穀物相場が高騰しただけでなく、折しも、富士参詣の道者が富士山麓の吉田、河口の御師のもとに参集する時期（富士山の山開きは、旧暦六月一日、山仕舞いは七月二十七日）や、御師らが檀那廻りのために各地に出て行く時期に重なっていた。とりわけ、富士参詣の道者がもたらす関銭は、小山田氏の重要な財源であった。これらを封じられたのであるから、小山田氏が受けた経済的打撃は深刻であったのだろう。

　この事態を打開すべく、信有の生母（「中津森御大方様」、小山田弥太郎正室）が、六月二十日、遠江に居た姉（今川御一家衆で宿老の瀬名一秀の妻）を訪問し、信虎に路次封鎖を解除するよう働きかけるべく、各所へ向けて奔走した。当時、武田氏と今川氏が和睦中であったことも幸いした。信有生母の遠江滞在は、実に四ヶ月に及び、十月十八日に帰国した。信有生母は、瀬名氏を通じて今川氏を動かし、信虎に小山田への圧力を解除するよう働きかけたのだろう。信有生母の帰還からほぼ一ヶ月後の十一月十五日に、信虎は路次封鎖を解除した。信有生母の政治工作が成功したことが確認できる。恐らく、信有は、武田氏に帰属し続けることを誓約したのだろう。

これを喜んだ小山田信有は、都留郡には棟別銭を独自に賦課し、路次封鎖解除のために奔走してくれた今川方の人々への礼銭の調達を実施した。

北条氏綱は、享禄三年早々に津久井城奪回を企て、津久井郡に出陣した。

この結果、津久井城は北条氏に奪回された。武田軍は、都留郡に出陣したものの、間に合わなかったらしい。こうして、武田氏の最前線は、津久井城から奥三保に後退した。この地域は、永禄二（一五五九）年成立の『小田原衆所領役帳』に、「半手之村」「敵知行半所務」（武田・北条両氏に両属する村）と登録されている。これらの村々が半手（両属）を選択し、また武田・北条両氏がこれを認定したのは、この時期のことではなかったか。

その後、信虎軍は撤退したが、武田・北条の双方は、断続的に甲斐都留郡と相模津久井郡の境界で小競り合いを繰り返していた。そして、享禄三年四月、甲相国境を大きく踏み越え、北条氏綱が軍勢を率いて侵入してきた。北条軍は上野原を通過し、猿橋方面に進んできたのである。これは全くの不意打ちであったらしく、急遽出陣出来たのは、小山田信有軍だけであった。四月二十二日、北条軍と小山田軍は、矢坪坂（上野原市大野矢坪）で衝突した（矢坪坂合戦）。小山田軍は北条軍に撃破され、家臣の吉田衆に多数の戦死者が出たという。しかし、北条軍はそれ以上の侵攻を行わなかった。

国中大乱の勃発

享禄四（一五三一）年一月、武田氏の譜代飯富兵部少輔虎昌、国衆栗原伊豆守信重が、突如信虎に愛想を尽かし、甲府を退去して御嶽（甲府市）に籠もり反旗を翻した。そればかりか、これに与同して、逸見今井信元が加わり、叛乱は大規模化したのである。塩山向嶽寺の僧侶が、「国中大乱が勃発した」と記すほどの事態となった。

事件の発端は、信虎が前年の享禄三年、関東の扇谷上杉朝興の支持のもと、山内上杉憲房後室を、強引に側室に迎えたことが原因とされている。当時両上杉氏は、内訌を抱えていた。山内上杉憲房が急死し、養子憲寛が継ぎ、信虎は、彼との同盟継続を確認し合っていた。ところが、扇谷上杉氏は、憲房の遺児で幼少の憲政を擁立し、憲寛の追い落としに動いた。しかも朝興は、信虎の歓心を買うべく、憲房後室を信虎の側室に送り込むことを、強引に実行したのだった。だが、このやりとりを、甲斐の武家は、破廉恥な行為だと受け止めたようだ。

栗原・飯富らの甲府退去事件は、一月二十一日（二十二日とも）に発生したらしい。彼らが、御嶽に籠もったのは、要害の地であったという他に、ここは金峰山信仰の聖地金峰山と

図1-2　金峰山への登拝路

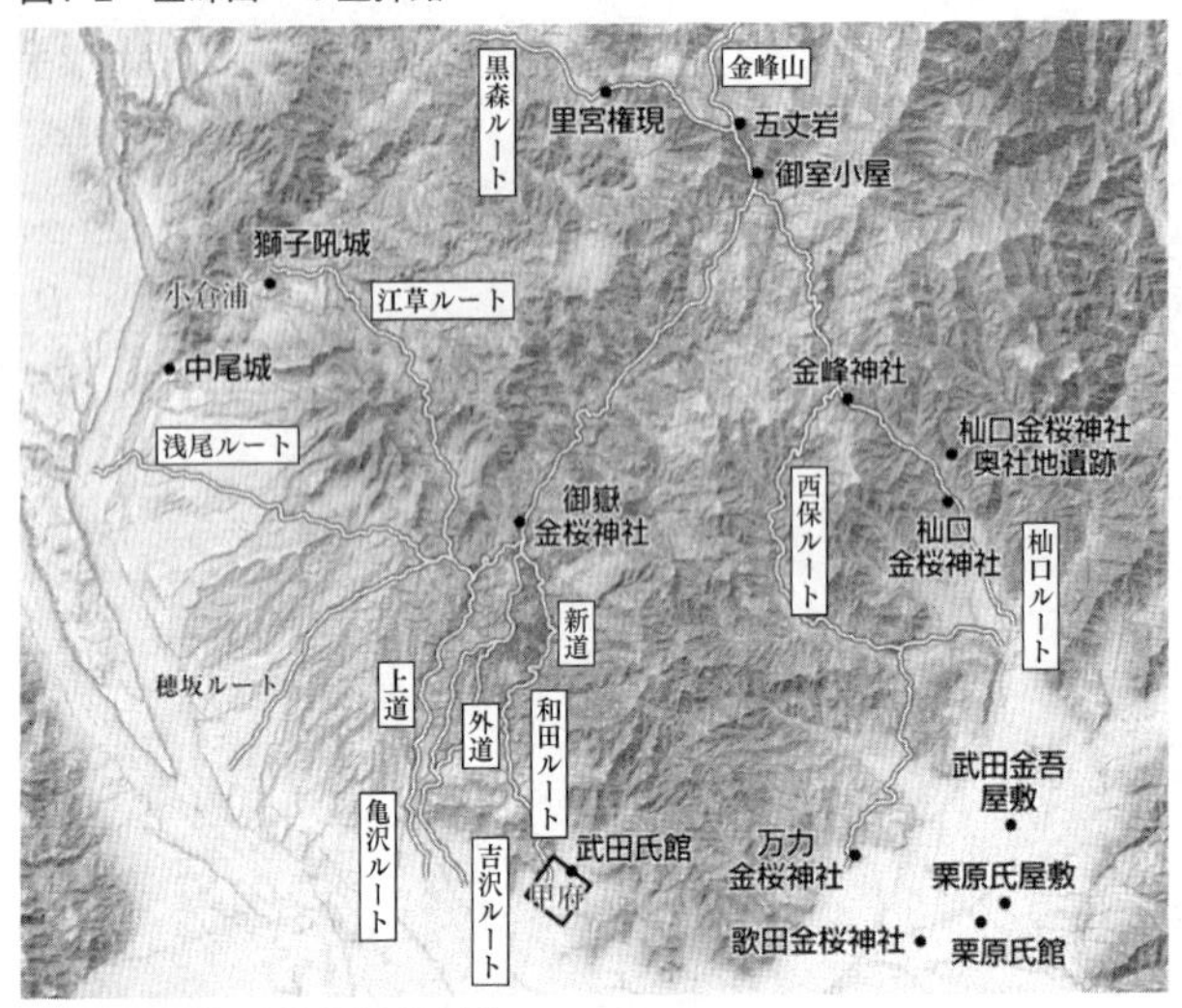

出典：平山優『武田信虎』(戎光祥出版)

御嶽金桜（かなざくら）神社があり、甲州の各所と御嶽道で結ばれていたことが関係していると推定されている（図1－2）。御嶽道（金峰山（きんぷさん）登拝路）は、九筋といわれ、塚原（甲府市）、吉沢、亀沢（甲斐市）、万力、西保、杣口（そまぐち）（山梨市）、穂坂（韮崎市）、江草、小尾（北杜市）がその登山口であった。

北巨摩の今井信元と、東郡（ひがしごおり）の栗原信重の本拠は、甲府盆地においては真逆の方向にあり、連携が困難と思えるが、実は御嶽道を利用すれば、それは容易であったのだ。実際に、御嶽に籠もったはずの飯富虎昌と栗原一族栗原兵庫は、後に今井信元らの味方と合流を果たしているし、信虎が韮崎方面に拘束されている間、東郡では栗原方が暴れ回っている。彼らが甲府を東西から挟撃する動きをみせ、信虎を攪乱しえたのは、御嶽道の存在抜きには考えられない。事態は、悪化の一途をたどる。なんと、大井信業も叛乱に加担し、河内穴山信風も、これに参加していた可能性が高い。さらに、今井信元と縁戚である諏方頼満も、彼らを支援し、介入に動いたのだから、まさに「国中大乱」と呼ばれるに相応しい事態となったのである。

河原辺合戦——諏方頼満との決戦

武田方は、北巨摩に笹尾砦（山梨県北杜市小淵沢町）を築き、ここに金刺昌春ら諏訪大社下社の牢人衆を配置し、反撃の機会を窺っていた。ところが、「国中大乱」が勃発し、諏方頼満が介入の動きを示すと、金刺昌春らは、笹尾砦を捨てて逃亡した。

享禄四（一五三一）年二月二日、信虎と反乱軍との合戦があった（場所不明）。この合戦で、大井信業、今井尾張守ら今井一族が戦死し、敗退した。武田軍も、今井中務大輔虎甫（今井信父の子、信房・信甫の弟）が戦死している。二月十日から十二日にかけて、塩山周辺で合戦があり、塩山向嶽寺は、大きな被害を受けた。さらに、三月七日、信虎重臣曾根三河守縄直が大庄（場所不明、山梨市周辺のどこかであろう）に布陣し、栗原信重らと対峙した。

同じ頃、諏方頼満が甲斐に侵攻し、今井信元・飯富虎昌ら反乱軍と合流し、武田信虎に決戦を挑んだ。場所は、塩川沿いの河原辺（韮崎）の小字「大坪」付近と伝えられる（河原辺合戦、塩川合戦、大坪合戦）。両軍が激突したのは、三月十二日（諏方側では四月十二日）であった。

両軍の合戦は、一日に四、五回にも及ぶ壮烈なものであったといい、諏方軍は花岡某（諏方西方衆か）、矢島善九郎（諏方大社上社権祝矢島氏の一族か）、小井弖六郎（伊奈郡小出郷〈伊那市〉の土豪か）らが、反信虎方の甲斐衆は、栗原兵庫（栗原一族）らが戦死し、諏方頼満も戦死したとの誤報が飛び交う混乱ぶりであった。諏方・反信虎連合軍の戦死者は、三〇〇人（『王代記』）、八〇〇人（『勝山記』）、「数多打死」（『神使御頭之日記』）などと記されている。

いっぽう、武田軍の戦死者も、数百人だったと頼満方の『当社神幸記』は記録している。また、穴山甲斐守信風の歿年が、享禄四年三月十二日と記録にあり、河原辺合戦の当日にあたる。信風の死は、反信虎方に荷担した結果の戦死だったのではなかろうか。

信虎は、河原辺合戦で勝利を収めたが、東郡の武田方は苦戦していた。三月十六日、万力合戦が行われ、栗原軍と戦った信虎重臣曾根縄長が戦死した。だが、諏方頼満を撃退し、今井信元を本拠地浦城（中尾城もしくは獅子吼城）に逐った信虎は、返す刀で東郡に移動し、栗原信重を降伏させたと推定される。

甲斐統一成る

甲斐の反乱軍が相次いで降伏するなか、今井信元は、諏方頼満の支援を頼みに、享禄五年（天文元年、一五三二年）になっても抵抗を続けていた。信元は、諏方の援軍を得て、浦城での籠城を続けていた。信虎は、総力を挙げて、今井攻めを行った。城を包囲された信元は、諏方頼満の後詰め（先陣の後方に待機すること）を受けることも出来ずに窮し、遂に降伏、開城し、甲府に詰めることになったという。これ以後、逸見今井氏の動向が、北巨摩一帯から完全に姿を消す。恐らく、本領などすべてを武田信虎に没収されたのであろう。国衆逸見今井氏は、事実上滅亡したのである。

今井信元の降伏を知った、『勝山記』の筆者は「一国御無為」となったと記した。これは、信虎による甲斐統一が達成されたことを明記したものだ。確かに、今井信元の降伏により、以後、甲斐では反武田の叛乱は起こらなくなり、それを契機にした対外勢力の軍事侵攻もなくなった。

そして、武田信玄にとっても、父信虎が甲斐統一を達成した天文元年は、甲斐国で生起する諸問題のうち、武田氏が責任をもって解決すべき時効の目安と位置づけられた。信玄が制定した『甲州法度之次第』第十一条（五十五ヶ条本）に次のような条文が制定されている。

――恩地を所持する人のうち、天文十辛丑年よりさかのぼること十カ年の間、地頭へ夫公事等を納入していなければ、あらためて納入する必要はない。但し、九年以下（の者）については、事情に応じて命令をすることにする

この条文は、武田氏より恩地（新知行地）を与えられた者が、その土地から地頭へ公事（くじ）・夫役（ぶやく）を、天文十年より数えて十年間負担していなければ、無条件で無役とすると規定したものである。信玄が、自らの法的責任発生の起点を天文十年に置いているのは、この年が信虎追放、信玄家督であるからだが、さかのぼって責任をもって解決する時効を、十年間（天文元年）に設定していることがわかる。つまり、信玄が自らの権力が秩序回復のために負うべ

き法的責任の始原を、天文元年に置いているのは、父信虎の甲斐統一達成を尊重しているからだろう。

そして信玄は、父信虎による甲斐統一以前の混乱期に発生した諸問題は、武田権力として責任を負わないと宣言したわけである。天文元年の信虎の甲斐統一は、戦国大名武田氏にとっても、政治・軍事・法などあらゆる面で画期となったのだった。

4　信虎の外交路線転換と勢力拡大

今川・北条との抗争と弟勝沼信友の戦死

天文元（一五三二）年は、信虎の甲斐統一という画期であったが、都留郡小山田氏にとっても同様であった。まずこの年、小山田越中守信有の正室で、信虎の妹（「小山田越中守上様」）が死去した。いっぽうで、小山田信有は天文元年、本拠地を中津森（都留市）から谷村（同）に移転させた。これを祝って、武田信虎が武田一門や甲斐の武士を引き連れ、谷村を訪問している。

信虎は、妹の死を越えて、小山田氏との関係維持に努めるとともに、北条氏綱に対抗すべく、扇谷上杉朝興との提携強化に踏み切った。天文二年、信虎は嫡男太郎（後の信玄）に上杉朝興息女を正室として娶せたのである。河越からやってきた輿入れの行列は、壮麗であったらしい。太郎は、当時十三歳であった。上杉夫人の年齢は定かでないが、少し年少ではなかったか。ところが、上杉夫人は懐妊したまま、天文三年十一月急死してしまう。若年だったため、母体が出産に耐えられなかったのだろう。

上杉夫人が亡くなる直前の天文三年五月、和睦中であった今川氏の動きに変化が現れる。若き当主今川氏輝が、甲駿国境の荷留（物資の移動の制限・禁止）を命じたのだ。これは事実上の和睦破棄と敵対を意味していた。七月、今川氏輝は、甲斐に軍勢を派遣した。

武田信虎は、天文四年七月、氏輝に報復すべく、駿河侵攻を実施した。武田・今川両氏の合戦は、七月五日、信虎軍が駿河に侵攻してきたことから始まった。武田軍は、駿河国富士郡に侵入し、鳥波（静岡県富士宮市鳥並）などを放火すると、今川氏輝は、七月二十七日、駿府を出陣した。両軍は、八月十九日、甲駿国境の万沢口（山梨県南部町）で衝突した（万沢口合戦）。双方に被害が出た模様で、その後両軍は対峙したまま動かなくなり、戦線は膠着した。だがこれは、今川・北条方の罠であった。氏輝が、信虎を万沢口で拘束している間隙を衝き、北条氏綱が甲斐侵攻を開始したのである。

八月十六日、北条氏綱は小田原を出陣し、駿河御厨地方から籠坂峠を越えて、都留郡山中に攻め寄せた。これに対し武田方は、八月二十二日、都留郡の小山田信有と、信虎の弟勝沼信友が山中（山中湖村）で北条軍を迎え撃った（山中合戦）。この合戦で、勝沼信友を始めとする勝沼衆二百七十人余、小山田衆は小山田一族小山田弾正、家臣の侍者周防、小林左京助、下の検断ら七、八百人余が戦死する惨敗を喫した。北条軍は、戦死者二人、負傷者二、三百人程度であったという。北条軍は、そのまま吉田に乱入し、上吉田は放火され、翌八月二十三日には、下吉田も焼け落ちた。信虎は、万沢口で拘束され、北条軍に対抗することができず、甲府も危機に陥ったばかりか、腹背に敵を受ける恐れがあった。

しかし、信虎の危機に、扇谷上杉朝興が後詰めにやってきた。朝興は、川越城を出陣し、小田原に進軍したのである。これを知った氏綱は、山中合戦の翌八月二十三日、慌てて小田原に引き返した。上杉軍は、九月下旬に相模国大磯、平塚、一宮、小和田、知賀崎（神奈川県茅ヶ崎市）、鵠沼（同藤沢市）を焼き払い、小田原に圧力をかけた。このころには、氏綱も帰陣して、上杉軍に備えていたらしく、朝興はそれ以上小田原に迫ることなく、十月、河越城に帰陣している（『快元僧都記』）。上杉軍の牽制により、信虎は危機を脱したのであった。

戦後、信虎は戦死した実弟勝沼信友に男子がいなかったため、その居館と所領を、府中今井信甫に与えた。この後、府中今井氏は「勝沼殿」と呼ばれることとなる。いっぽうの今川氏輝も、信虎の駿河侵攻は衝撃だったようで、彼は、京都建仁寺にあった弟梅岳承芳（後の今川義元）と、その師九英承菊（後の太原崇孚雪斎）を、駿河に呼び戻し、善得寺（静岡県富士市）に入れた。氏輝は、信虎に備えるべく、弟と太原崇孚雪斎の助力を得ようとしたのだろう。この措置が、後の今川氏の歴史に大きな影響を与えることとなる。

諏方氏との和睦と晴信の元服

今川・北条両氏との対決で、実弟勝沼信友を山中合戦で失うという痛手を受けた信虎は、その対応に動く。天文四（一五三五）年九月、信虎は、信濃諏方郡の諏方頼満（天文三年に出家して碧雲斎、以下諏方碧雲斎）との和睦を決断し、これを実行に移した。山中敗戦から、一ヶ月も経たぬ迅速さであった。信虎は、今川・北条同盟と戦いながら、諏方氏とも対立することの不利を悟り、腹背に敵を受ける前に、その脅威を取り除こうとしたのであろう。

信虎は、甲信国境の境川まで自ら出向き、諏方碧雲斎と対面した。この時、碧雲斎は、和睦を確固たるものにすべく、諏方大社上社に秘蔵されている御宝鈴を境川まで運ばせていた。この宝鈴は、「誓約の宝鈴」といわれるもので、この宝鈴を鳴らして誓約することは、諏方大明神の神前での約束とみなされ、これを破れば神罰が下ると信じられていた。神長官（じんちょうかん）守矢頼真は、葛籠（つづら）に入れた宝鈴を六人の神官に担がせ、境川まで運び、川端で鳴らしたという。信虎と碧雲斎は、こうして和睦を果たした。信虎は、諏方大社上社に参銭（賽銭（さんせん））として黄金七両を贈っている。

明けて天文五年一月十七日、信虎の嫡男太郎が従五位下に叙せられ、「左京大夫」に補任された。当時太郎は十六歳であった。また、父信虎も、従四位下に叙せられ、「陸奥守」に遷任されている。

さらに三月、太郎は元服し、室町幕府将軍足利義晴の諱（いみな）を拝領し、晴信と名乗ることとなった。こうして青年武将武田左京大夫源晴信が歴史の舞台に登場したのである。

花蔵の乱勃発

天文五（一五三六年）年二月初旬、駿河の今川氏輝は、実弟彦五郎を伴って、小田原城の北条氏綱のもとを訪問した。前年の天文四年、氏輝は妹瑞渓院を、氏綱嫡男氏康のもとに嫁がせていた。それに伴う表敬訪問であろう。北条氏は、二人の来訪を大いに歓待した。氏輝兄弟は、約一ヶ月ほどの滞在ののち、三月初旬、駿府に帰還した。

ところが、まもなく氏輝・彦五郎兄弟は発病し、重篤となった。知らせを聞いた北条氏は驚愕し、ただちに鎌倉の鶴岡八幡宮、建長寺、円覚寺などに病気平癒を祈願させたが、それも空しく、三月十七日、氏輝・彦五郎兄弟は同時に死去した(『高白斎記』他)。氏輝、享年二十四。彦五郎の享年は不明である。兄弟の死については、諸説あるが、病気であったことは間違いなく、同年に甲斐国都留郡でも流行した疫病に罹患したと考えるのが自然であろう。

今川家では、氏輝生母寿桂尼主導のもと、新当主栴岳承芳が擁立された。承芳は、室町幕府将軍足利義晴に働きかけ、五月三日には、「今川五郎」(今川家の当主)に認定され、将軍の偏諱(へんき)「義」を与えられ、「義元」となった。今川義元の誕生である。

ところが、この手続きが行われている間に、義元より二歳年長の異母兄玄広恵探(げんこうえたん)(花蔵殿(はなくらどの))が、実母の実家で、今川重臣の福島一族に擁立され、叛乱を起こしたのである。こうして、四月、今川氏の内乱花蔵の乱が勃発した。花蔵殿と福島一族は、花倉城(葉梨城、藤枝市)を拠点に、四月二十七日、駿府に攻め込んだ。この内乱は、今川家臣が両派に分裂した深刻なものであったが、義元擁立を支持した北条氏綱の援軍が駿河に到着したため、形勢は義元有利となり、六月八日（十四日とも）、花倉城が陥落し、花蔵殿を始め福島一族は滅び、内乱は終息した。こうして、今川義元の家督相続が確定した。

花蔵の乱に際し、信虎は動かなかったらしいが、駿河から亡命してきた今川家臣を匿った武田家臣の前嶋一門を、信虎が誅殺する事件が起きている。前嶋一門の切腹に、武田氏の奉行衆の多くが反発し、信虎と袂(たもと)を分かち、他国へ退去したという。

武田・今川同盟の成立

家督相続後、今川義元は、父氏親、兄氏輝以来続いていた、甲斐武田氏との抗争に終止符を打ち、和睦する方向で動き始めた。これは、今川氏の外交路線である親北条・反武田の転換に他ならなかった。

そして信虎もまた、今川氏の新当主義元との連携に踏み切る。信虎にとって、積年の宿敵今川氏との和睦が成立すれば、北条氏や信濃の国衆との対決が容易になる。そして、両者が外交路線の転換に踏み切ったのには、室町幕府将軍足利義晴の存在があったとみられる。

信虎は、足利義澄が没落し、足利義稙が将軍となると、彼に積極的に接近し「左京大夫」

任官と従四位下の叙任を受けていた。その後、永正十八年（大永元年・一五二一年）に義稙が京都を没落し、義晴（義澄の遺児）が新将軍となると、信虎は義晴に接近した。

いっぽうの義元も、京都建仁寺で僧籍にあった時代から、室町幕府将軍足利義晴の知遇を得ており、家督相続の際には、いち早く、義元承認を認定してもらっていた。

かくて、武田氏と今川氏とが連携する素地が出来上がり、室町幕府は武田・今川両氏の和睦斡旋（あっせん）を実施したと指摘されている。

さらに信虎と義元を結びつける理由があった。それは、義元が明確な反福島方であったことだ。花蔵の乱において、玄広恵探（花蔵殿）を支持し、義元方と戦った中心は、重臣福島一族であった。この福島氏こそ、今川氏親時代にしばしば実施された甲斐侵攻に際して、常にその中核を担っていた存在であり、信虎にとって宿怨の敵だった。これが、信虎が義元支持に踏み切った背景であると想定される。かくて、義元と信虎は急速に接近した。

天文六（一五三七）年二月十日、武田信虎は、当時十九歳の息女（定恵院殿、生母は正室大井夫人、晴信の姉）を、今川義元の正室として嫁がせた。これをもって、武田・今川同盟（甲駿同盟）が成立した。

だが、この動きに反対していたのが、北条氏綱である。氏綱は、武田・今川の同盟締結の交渉を妨害しようと様々な工作をしたようだが、結局実現しなかった。そして、信虎息女の輿入れを知ると、今川氏との同盟を破棄し、駿河に攻め込み、駿東(すんとう)郡・富士郡を制圧した。今川義元も軍勢を率いてこれに対抗した（第一次河東一乱(かとういちらん)）。

信虎は、甲駿国境須走口（籠坂峠）に軍勢を出し、御宿某の案内で北条軍を牽制しようとした。また甲駿国境の万沢口にも軍勢を派遣していたらしく、北条軍と交戦した模様で、武田一族於曾(おぞ)氏が戦死している。

いっぽう、関東でも動きがあった。天文六年四月二十七日、扇谷上杉朝興が死去し（享年五十）、家督は息子朝定（当時十三歳）が相続した。北条氏綱は、駿河から軍勢を引き揚げると、鉾先を関東に転じ、上杉朝定軍を攻め、その本拠地河越城を奪取した。朝定は、家宰難波田善銀の本拠武蔵松山城に後退している。もはや、扇谷上杉氏の退潮は覆うべくもなかった。

甲駿同盟の成果として、忘れてはならないのが、武田晴信の結婚である。『甲陽軍鑑』などによれば、天文五年七月、京都の公家三条公頼(きんより)の息女が、今川義元の斡旋で、晴信のもとに輿入れしたとあり、これが現在通説になっている。

だが、花蔵の乱勃発が天文五年四月、義元の勝利が同年六月であるから、信虎と義元の関係好転を背景とした今川氏の結婚仲介・斡旋が七月というのはいささか早すぎると思われる。晴信と三条夫人の間に誕生した最初の子女は、嫡男義信であり、彼の生年は天文七年であるから、両者の結婚は天文六年と考えるのが妥当であろう。本書では、実際の結婚は、『軍鑑』の天文五年七月説ではなく、天文六年二月の甲駿同盟成立後のことと推定したい。『軍鑑』の天文五年は、天文六年七月の誤記と考えれば、義信誕生の時期と整合性が認められるだろう。

北条氏への圧力を強める

天文五(一五三六)年、信虎は、相模国津久井郡に侵入し、青根郷(神奈川県相模原市)を荒らしまわった。武田方は、足弱(あしよわ)(老人、女性、子供)を百人ほど乱取りして、村を荒廃させたという。前年の山中合戦の報復であろう。なお、この時、青根郷を攻めたのは、都留郡小山田信有であったと推定されている。

また信虎は、天文五年に、小弓公方(おゆみくぼう)足利義明との連携を果たし、その後ろ楯である真里谷(まりやつ)武田信嗣とも結んだ。ちょうど同じ頃、山内・扇谷上杉氏と小弓公方上杉氏、真里谷武田氏の提携が成立しているので、信虎はこれに参加したのであろう。かくて、甲斐武田・駿河今川氏を起点に、関東の両上杉、小弓公方、真里谷武田氏と繋がる、北条氏綱包囲網が形成された。

　これに対し、北条氏は天文七年に武田方に奇襲を仕掛ける。五月十六日、北条方は、突如、甲斐国吉田（富士吉田市）に夜襲をかけたのである。吉田宿の乙名衆は、下吉田の河原に避難したという。この後、信虎と氏綱の和睦が成立したので、吉田の人々は、河原からやっとのことで在所に帰ることが出来たという。

　その五ヶ月後の、天文七年十月七日、北条氏綱・氏康父子は、下総国国府台において、小弓公方足利義明・安房里見義堯連合軍と激突した（第一次国府台合戦）。この合戦で、小弓公方足利義明らが戦死し、里見軍も大打撃を受けた。義明の戦死により、小弓公方足利氏は滅亡し、古河公方足利晴氏―北条氏綱・氏康という連携が確立することとなる。この結果、山内・扇谷上杉氏、小弓公方足利氏、真里谷武田氏、安房里見氏の連携による北条包囲網は、大打撃を受けたのであった。

　この直後の十月十二日、北条方は、武田方との和睦を破棄し、須走氏と垪和氏らが、甲斐国都留郡上吉田にまたもや夜襲を仕掛けた。この夜襲は、和睦を一方的に破棄して実施されたためであろうか、全くの不意打ちであったため、上吉田宿の住人多数は逃げ遅れ殺害されたという。

小弓公方足利氏の滅亡により、北条包囲網は大きな綻びをみせ、氏綱はこれを見逃さず、武田への攻勢を仕掛けたのだろう。信虎と氏綱は、天文八年に、断続的に戦いを繰り返したようだが、大規模な戦闘には発展しなかったようだ。それは、同年七月、氏綱が、駿河の河東地域で今川方と戦っているので、信虎とも戦端を開く二正面を回避したからかも知れない。その後、氏綱の鋒先は、安房に向けられ、武田との戦闘は小康状態となる。

5 信虎追放

初めて他国に領土を拡大

天文九（一五四〇）年五月（四月上旬とも）、武田信虎は、佐久の国衆岩村田大井貞隆を攻めるべく、信濃に出陣した。先陣は、重臣板垣信方率いる軍勢で、その勢いは凄まじく、臼田、入澤城を始め、一日に三六もの城砦を攻略したといい、佐久郡をほぼ制圧したという。この遠征には、都留郡小山田信有の軍勢も出陣し、小山田重臣小林宮内助は、武田氏に命じられ、佐久郡の某城の城将をつとめたという。板垣信方は、伴野氏の本拠前山城に入り、ここを修築しつつ、在陣した。

なお、武田氏の佐久侵攻に乗じて、諏方郡の諏方頼重が、天文九年七月、小県（ちいさがた）郡長窪城を入手している。長窪城は、岩村田大井貞隆の出身地であるので、諏方頼重は信虎と共同で大井を攻めたと考えられる（頼重の祖父諏方頼満〈碧雲斎〉は、天文八年十二月九日に死去し、孫の頼重が家督を継いでいた）。かくて武田氏は、初めて他国に領土を拡大したのだった。

なお、余談であるが、武田信虎の佐久攻めといえば、武田信玄の初陣（ういじん）とその武勲の逸話は有名である。この初陣の逸話は、『軍鑑』巻一が伝えるところである。だが、史実かどうかは疑わしいとされている。

同書によると、天文五年十一月、晴信は初陣を迎え、父信虎とともに佐久郡海ノ口（うんのくち）城を攻めた。海ノ口城には、七十人力といわれる豪傑の平賀源心法師が加勢として入城し、三〇〇〇人の城兵とともに籠城し、武田軍を迎え撃った。武田軍は攻めあぐね、さらに大雪が降り始めたこともあり、思うにまかせなかった。すでに十二月二十六日になっていたので、信虎は撤退を決めた。年末でもあり、しかもこの大雪ならば、敵も追撃を仕掛けてくる恐れもないと判断した。

すると、晴信が進み出て、殿軍（しんがり）を願い出た。これを聞いた信虎は、晴信を嘲笑し、「武田家の不名誉なことをいうものだ。戦さ巧者たちは、口々に敵は追撃してくることはないだろうと言っているではないか。もしそうだとして、お前に殿軍を命じても、弟の次郎（武田信繁）にご命じいただきたいというのが惣領というものだ。次郎がお前の立場なら、そのような申し出はしないだろうが」と叱責したという。だが、晴信がなおも食い下がるので、信虎は好きにさせた。

武田軍は、十二月二十七日早暁（そうぎょう）、撤退を開始し、晴信も殿軍をつとめ、ともに後退した。やがて晴信は、手勢三〇〇人を途中で停止させ、腰兵粮の準備をさせたうえ、野営を命じた。

これに、晴信の手勢は口々に不満を言い合ったという。晴信は、二十八日早朝、出立すると、来た道を戻り、海ノ口城に奇襲攻撃を仕掛けた。平賀源心法師は、暮れも迫っており、年越しの用意のため城兵のほとんどを帰村させていたので、あっというまに討ち取られ、城は陥落した。十六歳の初陣を見事に飾った晴信の武勇は、他国にまで知れ渡ったが、信虎は城を攻略したのに、それを確保もせず撤退したのは臆病者の行為だと詰ったという。

　そのため、武田家中では、十人のうち、八人は晴信の戦功を褒めず、時の運だったとか、敵方の加勢も城を出ていてほとんど空き城同然だったのだから、勝利して当然だ、などという者ばかりで、彼の武勲を認める者は少数だったという。ただ、家中の人々は、内心では晴信の武勲を大いに評価していたが、信虎への追従と、次郎に気兼ねして、口では晴信を謗ったのだという。

　これが、『軍鑑』が伝える武田晴信初陣の経緯であるが、このような事実があったかどうかは、史料が存在せず証明しえない。ただ、晴信の初陣が、信濃佐久郡攻めであるとするならば、天文九年に実施された、武田軍の佐久侵攻戦の可能性がある。今後の検討課題といえよう。

天文九年の大災害

　武田信虎が佐久郡制圧を成功させた天文九（一五四〇）年は、近畿から東北の広い範囲にわたって、未曽有の大災害に見舞われた年であった。この年、甲斐では前年以来の不作や、災害による打撃が深刻であった。そこから立ち直る兆しも見えぬ天文九年五月、六月は、大雨が続き、農作物に深刻な影響を及ぼしていた。それに追い打ちをかけるように、八月十一日に巨大台風が襲来したのである。

日暮れから大風が吹き始め、亥刻（午後十時頃）までおよそ三時（約六時間）ほど吹き荒れ、大木や寺院、神社を吹き倒した。富士浅間神社では鳥居が倒壊したほか、神社境内の松も吹き折られ、塩山向嶽寺、浄土真宗浄泉寺（都留市）、勝沼の柏尾山大善寺も破壊されたという。村々では家屋が倒壊し、壊滅的被害を受けた。それればかりか、富士山麓の湖では、強風で湖面が煽られ、高波が発生し、湖畔の家屋を飲み込んだという。

とりわけ、勝沼の柏尾山大善寺は、境内の古木、大木はおろか、本堂屋根の北側三分の二がめくれ、背後の山上に吹き飛ばされたという。このため、本堂内に安置されていた日光・月光菩薩像、十二神将像などが雨ざらしとなり、大きく破損したと記録されている。信濃国諏方大社上社でも、神社の古木、大木は吹き折られ、神前の諏方大社上社鉄塔は、二重部分から折れ、倒壊したと記録されている。たまたま、宮番の順番だった神長官守矢頼真は、鉄塔の倒壊を目の当たりにしたが、暴風の凄まじさを「シワムクリ風」（芝をも捲りあげる程の激しい風という意味か）と特記している。風がおさまると、今度は豪雨による洪水が夜半に発生し、諏方大社上社前宮大町が濁流に呑まれ、十軒が流失し、三人が死亡した。

この超大型台風は、記録をたどっていくと、東海・中部地方だけではなく、西は紀伊国から近畿地方に甚大な被害をもたらし、果ては東北地方にも傷跡を残すほどの凄まじさであった。あまりの被害に、後奈良天皇は事態を憂慮し、宸襟（しんきん）を痛められたという（「鹿苑日録」「長享年後畿内兵乱記」等）。東北でも、「五穀は壊滅した」と嘆かれるほどであった。

これらの記録から、天文九年の超大型台風は、紀伊半島から内陸部を横断し、東北地方を抜けていったものと推定され、甚大な被害を各地にもたらした。この台風被害が、武田信虎と諏方頼重の命運に大きな影響を与えることとなる。

武田・諏方同盟の成立

天文九（一五四〇）年八月十一日の台風被害の記憶もなまなましい十一月、武田信虎は、息女禰々（ねね）（晴信の妹）を、諏方頼重の正室として嫁がせ、諏方氏と同盟を締結することとした。諏方氏との関係は、当時まだ和睦の段階であったが、信虎は信濃での軍事作戦での協調と、北条氏との戦いに備えるべく、諏方氏との関係を攻守軍事同盟に引き上げようと考えたのだろう。

禰々の輿入れは、十一月晦日に行われた。当時、諏方頼重は二十五歳、禰々は十三歳であった。頼重には、側室（筑摩郡麻績氏の息女、麻績〈小見〉の方）がおり、一女（武田信玄側室で、武田勝頼の生母）をもうけていたが、正室は娶らぬままであった。信虎はそこに目をつけたのである。

ところが、禰々が輿入れしてくる前後、諏方では不可思議な現象が相次いで起こり、人々を不安に陥れていた。記録をみると、諏方大社上社の社殿が三度も大きな音を立てて鳴動し、諏訪湖が三度も結氷し、御渡現象がみられた。特に、二の御渡は、近年にない御馬の足の荒いものだと判定され、人々は神意を訝しんだ。

頼重は正室禰々を迎えると、天文九年十二月九日、自ら甲府に赴き、婿入（結婚した後に、婿が初めて妻の実家を訪問する習俗）の挨拶を義父武田信虎に行っている。この返礼として、同年十二月十七日、今度は信虎が諏方を訪問（「舅入」）している。

なお、甲信国境の「境方十八ケ村」（稗底・乙骨（乙事）・高森・池ノ袋・葛久保（葛窪）・円見山・先達・小東・田端・上蔦木・下蔦木・神代・平岡・机・瀬沢・休戸・尾片瀬・木ノ間）の伝承によれば、この地域はかつて甲斐国に属していたが、禰々が諏方頼重に嫁いだ際に、化粧料として、諏方氏に割譲された地域とされ、このため国境が移動したのだという。かつての甲信国境は、立場川であったが、この時を契機に、現在の境川に変化したとされる。これは、あくまで地域の伝承の域を出ないが、近世の乙事村などでは、村の明細帳など由緒書に明記されるほどのもので、今も固く信じられている。これが事実かどうかは、今後の検証に委ねたい。

海野平合戦

明けて天文十（一五四一）年、信濃国諏方郡では、正月早々、諏訪湖では御渡がみられたかと思ったら、今度は突然の暖気で完全解氷してしまうという異常さで幕を開けた。続く諏方大社上社蛙狩（かわずがり）神事（一月一日に、社前の御手洗川の氷を割って捕えた蛙に矢を放ち、串刺しの状態のまま神前に奉じる式）では、二四匹も捕獲される異例の事態に騒然となった。それればかりか、三月下旬には、諏訪大社上社上坊の立石が五、六日にわたって唸るという怪奇現象が起きた。この現象は、昔から「諏方一乱」の前兆とされており、人々は不吉な予感を覚えたという。さらに七月には、御射山が夜に不気味な音をたてて鳴る現象が起こったため、さすがの諏方頼重も気にかけて、諏訪上社に神馬を奉納し、無事を祈願するほどであった。こうしたなか、諏方頼重は、舅武田信虎とともに、小県郡出兵のため、出陣することとなった。

信虎は、小県郡国衆海野棟綱を惣領とする、滋野一族攻めを決意し、諏方頼重、信濃国埴科郡葛尾城主村上義清と結び、小県郡攻略を実行に移したのであった。

天文十年（一五四一）五月十三日、武田信虎、諏方頼重、村上義清は、共同で三方向から小県郡に侵入した。五月十四日、小県郡の海野方の拠点尾野山城は攻め落とされ、翌十五日には、海野平と禰津で合戦があり、海野方は敗北を喫した。この合戦の最中、大雨が降り、洪水が発生するなど、双方ともに難渋したようだが、武田・諏方・村上連合軍は勝利を収めた。海野方は、態勢を立て直し、五月二十五日に、海野平で再度決戦が行われたらしい（海野平合戦）。この合戦で、海野軍は壊滅し、海野棟綱の嫡男幸義らが戦死し、海野棟綱、深井右衛門尉棟広、小野沢守義、真田幸綱らが上野国に逃亡した。関東管領山内上杉憲政を頼ったのである。

この海野平合戦終了後、滋野三家の禰津元直は、諏方大社に連なる神氏にも列していたことから、諏方頼重を頼り本領への帰還が許された。また矢沢城主矢沢綱頼（真田幸綱の弟）も連合軍に懇請したため、同じく本領復帰を許されたらしい。

いっぽう、海野棟綱は、関東管領上杉憲政の本拠平井城に匿われたといい、真田幸綱は上杉重臣で箕輪城主長野業正に庇護されたと伝わる。また、禰津元直の子政直（後に出家して松鷗軒常安(しょうおうけんじょうあん)、神平信忠（信政とも、後に真田幸綱の妹を娶る）は、上野国に亡命したと伝えられており、父とは袂を分かったらしい。

こうして、国衆海野氏は事実上滅亡し、海野領を始め、真田氏などの所領は、ほぼ全域が村上義清の支配領域に編入された。いっぽう、信虎は、望月領、蘆田依田領などを、内村川・依田川を境界にした以東の地域は、諏方頼重が獲得したと推定される。海野領は解体され、海野氏に従属していた国衆の多くは、武田・諏方・村上三氏にそれぞれ従属することとなった。武田氏の支配領域は、天文九年よりもさらに広がったわけである。そして、この海野平合戦が、武田家当主信虎最後の戦歴となった。

信虎追放

海野平合戦に大勝し、海野棟綱らを上野国に追放した武田信虎・晴信父子は、六月四日、甲府に帰陣した。帰陣して十日後の、六月十四日、信虎は甲府を出立して駿河に向かった。ところが、この駿府行は極秘とされていたらしく、重臣駒井高白斎らはこの事実を知らなかった。ただ、駿河行が、すべての家臣に伏せられていたわけではなく、駒井らには知らされていなかったと考えるべきであろう。『軍鑑』は、板垣信方、甘利虎泰、飯富虎昌、小山田備中守虎満ら四宿老は知っており、晴信の軟禁と、信繁の躑躅ケ崎館留守居役を取り仕切ったと記録されている。信虎の駿河行を知らされていなかった駒井らは、晴信に近い家臣として警戒されていたのだろう。

武田晴信が、クーデターに向けて動き出すのは、信虎の駿河出立直後のことである。信虎の甲府不在を、駒井高白斎らが知ったのは、十六日であった。恐らく晴信と彼を当主に擁立する決断をした重臣らが、駒井らを十六日に招集し、事情を打ち明けたのであろう。

だがここまでの動きもまた、駒井らには知らされておらず、晴信の動きをまったく察知していなかったらしい。

晴信が、躑躅ケ崎館に入ったのは、十七日のことである。恐らく、晴信と擁立派の重臣層が、十六日に、甲府の家臣らに事情を打ち明け、信虎に代わって武田家の当主になることを宣言したのではなかろうか。これに異議を唱える動きがなかったことから、晴信は家中の支持を得ることに成功したことを確認し、その上で翌十七日、躑躅ケ崎館に入ったと考えられる。かくて、無血クーデターは成功した。後は、信虎の帰国を阻止するだけである。

晴信は、躑躅ケ崎館に入ると同時に、甲信国境の「河内境」（駿河と河内領の境界）に足軽を派遣し、国境を封鎖、父の帰国を阻止した。晴信による足軽の派遣という事実は、彼が武田家当主として、軍事指揮権を完全に掌握したことを物語る。もちろんそれは、武田家中の合意と服従あって始めて機能したはずだからである。晴信が足軽に封鎖を命じた『河内境』とは、万沢と十島（とおしま）のことをいい、ともに関所（口留番所）があった。主要街道は、万沢口（西河内路、駿州往還）で、十島口（東河内路）は脇往還であった。晴信が封鎖したのは、この二ヶ所であろう。

甲斐の人々が、信虎追放と晴信の家督相続の情報に接したのがいつのことであったかは、記録されていないが、十七日以後であることは、間違いないだろう。信虎追放を知った人々は、身分の上下や老若男女を問わず、信虎追放を大いに歓迎し、喜んだと記されている。

信虎は「平生悪逆無道」であり、その苛政に悩み、憂えていたところ、晴信が人々の塗炭の苦しみを黙視しえず、遂に信虎を追放した。これにより国は保たれ、人々は快楽の笑いに包まれたとある。牛馬などの家畜類までもが、信虎に苦しめられていたともあり、それはいかにも大げさだが、それほどまで信虎は甲斐の人々から恨まれていたらしい。

ではそもそも、信虎はなぜ、天文十（一五四一）年六月に駿河に出向いたのであろうか。表向きの理由は、『塩山向嶽禅庵小年代記』が記録するように、今川義元に息女定恵院殿が嫁いでいたためとあるから、結婚後、婿のもとを舅が訪問する「舅入」のためだったのだろう。ただ、婿が嫁の実家を訪問する「婿入」がなされてから、「舅入」が行われるのが通例なのだが、実家の当主が、婿のもとを先に訪問するという事例が皆無ではない。近くは、天文五年二月、駿河今川氏輝・彦五郎兄弟が、小田原城を訪問し、北条氏綱・氏康父子と対面している。この直前に、氏輝の妹瑞渓院が、北条氏康のもとに嫁いでいるので、この訪問は「舅入」に相当するであろう。

晴信のクーデターは、これを好機とみて決行された。だが、同様の「舅入」は前年の天文九年にも、諏方頼重のもとを訪問する形で行われている。しかし晴信は、この時はまったく動いていない。とすれば、晴信が天文十年を選んだのには理由があったはずである。

もし国内の矛盾が累積していたということであれば、およそいつクーデターが起こってもおかしくはない。もちろん、晴信が成長し、当主になりうる年齢に達していたからとか、信虎が駿河へ行ったことが絶好の機会であったからであるとか、準備がようやく整ったのがこの時期であったとか様々な理由を考えることはできるだろう。

それにしても、家臣団の不満が本当に臨界点に達していたとすれば、たとえ晴信が幼君であってもシンボルとして擁立しつつ、信虎からの実権奪取は可能であったろうし、駿河へ出発した間隙という理由であれば、前年の信虎の諏方訪問時でも決行は可能であったはずである。晴信と、家臣団が結束して天文十年をクーデター決行の時期に選択した背景とは何か。これを窺い知る唯一の手掛かりが、『勝山記』の中に存在する。そこには「この年春、飢饉が蔓延(まんえん)し、人馬ともに餓死が絶えなかった。過去百年にもないことだと人々は口々に噂している。まさに生き残るのは千死一生と囁(ささや)かれている」とある。

では、天文十年に、過去百年にも前例がないほどの飢饉（「天文十年の大飢饉」）が、甲斐を襲ったのはなぜだったのか。これこそ、前年の天文九年の大災害による影響である。未曽有の飢饉による生命の危機は、天道に見放された信虎の不徳によるものと、甲斐の人々は恨みを募らせていた。これを敏感に察知したのが、晴信だったのだろう。

晴信は、父信虎を追放し、塗炭の苦しみに沈む人々の状況を転換させる新政策を打ち出すしかないと決断したと考えられる。それこそが、「一国平均」の徳政（善政）の実施だったのであろう。当時、国主の交替にあたって、「代替わり徳政」が求められていた。晴信は、この考え方を利用し、父追放を実行したとみられる。彼には、そうしなければならぬ理由があった。それは、親不孝と非難され、人々から蔑まれることを回避したいがためである。「天文十年の大飢饉」と、父信虎の世評（「悪逆無道」）の二つは、晴信が万民の苦しみを座視しえずに父追放、国主への即位を断行し、国々を保った（国々の危機を救った）という構図を効果的に演出する絶好の機会であった。それゆえに、晴信の行動と新政策が、万民のための行動（徳政）という認識を行き渡らせることに成功し、彼を親不孝という汚名から救ったといえるだろう。

武田家中では、信虎に同調し、晴信と戦う動きはまったくみられず、内戦に突入する危機は発生しなかった。また、晴信の擁立に異議を唱えた者もなく、一人の粛清者も出していない。まさに、戦国史上稀にみる無血クーデターが成功したのである。その意味で、このクーデターは、家臣団や武田一族に一人の犠牲者も確認できないという無血クーデターであるとともに、万民の支持を集め、内乱などを誘発しなかった、稀に見る政変劇だったのである。

「信虎悪逆無道」の実態

信虎追放を記録する同時代史料は、「信虎平生悪逆無道也」と明記し、その追放を手放しで歓迎していた。だが、いったい彼のどこが、どのように「悪逆無道」だったというのか。そのことについて、史料は何も語ってくれない。

そこで、武田信虎時代の甲斐国の世相を調べてみよう。そこに何かヒントがあるかも知れない。基礎史料となるのは、『勝山記』『王代記』『塩山向嶽禅庵小年代記』などである。

それらには、信虎が家督を相続した永正四（一五〇七）年から、追放される天文十年までに甲斐を襲った、天災（飢饉、災害、疫病流行）、作況、物価、合戦などが詳細に記録されている。

これをみると、異常気象（大雨、大雪、台風、旱魃）は、永正五年、同七年、同八年、同十二年、同十五年、同十七年、享禄元（一五二八）年、天文元（一五三二）年、天文二（一五三三）年～十年に記録されている。

これは、信虎時代の三十五年間のうち、実に十七年に及び、平均で二年に一度の割合で起きている。また、地震も記録されているが、農業にさほどの影響を与えなかったらしく、その関連を窺わせる記述は見られない。

次に作況をみると、永正五（一五〇八）年、永正八年、同十二年、同十五年、同十七年、大永二（一五二二）年、享禄四年、天文元（一五三二）年～同三年、同五年、同七年、同八年、同十年など、三十五年間のうち十四年で、何らかの凶作、飢饉が発生している。凶作、飢饉の発生率は、四割という高確率であった。

これに加えて、信虎時代の合戦は、そのほとんどが内戦であり、他国との合戦も今川・北条・諏方氏に攻め込まれたことによる迎撃戦だったとはいえ、甲斐の疲弊は想像を絶するものがある。このように、当時の甲斐は、異常気象の影響で、凶作や飢饉に襲われるなか、合戦は途切れることなく続き、武士、寺社、百姓などの諸階層に関わりなく、深刻な打撃を受けていた。まさに信虎時代は、天災、飢饉と内戦の時代であったのである。

信虎時代の悲惨さは、当時の物価変動をみると瞭然である。当時の、米、大麦、小麦、大豆などの穀物相場をグラフ化し、信虎時代と、その前後の時代（祖父信昌・父信縄時代、息子信玄時代）と比較してみよう。

甲斐で最悪の物価高は、文明五（一四七三）年であり、前年の凶作のあおりで「甲州大飢饉」に陥った時であった。記録上、これを超える高物価は、以後、見られない。それに次ぐ物価騰貴は、信虎期の永正十三年と同十六年である。ともに、前年の凶作や台風被害などにより、物価が高騰している。信虎期においては永正九（一五一二）年から大永三（一五二三）年までが特に物価が高く、しかも乱高下が激しい。

問題は、物価高騰の要因が、凶作、災害、飢饉だけでなく、加えて敵方による「路次封鎖」（経済封鎖）による物流の途絶が拍車をかけていることである。永正十三年の、今川氏による「路次封鎖」は、まさにその典型例といえる。

物価が落ち着きを見せるのは、永正十五年の今川氏との和睦、そして同十六年秋の豊作によるものだが、この最も困難な時期に、武田信虎は、甲府建設と本拠地移転を実行に移している。甲斐国衆らの叛乱は、こうした困難な時期に、大事業を強行した信虎への不満が背景にあるのではなかろうか。物価高騰期と、甲斐の内戦激化が連動しているのは偶然ではなかろう。

次に注目されるのは、信虎が徳政令を発した享禄元（一五二八）年と、信虎と小山田信有が対立し、緊張関係を迎えた享禄二（一五二九）年である。享禄元年の物価騰貴は、特に米に顕著で、百姓らが年貢収納に苦悩していたであろう状況を窺わせる。徳政令の発令も、永正十三（一五一六）年以来の危機を引きずり、この段階でそれに次ぐ物価高騰を背景にしているのだろう。

但し、享禄二年の物価高騰は、都留郡固有の問題とみられる。既述のように、信虎と小山田信有が対立し、信虎は都留郡の「路次封鎖」に踏み切っている。それゆえ、物流が途絶し、主食の小麦は大暴騰しており、文明五年の水準を上回った。その他、大麦、小豆なども軒並み高騰している。これは、政治的背景が原因とみられる特殊な事例ではあるが、路次封鎖が、地域経済に如何に大きな打撃を与えるかを示す貴重な証言といえるだろう。

武田氏は、当時、四囲がほぼ敵であったから、路次封鎖や商品流通量の低下が、凶作や飢

物価	合戦	特記事項
		武田信縄死去、信直(信虎)家督を相続
前年の豊作により、世間富貴言説に尽くし難し、日本国中売買安	合戦	坊ケ峰合戦、油川信恵滅亡
売買高	合戦	武田・小山田氏の抗争続く
	合戦	武田信直と小山田信有和睦
富貴四分三分になる		富士山の釜岩燃える
去年より売買なし、撰銭流行		三月の大雪で積雪は四尺に及ぶ
前年の豊作により、世間富貴、売買安、撰銭流行		河内領主穴山信懸、息子清五郎に殺害される
前年の豊作で売買安、撰銭流行	合戦	今川氏親、甲斐侵攻
前年の豊作で売買安、撰銭流行	合戦	武田信虎、大井氏と合戦
前年の凶作により春より世間詰まる、大麦高、粟の売買なし、撰銭流行	合戦	今川氏との合戦で、路次封鎖、いまだ他国との流通再開せず
前年の豊作により売買はすべて吉	合戦	空前の積雪で四方の路次が塞がり、鳥獣の餓死多数
世間詰まる事限りなし、米荷は山家では不通、米売買は都留郡では一粒もなし	合戦	武田氏と今川氏和睦
秋は国中富貴、撰銭流行	合戦	武田信虎、本拠を甲府に移す
前年の豊作で夏までは売買安	合戦	今井信元が、武田信虎に降伏する
	合戦	飯田河原、上条河原合戦、武田信玄誕生
前年の豊作で売買安		武田信虎、身延山に参詣し、富士登山を行う
前年の凶作で飢饉、夏は大麦吉		
	合戦	武田信虎、関東に出兵
売買吉、銭詰まる	合戦	武田氏、北条氏と和睦
	合戦	武田・北条氏の合戦続く

表1-1　武田信虎期における甲斐国の世相一覧

年号	西暦	飢饉・災害・疫病、天候	作況
永正４年	1507		
永正５年	1508	大雨	作毛悪、秋作悉悪
永正６年	1509	前年の不作により飢饉	秋作吉
永正７年	1510	十二月、大雪	夏麦、小麦吉
永正８年	1511	口瘅流行し死者多数、大風二三度吹、八月大水害	大風により耕作壊滅
永正９年	1512	前年の不作により飢饉、三月大雪で路次不通	
永正10年	1513	麻疹流行、唐瘡流行	作物はすべて豊作、二十分の出来
永正11年	1514	暖冬で降雪稀少	
永正12年	1515	暖冬で降雪稀少、その後大寒波	春はよかったが、秋凶作
永正13年	1516	七月、地震	
永正14年	1517	七月、暴風雨による洪水、十二月大雪	
永正15年	1518	天下飢饉、餓死、七月大風、八月霜被害甚大	秋凶作
永正16年	1519	秋の収穫前まで大飢饉、日本国飢饉、冬は富士郡へ行き芋柄を食べ露命を繫ぐ	秋豊作
永正17年	1520	夏までは吉、八月中旬に大雨で耕作損ず、冬大雪	秋凶作
大永元年	1521		(秋豊作か)
大永２年	1522		秋凶作、特に粟が壊滅
大永３年	1523	前年の凶作で飢饉、春より富士郡に行き露命を繫ぐ、子供に痘、麻疹(イナスリ)流行	夏麦豊作
大永４年	1524		
大永５年	1525		
大永６年	1526		

物価	合戦	特記事項
	合戦	武田信虎、信濃佐久郡に出兵、武田氏と今川氏和睦
武田信虎による徳政令	合戦	武田信虎、諏方碧雲と戦い敗北
前年は豊作だったらしく春の売買安、富士参詣者がなく、路次封鎖もあり撰銭流行		武田信虎と小山田信有対立。武田氏、都留郡の路次封鎖を実行
前年の豊作で春の売買安、銭飢渇	合戦	武田信虎、関東に出兵
前年の豊作で春の売買安、銭飢渇	合戦	河原辺合戦
春は人々詰まる、秋世中吉	合戦	武田信虎、甲斐統一
春は富貴で売買安		武田氏館焼失。武田太郎、上杉朝興息女を娶る
前年の凶作により、春は言語道断の苛酷さとなる、銭飢渇、秋は売買安		人身売買流行、武田太郎正室上杉氏死去
前年の豊作で世中十分	合戦	武田信虎、今川氏輝と万沢口合戦、北条氏綱が都留郡に侵攻し、山中合戦
	合戦	花蔵の乱、武田信虎、奉行衆と対立し、奉行らが国外に退去、武田軍が相模青根を攻撃
春売買なし、前年の凶作の影響	合戦	武田・今川同盟成立、河東一乱始まる、信虎、今川義元支援のため出陣
	合戦	北条軍、吉田に乱入、武田・北条氏が一時和睦
都留郡では、大原庄は富貴だが、他の地域は飢渇(銭飢渇か)	合戦	武田・北条両氏の合戦続く
前年の半作で春売買安、八月の台風以後、物流が途絶し物不足深刻	合戦	武田信虎、信濃佐久郡に出兵、都留郡の寄子衆は軍事動員を嫌悪する
世間一向凶	合戦	海野平合戦、武田信虎、息子晴信によって駿河に追放される

(註)『勝山記』『妙法寺記』をもとに、一部、『高白斎記』『王代記』の記事を参照して作成。

年号	西暦	飢饉・災害・疫病、天候	作況
大永7年	1527	春夏疾病流行	
享禄元年	1528	五月、大雨と洪水、六〜八月、大旱魃	洪水被害は局地的で、他では秋豊作か？
享禄2年	1529		夏麦豊作、秋豊作
享禄3年	1530	正月より暖冬、七・八月、疫病流行	夏、世中吉
享禄4年	1531	子供に疱瘡流行し死者多数	(秋凶作か)
天文元年	1532	前年の凶作のためか春飢饉、夏旱魃、天下大旱魃	春は菜が凶作、夏麦豊作、大麦・小麦は吉、秋豊作
天文2年	1533	五〜八月、大雨、その後、大旱魃	秋凶作、蕎麦以外凶作
天文3年	1534	前年の八月からこの四月まで飢饉で蕨を掘り、命を繋ぐ、五〜八月、蒸し暑い気候続く、春から夏にかけて疫病流行で死者多数、暖冬で降雪なし	大麦吉、秋豊作、但し風害で三分一となる
天文4年	1535	正月以来暖冬、三月、大風で家屋被害、咳病流行で死者多数	
天文5年	1536	一月暖冬、地震、大風による家屋倒壊、五〜七月、長雨により飢饉、疾病流行	凶作
天文6年	1537	一月暖冬、疫病流行、飢饉、春は大風吹く、子供に疱瘡流行、十月より降雪、稀に見る寒波	
天文7年	1538	前年の凶作で春飢饉、一〜三月断続的に大風に見舞われる	前年から続く寒波で大麦壊滅、小麦は吉
天文8年	1539	十二月大風、洪水、暖冬	秋中半分
天文9年	1540	春夏疾病流行し死者多数、五月大雨で世間散々、八月十一日大型台風襲来で被害甚大、冬に降雪なし	夏麦豊作
天文10年	1541	前年の台風被害で、春百年に一度の大飢饉、八・九月度々の大風被害	台風で凶作

出典：平山優『武田信虎』戎光祥出版

饉と連動して、たちまち甲斐一国の物価騰貴をもたらしたのだろう。

穀物価格のなかで、注目したいのは、実は米ではなく、小麦である。小麦は米と比較しても、信虎期は価格が高止まりしたままで推移している。その後、穀物価格が安定するようになっても、小麦だけは米よりも高価格のままなのだ。これは、当時の人々の常食が小麦であったことが関係しているだろう。日常の主食である小麦は、当然のことながら、需要が高く、そのため飢饉の時はもちろん、通常でも物価を押し上げる要因になっていたと考えられる。

残念ながら、信虎が追放された、天文十年の大飢饉時の物価が一切記録されておらず、その影響を知ることができない。ただ、天文九年は、大麦と小麦のみ記録されている。この年は、前年の秋が通常の半分ほどの収穫で、冬は暖冬、そして年末に水害があったといい、麦作に影響が出たとみられる。それを証明するように、天文・弘治・永禄期を通じて、最も価格が高騰している。もし記録が残っていれば、天文十年は凄まじい物価高騰であったことは、容易に想像できるだろう。

ところが、武田信玄の時代になると、すべての穀物相場は低下し、安定するようになっていることがわかる。この理由は、はっきりしないが、武田氏の信濃への領国拡大が背景にあるのではないかと思われる。武田氏の戦争は、他国への領土拡大とともに、あらゆる物資の掠奪（乱取り）を目的としていた。信玄の時代、甲斐は豊かであったと『軍鑑』は記す。なぜならば、信玄とともに参陣した武士、武家奉公人（雑兵）、陣夫（百姓）らは、戦場で掠奪に勤しみ、他国の富をかすめ取ったからである。つまり、信虎期のように、災害、凶作が発生しても、飢饉に至ったり、物価高騰に直結する事態が極めて少なくなったのは、不足分を他国からの掠奪や、武田氏の政策による物資流通などで補完できたからであろう。逆にいえば、まだ甲斐一国の統一が達成されず、凶作や飢饉のしわよせを他国に転嫁しうる状況に、まだ達していない段階の武田信虎期は、戦国期のなかで最も苦しい時代だったといえるだろう。

このように、物価変動の様相をみると、信虎期は祖父信昌、父信縄期と、息子晴信（信玄）期という前後の時代と比較しても、物価が高騰しがちで、甲斐の人々の生活は極めて苦しい時代だったことがわかるだろう。これは、災害、疫病という天災による影響であるが、それに加えて甲斐国内の戦国争乱が最も激しかった時期にもあたる。信虎にとって、甲斐統一のための試練であったとはいえ、内戦と天災による凶作、飢饉は、穀物需要を逼迫させ、物価の高騰を招いていた。こうした事態が、信虎への不満として蓄積していったのだろう。

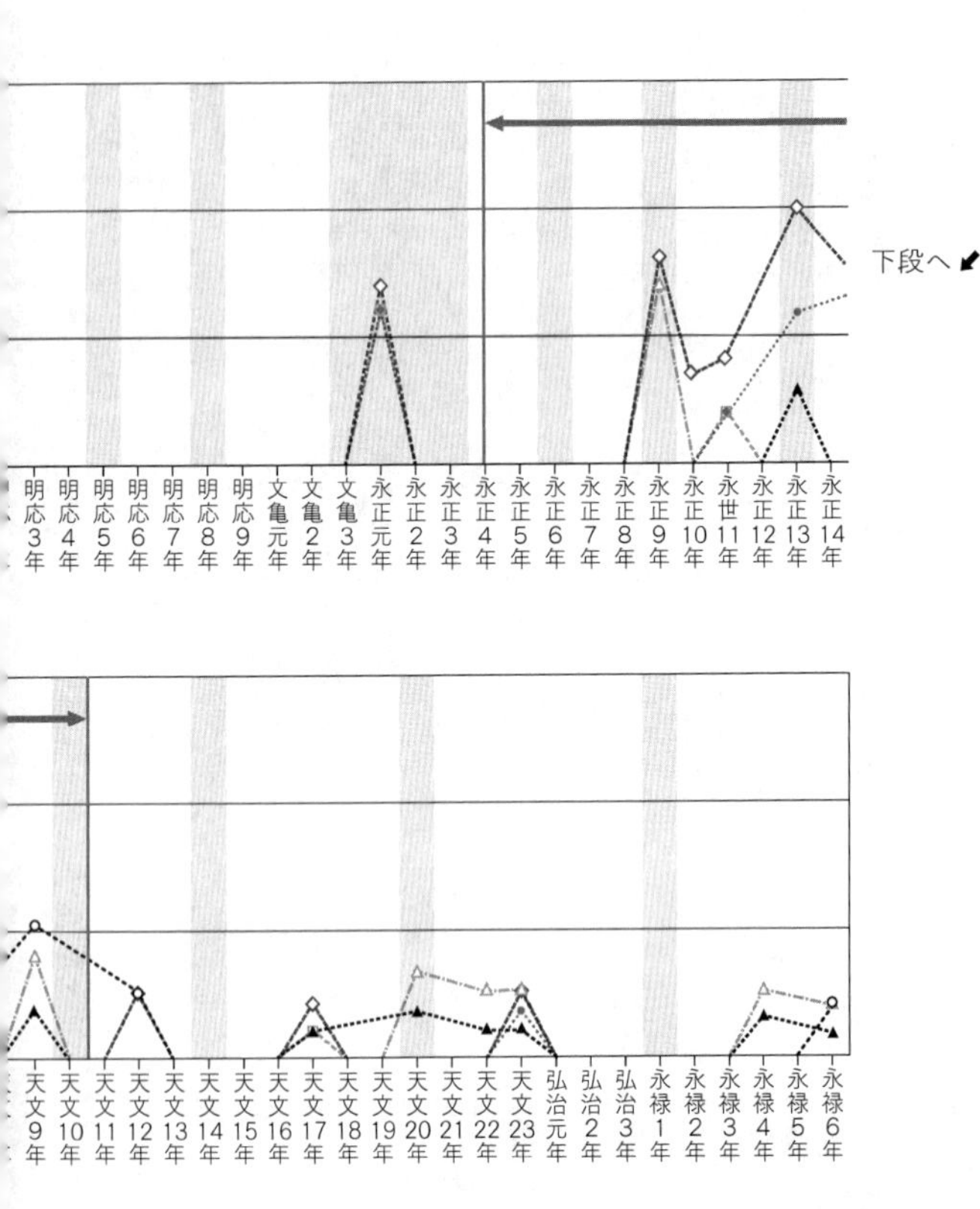
下段へ
明応3年
明応4年
明応5年
明応6年
明応7年
明応8年
明応9年
文亀元年
文亀2年
文亀3年
永正元年
永正2年
永正3年
永正4年
永正5年
永正6年
永正7年
永正8年
永正9年
永正10年
永世11年
永正12年
永正13年
永正14年
天文9年
天文10年
天文11年
天文12年
天文13年
天文14年
天文15年
天文16年
天文17年
天文18年
天文19年
天文20年
天文21年
天文22年
天文23年
弘治元年
弘治2年
弘治3年
永禄1年
永禄2年
永禄3年
永禄4年
永禄5年
永禄6年

図1-3　甲斐国物価変動図

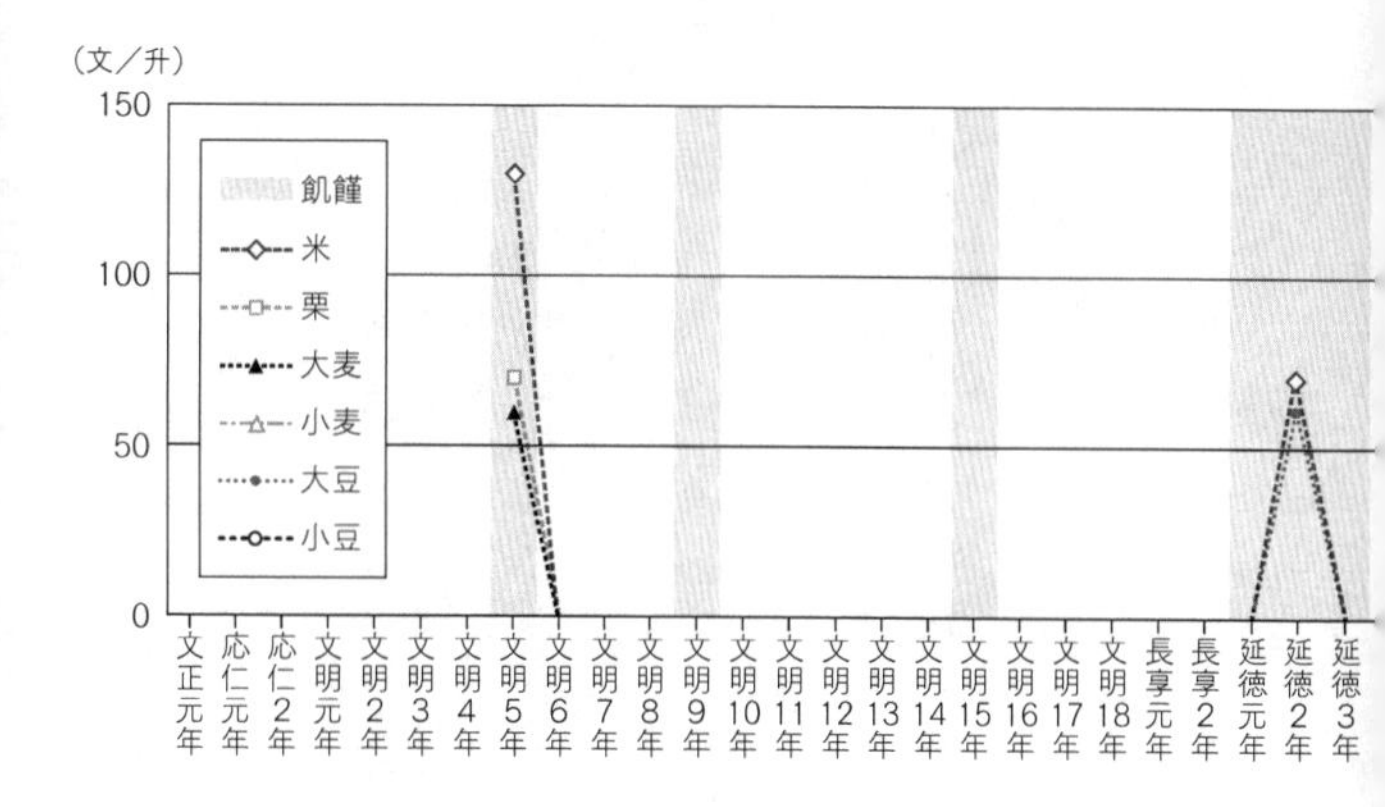

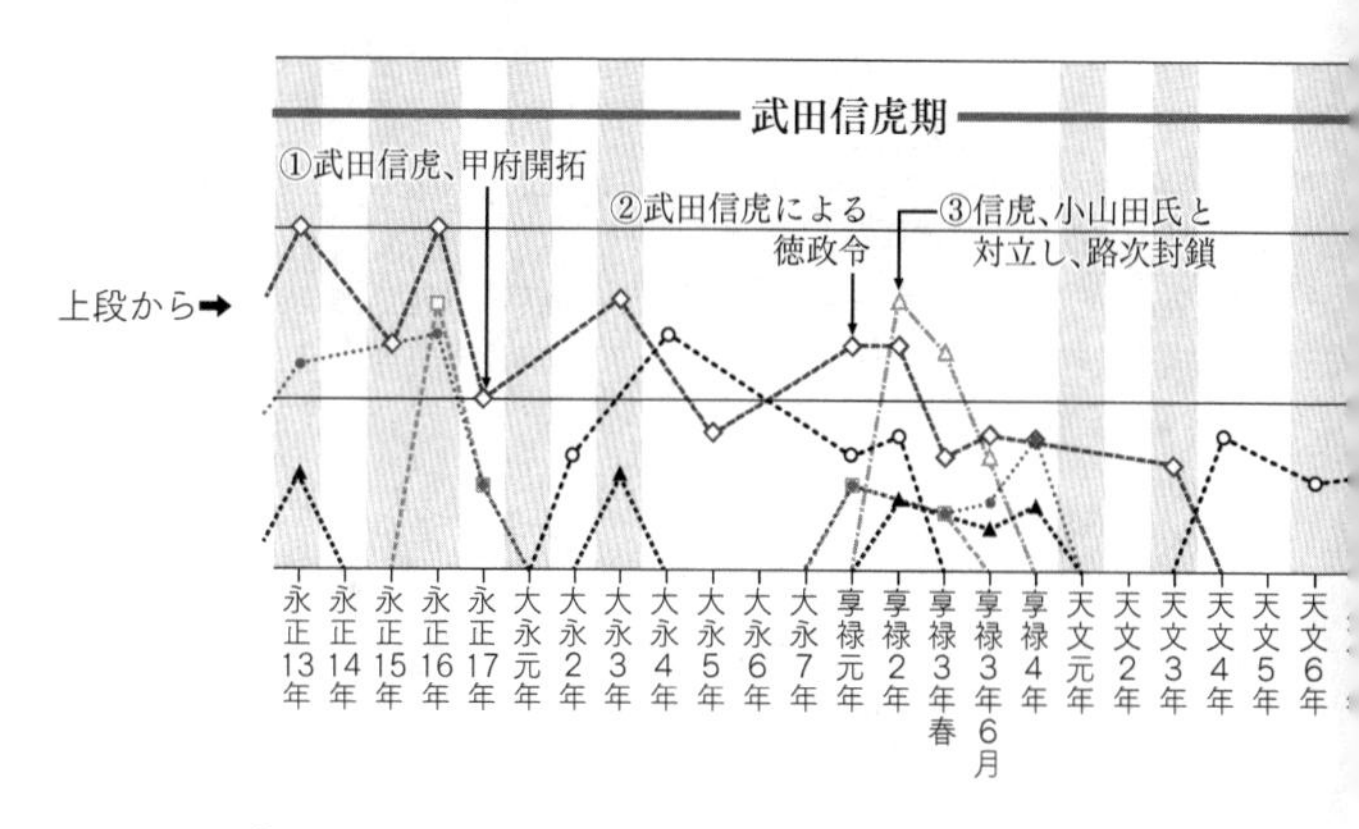

出典：平山優『武田信虎』(戎光祥出版)をもとに作成

しかし、当時の社会では、戦乱をおさめることができず、天災、飢饉、疫病などが蔓延する事態が発生するのは、国主が「天道」に適わぬ故と認識された。さらに、信虎が棟別賦課など重税を課したことも記録されているので、いっそう恨みを買ったことだろう。これらの世相に苦しんだ領民は、信虎が徳のない国主であるゆえに、「天道」にそっぽを向かれたのだとみなしていたのではあるまいか。つまり、無辜の人を虐殺したりすることが、「悪逆無道」なのではなく、悲惨な世相を招いてしまった（と認識された）、信虎の不徳こそが、「悪逆無道」の実態ではなかったろうか。

だがそれは、信虎個人の資質や責任に収斂できぬ性格のもので、人知の及ばぬ運命そのもののいたずらとしかいいようがない。その意味で、信虎は、甲斐統一や武田氏の戦国大名への脱皮、首都甲府建設という難事業を、立て続けに実現したにもかかわらず、結果的にそれらが自身の追放の流れを形成したという、誠に不運な憂目にあったといえるだろう。

第2部 武田信玄

武田晴信公画像（複写）（武田神社所蔵）

1　晴信、信濃経略を開始す

佐久・小県の領土を喪失

天文十（一五四一）年六月、晴信は父信虎を追放し、家督を相続したものの、しばらくの間、軍事行動を停止する。史料にも、彼の動向は記録されていない。家中の収拾をはじめ、細々とした問題に対応していたのだろう。この政治・軍事的空白を衝いて、天文十年七月、関東管領上杉憲政が、碓氷峠を越え、信濃国佐久・小県郡に三千余騎の大軍を派遣してきたのである。その目的は、武田・村上・諏方氏に本領を追われ、上野国に亡命してきた、海野棟綱ら滋野一族を帰還させるためであった。

晴信はまったく動けず、村上義清も、何らかの事情があって対応しえなかったらしい。唯一、軍勢を率いて対応したのが、同盟国諏方頼重であった。諏方軍は、七月四日、和田峠を越え、長窪（長和町）に出陣し、上杉軍に備えた。いっぽうの上杉軍は、蘆田郷とその周辺を荒らしまわったが、士気の高い諏方軍には手出しをしなかった。

ところが、その直後に上杉家中の内紛が発生し、何と合戦が始まった。そればかりか、これを好機とみた北条氏康が北上を始めたとの報がもたらされ、上杉・諏方両氏は和睦交渉を始めた。上杉軍は、海野（うんの）領などの奪回を果たせぬまま、長窪、蘆田郷をはじめとする地域を諏方氏に割譲し、その他の地域を上杉領とする領土画定を実施し、撤退した。

しかしながら、上杉軍の侵攻により、父信虎が天文九・十年に獲得した佐久・小県での領域のほとんどを、武田氏は喪失したのである。しかも、祖父信縄（のぶつな）、父信虎以来、友好関係にあった関東管領上杉氏と、晴信は事実上敵対することとなった。

かくて晴信は、関東上杉氏との同盟路線を放棄する事態に直面した。しかしながら、このことが、同じく上杉氏を敵として戦う、宿敵北条氏との関係改善に踏み切る契機になったこともまた事実である。武田・北条両氏の関係は、この後、急速に改善に向かう。

そのいっぽう、この事件は、晴信が同盟国諏方頼重攻撃を決断する契機になった。同盟国に一切の相談や通告なしに、敵と和睦したばかりか、領土分割協定を結んだ頼重に、晴信も村上義清も、出し抜かれたとの思いを強くし、怒りを募らせていた。晴信は、諏方打倒を目指して動き出す。

天文十年九月、晴信は、今川義元と、父信虎の隠居料などの調整を行い、駿河追放を確定させた。義元は、信虎を支持し、武田を攻めることはしなかった。この直後、晴信は、それまで称していた父信虎以来の官途「左京大夫」を、「大膳大夫」に変更した。「大膳大夫」は、本家の若狭武田氏の官途である。それは、父との決別を象徴するものであった。

諏方頼重攻略

晴信は、天文十（一五四一）年の大飢饉で打撃を受け、領内が疲弊していた諏方攻略に動き出す。当時、諏方頼重は、諏方大社上社神長官守矢氏、禰宜太夫矢島氏らをはじめ、諏方西方衆などの家臣らと対立していた。また、この諏方の内訌をみた信濃伊那郡高遠諏方頼継が、頼重を排除し、諏方惣領家を簒奪することを狙っていたのである。

晴信は、これらを察知し、調略を仕掛け、彼らを味方に引き入れることに成功した。当時、頼重は、正室禰々（晴信の妹）との間に、嫡男寅王丸が誕生したばかりで、義兄晴信らの動きをまったく知らなかった。それだけではない。関東管領上杉氏と勝手に和睦を結び、領土分割協定を結んだことの重大性に、頼重は気づいていなかったのだ。

天文十一年六月二十四日、晴信は、家督相続後初めて軍勢を招集し、諏方に出陣した。頼重は、武田軍の襲来の情報を、最初まったく信じず、対応が大きく遅れた。その間、武田軍に呼応し、高遠頼継が杖突峠を越えて諏方に攻め寄せると、頼重は、ようやく二十八日に軍勢を緊急招集したが、一〇〇〇人ほどがやっと集まっただけで、通常の軍勢を編成できなかったといい、しかも武田の大軍を見た兵卒は、次々に逃亡してしまい、頼重は本拠上原城下を固めることすらできなくなった。

頼重は、上原籠城を諦め、七月二日、ここに火を放ち、桑原城に移り籠城したが、逃亡兵が後を絶たず、諏方氏は七月四日、開城した。頼重は、この時になってもまだ、義兄晴信を信頼し、彼の協力を得て、高遠頼継を討つ心づもりであったという。だが、晴信は、七月五日に諏方頼重、同十三日に諏方頼高（大祝、頼重の弟）の身柄を、甲府へと護送した。

甲府に送られた諏方頼重・頼高兄弟は、東光寺に幽閉され、七月二十一日、切腹させられた。頼重は享年二十七であった。かくて、諏方惣領家はあっけなく滅亡した。

諏方頼重滅亡後、武田氏と高遠諏方氏は、諏方郡の分割協定を結び、宮川以西を高遠諏方氏、以東を武田氏が領有することで合意した。武田氏は、頼重の本拠であった上原城を統治の拠点と定めた。

だが、諏方郡全域制覇をもくろむ高遠諏方頼継は、諏方大社上社禰宜太夫矢島満清と結び、九月十日、武田方を追放して諏方を制圧した。晴信は、同十九日、頼重遺児千代宮丸

（寅王丸改名、生母は晴信妹禰々）を擁し、諏方奪回を図った。千代宮丸出陣を知った、諏方一族や遺臣が続々と参集し、武田軍は、高遠諏方氏とそれに味方する諏方西方衆（有賀、花岡氏等）、禰宜太夫矢島満清、伊那郡福与城主藤沢頼親（箕輪衆）らを、九月二十五日、宮川橋合戦（安国寺前合戦）で撃破した。

武田軍は、追撃の手を緩めず、九月二十八日、福与城主藤沢頼親を降伏させ、伊那の春近衆（上穂・赤須・大島氏など）を撃破し、十月までに諏方西方衆を降伏させ、諏方郡を平定した。晴信は、禰々、頼重遺児千代宮丸を甲府で庇護し、諏方大社上社大祝職には、伊勢宮丸（諏方頼重叔父満隣の子、後の諏方頼忠、当時七歳）を据え、諏方の直轄統治に踏み切るのである。

晴信、佐久・上伊那を攻める

諏方頼重攻略と、高遠諏方頼継との抗争は、晴信に新たな課題を突き付けることとなった。まず、諏方氏滅亡の混乱に好機とした、佐久郡岩村田大井貞隆（高台）・貞清父子が、長窪や蘆田をはじめとする佐久・小県郡内の諏方領を奪取したのである。大井貞隆は、長窪大井氏の出身とされ、岩村田大井氏を相続した経緯があり、貞隆は、故郷の奪回に成功したのだった。しかしこれにより、晴信は大井貞隆を敵と認定することとなる。

次に、高遠諏方頼継との抗争により、頼継を支援する伊那郡の国衆との開戦が避けられない情勢となった。かくて、武田氏は、佐久や伊那の国衆と戦争状態に突入した。

天文十二（一五四三）年九月、晴信は、大井貞隆を攻略すべく甲府を出陣し、貞隆と、彼を支援する佐久郡望月城主望月昌頼と対決した。武田軍は、九月十九日、長窪城を攻略し、大井貞隆を捕縛した。貞隆とともに籠城していた望月一族は殲滅（せんめつ）された。恐れをなした望月昌頼は、本領を捨て、小諸城主大井高政のもとに亡命した。捕縛された大井貞隆は、甲府へ送られ、軟禁されたまま、生涯を終えたらしい。

天文十三年、武田氏による諏方上原城の大改修が終了し、重臣板垣信方が諏方郡司（郡代）に任命され、武田氏による諏方郡統治が始まった。だが、頼重旧臣千野山城入道宗光（そうこう）（千野氏惣領）らが諏方で叛乱を起こし、伊那郡高遠諏方頼継と、箕輪城主藤沢頼親がこれに呼応した。しかも、信濃守護小笠原長時が、藤沢支援に動き出した。藤沢頼親は、小笠原長時の妹婿であったので、救援に駆けつけようとしたのだろう。晴信は、深入りせず自重し、甲斐に撤退した。勢いに乗った高遠諏方頼継は、十二月、諏方に乱入し、諏方大社上社一帯に放火し、高遠に引き揚げた。頼継の動きが拡大しなかったので、晴信はこの時は反撃に出なかった。

天文十四年四月、晴信は甲府を出陣し、高遠城に攻め寄せた。高遠諏方頼継は堪えきれず、城を捨てて逃亡した。頼継は、その後、天文十七年、武田氏に臣従している。

晴信は、高遠城を制圧すると、すぐに箕輪城の藤沢氏を包囲した。これを知った小笠原長時が、伊那竜ケ崎城に後詰めとして出陣すると、晴信は六月、重臣板垣信方らを派遣し、竜ケ崎城を陥落させ、小笠原軍を敗走させた。これを知った鈴岡小笠原・知久・下条・赤須・片桐・飯島・座光寺氏らの伊那衆は、伊奈部（いなべ）（伊那市）まで出陣していたが、空しく撤退したという。

孤立した藤沢頼親は、六月十日、武田氏に降伏した。晴信は、箕輪城を焼き払うと、府中小笠原長時を牽制すべく松本平に侵攻した後に、甲府に帰陣した。かくて晴信は、上伊那を平定したのである。

晴信、北条・今川の和睦を仲介す

上伊那平定を果たした晴信は、天文十四（一五四五）年九月、今度は駿河に出陣した。今川義元と北条氏康が、富士川及びそれ以東の地域をめぐって、衝突したからである（第二次河東一乱）。この争乱は、天文六年、前年の花蔵の乱に勝利し、家督を相続した今川義元が、武田信虎との同盟締結を選択したことに怒った北条氏綱が、今川・北条同盟を破棄して、駿東・富士郡を制圧したことが発端であった（第一次河東一乱）。

天文十四年二月頃、室町幕府将軍足利義輝は、今川・北条両氏の和睦を斡旋すべく、京都聖護院門跡道増を派遣してきた。道増は、今川義元、武田晴信と相次いで対面し、その後、北条氏康を訪ね、和睦を勧告したらしい。しかし、調停は不調に終わり、道増は七月、空しく帰洛した。今川義元はこれに怒り、七月二十四日、富士川を越え、善得寺に着陣したのである。義元の援軍要請を受け、晴信も出馬した。

義元が善得寺に布陣すると、北条氏康も、吉原城（天香久山砦、富士市今井）に入った。武田晴信は、八月、北条・今川両氏の和睦調停に乗り出した。実は晴信は、これより先の天文十三年正月早々、都留郡小山田信有の仲介で、北条氏と和睦交渉を行い、氏康との関係改善を実現させていた。これは義元の了承を得た上でのこととみられ、今川氏もまた、本音では北条氏と鉾を収めたかったのだろう。

八月十一日、義元が北条氏との和睦を受諾すると、晴信に返答し、これを受けて、晴信は軍勢を率いて九月、駿河に出陣した。駿河への軍旅の途上、晴信は氏康より書状を受け取っており、和睦成立への期待が高まっていたとみられる。武田軍の駿河進出と軌を一にするように、北条軍は吉原城を放棄し、沼津へ後退した。合流した晴信と義元は、沼津に迫り、今川軍は長久保城（静岡県長泉町）包囲、武田軍は黄瀬川に進んだ。北条軍と今川・武田軍は和戦両様の態勢を解かず、緊張が続いたが、北条氏が占領地を放棄する方向に向かっていることは明らかであった。

　この時、北条氏康には、武田・今川両氏と和睦を急がねばならぬ理由があった。何と、関東管領山内上杉（やまのうちうえすぎ）憲政、扇谷上杉朝定（おうぎがやつうえすぎともさだ）が、古河公方足利晴氏を味方に迎え入れ、武蔵国に侵攻し、北条綱成が守る河越城を包囲していたからである。

　腹背に敵を受けた北条氏康は、追い詰められていた。晴信は、義元の他に、関東管領上杉憲政にも氏康との和睦を勧告し、合意を取り付けることに成功した。十月、晴信の調停により、今川・北条・上杉三氏が起請文（きしょうもん）の交換を実施し、戦闘は停止され、武田・今川・北条・上杉四氏の和睦が成立した。十一月、北条氏は長久保城を今川氏に明け渡し、軍勢を引き揚げたことから、今川義元は、駿河全域の回復を果たした。

　晴信の仲介による、武田・北条・今川氏の三国和睦は、その後、画期的な甲相駿三国同盟へと発展していくのである。

佐久制圧戦と甲州法度の制定

天文十五（一五四六）年五月、晴信は、佐久郡内山城に籠城し抵抗する、大井左衛門督貞清を攻め、これをあっけなく降した。武田氏は、内山城を佐久郡の拠点と定め、ここに重臣上原伊賀守虎満（後に小山田備中守となる）を城主に任じ、さらに佐久郡司（郡代）と定めた。

天文十六年閏七月、晴信は、降伏を肯んじない佐久郡志賀城主笠原（依田）新六郎清繁を攻めた。笠原清繁のもとには、佐久郡の依田一門、上野国の国衆で関東管領上杉憲政の家臣高田憲頼父子らが援軍として、集結していた。このため、笠原氏との戦闘は、晴信にとって、関東管領上杉氏との開戦を誘発する危険性の高いものとなった。

武田軍は、閏七月下旬には、志賀城の水の手を遮断し、城方を追い詰めていた。これを知った関東管領上杉憲政は、志賀城支援のために、家臣上原兵庫助、倉賀野党金井（倉賀野）秀景らを中心とする関東衆数千人を、信濃佐久郡に派遣したのである。上杉援軍は、八月、碓氷峠を越えて浅間山麓の小田井原に着陣した。これを知った晴信は、自らは志賀城包囲を担当し、重臣板垣信方・甘利虎泰・横田高松・多田三八郎らの別動隊を迎撃に向かわせた。

八月六日、武田軍別動隊は、小田井原合戦で上杉援軍を撃破し、これを上野に退散させた。武田軍は、討ち取った上杉方の首級数千を志賀城の廻りに懸け並べ、援軍の壊滅を城兵たちに知らしめた。

意気消沈した志賀城は、八月十一日落城し、笠原清繁父子、高田憲頼父子ら三百余人が戦死し、籠城していた多数の男女が捕虜となった。この人々は、奴隷市場で売り飛ばされている。また、捕虜になった志賀城主笠原清繁の妻は、都留郡小山田信有が貰い受け、都留郡駒橋（大月市）の屋敷で側室として囲ったという。

志賀城攻めに出陣する直前の、天文十六年六月朔日、晴信は、家臣らに起草を命じていた分国法の内容を了承し、これを『甲州法度之次第』（以下『法度』）と題して制定した。『法度』は、当初二十六ヶ条として制定されたが、その後、徐々に追加法が制定され、天文二十三年には五十七ヶ条へと発展している。

『法度』二十六ヶ条を読むと、武家法の源流である『貞永式目』と、同盟国今川氏の分国法『今川仮名目録』（以下『目録』）の影響を強く受けており、若干の文言改訂こそあれ、ほぼ同様の条文が散見されるほどである。

『法度』は、制定当初こそ、今川氏の経験を参照し、それを自国の法律に反映させている

表2-1 『甲州法度之次第』二十六ヶ条本内容分類一覧

内容	条数	合計
地頭と百姓の紛争	1・5・6	3
地頭の知行地・所領問題(質入れ、売買等を含む)	7・8・9	3
米銭の貸借	16	1
譜代・下人条項	10・11・13・20	4
喧嘩・刃傷・殺害への対応(子供を含む)	12・22	2
寄親—寄子関係の諸問題	14・23・24	3
訴訟手続の規定	2・21	2
他国との交渉	3・4	2
僧侶・山伏・禰宜分(宗教問題)	18・19	2
その他	15・17・25・26	4
合計		26

□で囲んだ19は五十五ヶ条で削除された出家の妻帯禁止に関する規定
●で囲んだ数字は、「今川仮名目録」の影響が認められる条文

『甲州法度之次第』五十五ヶ条本内容分類一覧

内容	条数	合計	増減
地頭と百姓の紛争	**1**(1)・**5**(5)・6・**7**(6)・9・13・54・追2	8	(+5)
地頭の知行地・所領問題(質入れ、売買、養子問題等を含む)	**8**(7)・(8)・11・**12**(9)・31・39・40・43・追1	9	(+6)
米銭の貸借(借銭法度)	38・**41**(16)・44・45・46・47・48・49・50・51	10	(+9)
譜代・下人条項	**14**(10)・**15**(11)・16・**18**(13)・**23**(20)・53	6	(+2)
喧嘩・刃傷・殺害への対応(子供を含む)	**17**(12)・25(22)・26	3	(+1)
寄親—寄子関係の諸問題(訴訟手続の規定を含む)	**2**(2)・**19**(14)・**24**(21)・**27**(23)・28(24)	5	(±0)
他国との交渉	**3**(3)・**4**(4)	2	(±0)
棟別銭の賦課・ 徴収と郷村の退転問題(死失人、不足銭規定を含む)	32～37・56・57	8	(+8)
僧侶・山伏・禰宜(宗教問題)	**22**(18)・52・58	3	(+2)
その他	**20**(15)・**21**(17)・29(25)・30・42・**55**(26)	6	(+2)
合計		60	(+35)

太数字は、二十六ヶ条と一致する条文を指し、その隣に付けた(　)内の数字は二十六ヶ条本での条数を示す。
二十六ヶ条本に存在する第十九条(出家の妻帯禁止規定)は除外してある。
●で囲んだ数字は、「今川仮名目録」の影響が認められる条文

出典：『中世法制史料集』第三巻。五十五ヶ条に追加二ヶ条と流布本に未収録の三ヶ条を含め、全六十ヶ条として分類した。

が、その後は、晴信自身が、領国経営の過程で直面した問題に、真摯（しんし）に向き合い、独自の判断を条文に仕上げて、追加法を制定していったらしい。二十六ヶ条以後に追加された条文のほとんどは、『目録』の影響を受けていないからである。

晴信は、父信虎が甲斐を統一した天文元年を、武田氏が責任をもって紛争解決を図る起点とし、自身が家督を相続した天文十年以後に発生した諸問題は、晴信が積極的に解決を図ることを宣言している。

その条文をみると、地頭（領主）と百姓の紛争、地頭の知行地などの質入れや売買、地頭の借財に関する規定が目立って多い。これは、武田氏の軍事動員を支える地頭や軍役衆が、その過重さにより困窮し始めており、そしてそのしわ寄せが百姓層に向けられていたことを窺わせる。晴信は、この解決のために、法制定を決断したと考えられる。

さらに、天文十六年の制定から、再編纂が成就した天文二十三年までのわずか七年の間に、晴信は上田原合戦（天文十七年）と砥石（といし）合戦（天文十九年）という二度の敗戦を含む、最も苦しい戦いを繰り広げていた。その過程で、晴信は、二十六ヶ条だけでは到底対応しえぬ、幾多の諸問題に直面したのであろう。追加条項を読むと、①米銭の貸借に関する条文（いわゆる「借銭法度」）、②次いで、棟別銭の賦課・徴収とその過重負担による郷村の退転問題（いわゆる「棟別法度」）、③地頭の知行地・所領問題、④地頭・百姓の紛争激化、が多く追加制定されている。

つまり、『法度』の追加法制定に伴う再編纂は、戦争による領国の疲弊を如実（にょじつ）に反映しているといえるだろう。

なお、『法度』の末尾には、戦国法としては異色の規定があることで知られる。それは「晴信の行いが、この法度に違反していると考えたならば、身分を問わず目安で訴えよ。その時は自分にも覚悟がある」と明記してあることである。これが空文であったか、ある程度の効力を持っていたかは確認できないが、晴信の経綸（けいりん）と修養の高さや、徳治主義にもとづく支配理念の実在を窺わせる。しかも、この条文から、『法度』が広く家臣はもちろん、領民の知るところであったこと、つまり武田領国に発布、通達されていたことが窺われる。そのためか、『法度』の写本が、旧武田領国の旧家から発見される事例が少なくない。これは、戦国法の多くが守秘義務を課し、特定の階層にしか流布しなかったのに対し、『法度』は地域社会との接点が濃密であったことを窺わせる。

村上義清に敗れ、危機を迎える

天文十七（一五四八）年、晴信は、埴科郡葛尾城主村上義清攻めを決意し、二月、信濃に出陣した。村上義清と武田氏は、父信虎時代は友好関係にあり、天文十年の海野攻めでは、共同出兵をしたほどであった。ところが、天文十六年の志賀城主笠原清繁滅亡を契機に、義清は武田氏と断交したようだ。『甲陽軍鑑』には、笠原と同盟関係にあった義清は、武田の侵攻を防げず、面目を失墜し、晴信への復讐を誓っていたとある。

天文十七年二月一日、武田晴信は、軍勢を率いて甲府を出陣し、村上義清の本拠地坂木に向かった。ところが、行軍のさなか、信濃小県郡は降雪に見舞われ始めたという。それでも、晴信は進軍を続けた。

村上義清も坂木から出陣し、武田、村上両軍は、上田原で対陣し、二月十四日に衝突した（上田原合戦）。産川を挟んで激戦が展開され、武田軍は、重臣板垣信方、甘利虎泰、才間河内守、初鹿野伝右衛門尉ら七百人余が戦死し、大将晴信も負傷する敗北を喫した。村上軍も、屋代源吾、雨宮刑部、小島権兵衛ら三百人余が戦死したと伝えられる。武田軍は、総崩れこそ免れたが、再び村上軍に決戦を挑む気概と余力は残されていなかった。それは村上軍も同じであったらしい。両軍は、その後二十日余も上田原で睨み合っている。

武田軍敗北を知った、重臣駒井高白斎と今井信甫は、相談のうえ、御北様（晴信生母大井夫人）に事情を説明し、晴信に撤退を勧告する手紙と使者を送ってもらっている。生母の説得に、晴信はようやく心を動かし、三月二十六日、甲府へ帰還した。

武田軍の敗報は、信濃を駆け巡り、村上義清は、武田に制圧されていた佐久・小県各地の国衆に働きかけ、続々と味方につけ、叛乱を使嗾した。この結果、信濃小県郡はもちろん、佐久郡もほとんどが村上方に転じた。佐久で武田方に留まったのは、佐久郡内山城とそれ以南の城砦（海ノ口城、海尻城など）に過ぎなかったらしい。かくて、信濃の武田領国は最大の危機に陥り、信濃から放逐される可能性すら出てきたのである。

塩尻峠合戦と小笠原氏の没落

晴信は、上田原敗戦後、諏方の動揺を抑えるべく、諏方大社下社諏訪神三郎（金刺善政）に、諏方の治安維持を命じ、戦死した板垣信方に代わって、室住玄蕃允虎登（板垣信方の実弟）を上原城代に任命した。また、伊那高遠城に足軽大将山本菅助を派遣して防備を固めさせ（海老沼真治編・二〇一三年）、四月、高遠諏方頼継を甲府に召喚したほか、佐久や諏方の諸士に知行宛行（所領、所職などの知行を与える際出された文書）や安堵を実施し、離反の動きを押さえようとした。

一方の村上義清は、関東管領上杉憲政、武田氏に従属していた岩村田大井貞清と密約を結び、さらに府中小笠原長時、安曇郡(あずみぐん)国衆仁科道外（道外の女は長時の妻）、武田氏に従属していた福与城主藤沢頼親らをも味方につけることに成功した。かくて、村上・小笠原・仁科・藤沢らが諏方や高遠に向けて動き出した。伊那高遠城は、敵の攻撃を受けたらしく、山本菅助がこれを撃退している。

村上義清は、天文十七（一五四八）年四月二十五日、佐久郡司上原虎満の守る内山城を攻め、宿城（木戸などの防御施設を持った城下集落）に放火した。いっぽうの小笠原長時と仁科道外は、六月十日、諏訪大社下社を襲撃している。

この情勢をみて、武田方の退勢を看取した諏方西方衆(にしかたしゅう)（諏方頼重旧臣）が、七月十一日、村上・小笠原方に内通し、叛乱を起こした。これを知った小笠原長時は、ただちに塩尻峠に出陣した。諏方西方衆は、これに力を得て、上諏方を荒らしまわった。武田方は、上原城での籠城を余儀なくされた。

晴信は、諏方西方衆の叛乱が起きたその日のうちに甲府を出陣したが、甲信国境で行軍を停止させた。これを、武田軍の逡巡と捉えた小笠原方は、諏方の武士や神職らを続々と味方につけ始めていた。

晴信は、七月十八日に上原城に入り、密かに夜のうちに、小笠原軍が布陣する塩尻峠の麓(ふもと)に駒を進めた。そして早朝、一斉に峠に攻め上がり、小笠原軍を奇襲した。油断していた小笠原方は、大混乱に陥り、千人余の戦死者を出す、壊滅的打撃を受けたという。

武田軍は、小笠原軍を追撃して塩尻峠を下り、村井に進出し、小笠原氏への押さえとして村井城（松本市）を築城し、二十五日に諏方上原城に帰陣した。塩尻峠合戦以後、小笠原氏は二度と諏方、伊那郡に攻めてくることはなくなり、衰退が決定的となった。

その後、武田氏は、小笠原撃退後の八月、諏方上原城代（諏方郡司）を室住虎登より長坂大炊助虎房(おおいのすけとらふさ)（後に釣閑斎光堅(ちょうかんさいこうけん)）に交替させ、諏方西方衆を追放しその所領を没収して、御料所とした。さらに、村上方に奪われた佐久郡回復を開始し、九月には、田口城の田口左近将監長能を滅ぼし、前山城を奪回した。武田軍の勢いに、佐久郡の城一三ケ所が次々に降伏し、大井貞清も捕縛され、甲府に送還された。武田氏の佐久回復戦は、天文十八年三月から九月にかけて続けられ、抵抗を続ける小諸城主大井高政、岩尾城主岩尾大井弾正などを除く地域はほぼ平定された。

天文十八年八月、晴信は、今川義元の仲介で、村上義清との和睦交渉を行ったが、これは合意に達しなかったものの、村上方に帰属していた、小県郡和田城主大井大炊介信定も、同年末までには武田氏に出仕し、村上氏の勢力は大幅に後退した。

　村上氏の勢力を封じ込めた晴信は、府中小笠原長時攻略に向け、調略を仕掛けた。天文十九年（一五五〇）四月、安曇郡仁科道外が武田氏に内通した。これを受けて、七月三日、晴信は甲府を出陣し、塩尻峠を越えて筑摩郡村井城に入ると、十五日から筑摩郡の小笠原方に攻勢を仕掛けた。小笠原方は、「イヌイ城」（場所不明）の陥落をきっかけに、大城（林城、小笠原氏の本拠地）、深志（坂西氏）、岡田（岡田氏）、桐原（桐原氏）、山家（中入城、山家氏）の五ヶ城が相次いで自落、さらに島立（島立氏）、浅間（赤沢氏）も降伏した。長時は、家臣らに叛かれ、本領を捨てて逃亡し没落した。仁科道外も、晴信のもとへ出仕した。武田軍は、十九日に深志城に入り、大改修を実施し、筑摩・安曇郡支配の拠点と位置づけ、城将に馬場民部少輔信春と日向大和守是吉を配置した。

　府中を脱出した小笠原長時は、村上義清を頼り、その後、天文二十二年、北信濃の高梨政頼家臣草間氏に匿われ、さらに、越後長尾景虎を頼ったという。同二十三年には、下伊那鈴岡城主小笠原信定（長時の弟）のもとへ移ったが、武田氏の下伊那侵攻を受け、鈴岡小笠原信定とともに信濃での基盤を失い、伊勢を経て、京都に脱出し、三好長慶を頼っている。

砥石崩れ

天文十九（一五五〇）年、府中小笠原長時を追放し、安曇郡仁科氏を従属させた晴信は、村上義清攻略を目指し、そのための重要な布石として、小県郡砥石城を攻撃目標に据えた。砥石城は、川中島に通じる松代街道（地蔵峠道）、善光寺に抜ける保科道、北信濃に抜ける大笹街道、松代街道から分岐し、芝峠を越えて坂木に至る古道などを扼（やく）する要所に位置し、村上氏の本拠坂木（葛尾城）を防衛する最前線に当たっていた。武田氏は、ここを奪取することで、川中島方面へ進出しつつ、芝峠を押さえ、村上領を包囲することが可能となってくる。しかも、当時、村上義清は、北信濃で高梨政頼と対陣中だった。

晴信は、これを好機とみて、信濃に出陣し、八月二十四・五日の両日、武田一族や重臣を砥石城に派遣し、偵察を実行させた。晴信は、八月二十八日に「屋降（むねくだり）」（現在の上信越自動車道路の上田・菅平（すがだいら）インター東の一帯の古地名）に布陣した。

八月二十九日、晴信自ら、砥石城際まで馬を進めて、敵状を検分し、開戦を敵方に宣言する矢入れを実施した。一方、武田方は、川中島方面での調略をも並行して進め、九月一日には、早くも村上方の国衆清野氏（埴科郡）が出仕し、その後寺尾城主寺尾氏も武田方に帰属した。

武田軍の砥石城攻撃は、九月九日から始まった。しかし城の守りは堅く、十日経っても落城の気配すらなかったという。砥石攻めが難航するいっぽう、川中島方面における武田方の調略は順調に進み、九月十九日、須田城主須田氏が帰属を申し出ている。

こうした情勢下で、村上義清は対陣中の高梨政頼と和睦したばかりか、急遽同盟を結び、連合して川中島の武田方に攻撃をしかけてきた。九月二十三日、村上・高梨連合軍に、寺尾城が包囲され、晴信は、真田幸綱と勝沼今井信甫を援軍として派遣した。このため、村上・高梨連合軍は、二十八日に撤退している。真田幸綱は、二十九日に帰陣し、晴信に情勢を報告したらしい。だが肝心の砥石攻撃ははかばかしくなく、遂に攻城戦は一ヶ月以上に及んだため、晴信は攻略を諦め、九月晦日、撤退することを決断し、十月一日から陣払いが行われた。これを知った村上義清は、激しい追撃戦を挑んだ。武田方の殿軍は、終日追い縋(すが)る村上軍と戦い続け、酉刻(午後六時ごろ)に、ようやく村上軍の追撃を撃退した。だがこの戦闘で、武田軍は、重臣横田高松(たかとし)、郡内(ぐんない)衆小沢式部、渡邊出雲守ら一千人余が戦死し、武器を捨てて逃げ帰ったと甲斐では噂され(『勝山記』)、信濃では武田軍五〇〇〇人が戦死したとの流言が飛び交うほどの惨敗であった(『厳助(げんじょ)往年記』)。

晴信は、殿軍の奮戦もあって虎口を逃れ、十月二日諏方に帰還し、七日に甲府に帰陣した。武田信玄の生涯で二度目の敗戦となったこの合戦は、武田家中では、信玄生涯で唯一の軍配違い（作戦ミス）と記憶され、「砥石崩れ」と呼ばれていたという（『甲陽軍鑑』）。

勢いに乗った村上義清は、佐久郡に攻め込んだが、上田原敗戦後のように、これに呼応する佐久国衆の動きは見られなかった。義清は、十月二十一日、義清のもとに身を寄せていた小笠原長時とともに筑摩郡に侵攻し、平瀬城に入った。これを知った晴信は、二十三日に甲府を出陣したほか、深志城の馬場信春、日向是吉も籠城戦に備えた。晴信は、村上・小笠原連合軍の動揺を誘うべく、葛尾城に攻め寄せるとの虚報を流した。これに驚いた義清は、小笠原長時が止めるのも聴かずに、軍勢をまとめて本城に引き揚げてしまった。村上軍の撤退に動揺した小笠原旧臣たちは、長時を置いてちりぢりになってしまったという。長時は、やむなく平瀬城を放棄し、二木（ふたつぎ）氏の居城中塔城（なかとうじょう）（松本市梓川梓（あずさがわあずさ））に籠城したと伝わる。

その後、小笠原・村上両氏の動きが止まったため、晴信は甲府に帰陣し、十二月七日、「御曹司様」こと、嫡男太郎の元服を実施している（以下「義信」で統一）。

2 川中島合戦始まる

筑摩・安曇郡制圧と村上義清の没落

砥石崩れの翌天文二十（一五五一）年五月二十六日、信濃の情勢が急変する。村上方の砥石城を、真田幸綱があっけなく乗っ取ったのである。さらに七月、小諸大井高政とともに、武田方に抵抗を続けていた、岩尾城主岩尾大井弾正が降伏した。

この間、晴信は、今川義元と交渉を行ない、元服したばかりの嫡男義信に、義元の息女を正室として迎えようとしていた。また北条氏康とも、交渉が行われており、武田・北条の同盟の機運が高まっていた。氏康との交渉は、晴信を仲介とした今川氏との同盟も視野に入っていたとみられ、後の甲相駿三国同盟締結に向けて、三氏が動き出していた。

十月、村上義清は、再び小笠原長時と結んで安曇郡に侵入し、丹生子城（大町市）を攻略した。晴信が甲府を出陣し、二十日に深志城へ入ると、仁科一族堀金氏が武田氏に出仕し、二十四日には平瀬城が落城した。晴信は、平瀬城に原美濃守虎胤を城将として配置し、深志城将馬場信春・日向是吉とともに筑摩・安曇郡の押さえとした。

　天文二十一年八月、晴信が安曇郡小岩岳城（城主古厩盛兼、小笠原方）を陥落させると、水内郡小川城主大日方氏が武田氏に帰属した。この情勢をみた小笠原長時は、中塔城から脱出して、高梨政頼家臣草間肥前守のもとへ落ち延び、さらに越後長尾景虎を頼ったという。

　天文二十二年三月、晴信は、旧小笠原方の掃討（筑摩・安曇郡の制圧）と、村上義清攻略に向けて動き出した。武田軍は、三月二十九日、深志城を出陣し、北国脇往還（善光寺道）を進み、四月二日、苅屋原城を陥落させ、塔原城主塔原海野氏を降伏させた。四月三日には、会田虚空蔵山城の会田海野氏も降伏している。また、青柳城主青柳氏、麻績城主麻績氏も武田氏に降ったらしい。武田軍の勢いに動揺した村上方は、更級郡屋代・荒砥城主屋代氏、塩崎城主塩崎氏、牧野島城主香坂氏、小県郡室賀城主室賀氏などが、雪崩を打つように武田氏に降伏した。このままでは本領葛尾城を包囲される恐れが出てきた村上義清は、抵抗を諦め、一族を連れて本城を脱出し、越後長尾景虎のもとへ落ち延びた。

　だが義清も、黙ってはいなかった。以前より同盟関係にあった越後長尾景虎の援助を得て、本領奪回を試みるのである。景虎もまた、北信濃と信越国境防衛のために、武田晴信の北上を食い止める重要性を認め、村上・高梨氏と武田氏の合戦に介入する決断を下すのである。

第一次川中島合戦――村上義清の本領帰還ならず

越後長尾景虎のもとへ逃れた村上義清は、越後長尾景虎、同盟国高梨政頼の援軍を得て、天文二十二（一五五三）年四月、五千人余とともに、本領回復を目指し逆襲を仕掛け、四月二十三日、葛尾城を奪回し、武田方の城番於曾(おぞ)源八郎を討ち取り、埴科郡の本領を回復した。晴信は、敵との衝突を避け、筑摩郡苅屋原城に撤退し、麻績城、青柳城、大岡城を固めた。

村上義清は塩田平に進出し、この地域を奪回すると、自身は小県郡塩田城(しおだじょう)に入った。この時、義清に呼応したのは、和田城主和田大井氏、武石城(たけしじょう)主武石大井氏などごくわずかで、ほとんどが武田陣営に留まった。

晴信は五月、いったん甲府に帰還すると、嫡男義信の晴れの儀式を執行している。というのも、七月二十三日、室町幕府将軍足利義藤（義輝）から、武田氏のもとに上使が派遣され、将軍より晴信の嫡男太郎に偏諱(へんき)を授与する運びとなったからである。武田太郎は、将軍の偏諱を受け、「義信」と名乗った。「藤」ではなく、「義」を授与されたのは、義信の地位の高さを窺わせる。

　晴信は、上使との対面を終えると、七月二十五日、甲府を出陣し、信濃に進んだ。武田軍別動隊は、八月長窪城に入り、和田城主大井和田信定を攻め落とし、信定を討ち取った。晴信本隊は佐久郡から、別動隊は和田から、それぞれ塩田城に向けて進軍し、八月四日、高鳥(たかと)屋城(やじょう)を攻略し、武石大井氏を屈服させた。八月五日、義清は支えきれぬと判断し、塩田城から逃亡した。この日、武田軍は、一日に一六もの城を手に入れ、先例のないほどの乱取りを実施したという。村上義清の本領回復はわずか三ヶ月で終わった。晴信は、重臣飯富(おぶ)兵部少輔(ひょうぶのしょう)虎昌を塩田城主に任命し、村上、高梨、長尾氏の南下に備えた。

　ところが、九月一日、越後長尾景虎の軍勢が川中島に進出し、更級郡八幡で武田軍先陣を破り、荒砥城を攻め落とすと、そのまま北国脇往還（善光寺道）を進んで、三日に青柳に侵攻し放火し、苅屋原城（城将今福石見守）に迫った。今福らは、いったん城を放棄し、深志城に後退した。

　晴信は、信濃の奥深くにまで進軍してきた長尾軍を脅かすべく、九月十三日、荒砥城と麻績城に、忍びを放ち、夜襲を仕掛け、さらに放火し、多数の長尾方を討ち取った。長尾景虎は、武田軍に退路を断たれ、さらに挟撃されるのを恐れ、十五日に撤退を開始した。これを知った筑摩郡の武田方は、長尾軍を追撃し、長尾方に損害を与えたという。

その後、長尾軍は坂木南条に放火したが、それ以上の攻勢に出ることなく、九月二十日までには越後へ引き揚げている。かくして、武田晴信と長尾景虎の最初の戦いは終了した。これが第一次川中島合戦である。この合戦で、長尾軍は、村上義清の本領帰還を達成することは出来なかった。

晴信も、十月十七日に甲府へ帰還した。一方の長尾景虎も、十月頃に京都へ向けて出発し、最初の上洛を果たしている。景虎が、この困難な情勢下で上洛を果たした意図は、天文二十二年四月、後奈良天皇から、本国越後と隣国の敵に対する討伐の公認（「治罰（じばつ）の綸旨（りんじ）」）、白傘袋（しろかさぶくろ）・毛氈鞍覆（もうせんくらおおい）の使用許可などへの返礼という意味があった。景虎は、上洛を果たして天皇に謁見し、忠誠を誓い、さらに比叡山延暦寺、高野山、大徳寺に相次いで足を運び、関係強化を図っている。加えて大坂本願寺にも出向き、証如との会見も果たし、一向宗との関係改善に動いた。これは、越中や北信濃の一向宗との関係改善を意識したものであろう。つまり、景虎は、北信濃の一向宗を味方につけ、武田氏と本格的に対決する決意を固めたものと考えられるだろう。

甲相駿三国軍事同盟の成立

話を、天文十四（一五四五）年に戻そう。第二次河東一乱のために、駿河に出陣した晴信は、自らが仲介役となって、武田・北条・今川三氏の和睦を達成させた。今川方では不満が残ったようではあるが、晴信は懸命に今川方を説得し、北条氏康に駿河東部を割譲させることで、和睦にこぎ着けたのであった。

天文十九年一月、晴信と今川義元は、晴信嫡男義信と、義元息女嶺松院殿（れいしょういんどの）との婚儀についての交渉を始めた。その五カ月後の六月二日、今川義元正室で、氏真の生母定恵院殿（じょうけいいんどの）（晴信姉）が逝去した。このため、甲駿同盟は、婚姻を欠く状況となった。晴信は事態を憂慮し、翌天文二十年七月二十六日、実弟信廉（のぶかど）を駿府に派遣し、晴信嫡男義信に、義元息女を迎えたいとの申し入れを、正式に行ったらしい。信廉はこの時、駿府で北条氏康の使者遠山某とも対面しており、縁組についての話し合いが行われたとみられる。かくて、甲相駿三国同盟が締結に向けて動き出した。

晴信は、天文二十年八月二十三日、躑躅ケ崎館の西側に、義信のための御座所（ござどころ）の建設を始めた（武田氏館西曲輪（くるわ）跡）。同年十二月七日、義信は元服し、天文二十一年一月、御具足始の儀式を行い、成人儀礼が終了した。

晴信は、天文二十一年二月一日、義元に、息女の輿入れを申し入れた。晴信と義元は、相互に起請文の交換を行い、義元が、十一月には息女を甲府に輿入れさせると表明したことで、両者の婚姻が正式に決まった。

天文二十一年十一月二十七日、義元息女が甲府に到着し、義信の正室となった。その後、天文二十二年七月二十三日、義信は、室町将軍足利義藤（義輝）から偏諱を受けたのである。義信は、天文二十三年に、佐久郡に出陣し、十七歳で初陣を飾った。

この間晴信は、北条氏康とも婚姻を成立させ、和睦を同盟に発展させている。晴信は、息女黄梅院殿と、氏康の息子新九郎氏政との結婚を企図し交渉に入った。交渉開始は、天文二十年七月、駿府において行われた、晴信実弟武田信廉と氏康使者遠山某との協議であろう。天文二十二年一月、都留郡小山田信有の仲介で、氏康使者宮川将監が、甲府に入り、晴信と対面した。この時、氏康の起請文が晴信に送られた。晴信もまた、来る天文二十三年に、息女を小田原へ輿入れさせると誓約し、起請文を氏康に送っている。天文二十三年十二月、約束通り、晴信息女が小田原に輿入れした。黄梅院は、当時十二歳、氏政は十七歳であった。

晴信息女黄梅院の輿入れの半年前の、天文二十三年七月、氏康息女（早川殿、蔵春院）

は、義元の嫡男で十七歳の氏真に嫁いでおり、ここに相駿同盟が成立していた。かくて武田・北条・今川三氏は、天文十四年以来の和睦を、天文二十三年末までに、婚姻を媒介にした攻守同盟に発展させた。この結果、三氏は領国の拡大を実現し、東国戦国史に新たな局面を切り開いていくことになる。

下伊那・木曽郡の平定と斎藤・織田同盟との対峙

天文二十二（一五五三）年四月、尾張織田信長と美濃斎藤道三の会見が尾張国富田正徳寺で行われ、斎藤・織田同盟の連携が強化された。その成果は、早くも天文二十三年一月の織田軍の尾張村木砦攻めの際の、斎藤氏の援軍参加に現れた。この情報を知った晴信は、斎藤・織田同盟を、今川・武田両氏にとっても敵とみなし、眼を南信濃に向けることとなる。下伊那と木曽は、美濃・三河と国境を接しており、斎藤・織田同盟の動きは、この地域の国衆の去就に大きな影響を及ぼした。

信長の父織田信秀は、すでに天文十八年頃、東美濃の国衆岩村遠山景任（かげとう）の正室に、自身の妹を、さらに苗木遠山直廉（なおかど）の正室には、信長の妹を送り込み、遠山一族との関係を強化していた。これは、織田信長のもとに、斎藤道三息女濃姫（のうひめ）が嫁ぎ、斎藤・織田同盟が成立した時期と重なる。織田氏は、対今川戦に集中すべく、斎藤氏と和睦して背後を固め、奥三河、北遠江、南信濃と関係が深い東美濃遠山一族を味方に引き入れようとしたのだろう。実は、斎藤・織田同盟の成立には、岩村遠山氏が関与していたと推定する説もある（小川雄・二〇一三年）。こうした情勢下で、南信濃・奥三河・北遠江の情勢は不安定となっていたらしい。

晴信は、南信濃の国衆たちの処置について、今川氏と協議をしていたようだ。この時期、武田氏は、駿府で北遠江の国衆天野景泰と協議しているが、これは南信濃に向けた軍事行動について、今川氏の協力と支持を得ようとしたものであろう。

晴信にとって、下伊那への軍事介入の口実には、事欠かなかったようだ。この頃、武田氏のもとには、もと下伊那の松尾城主小笠原信貴が、庇護されていたといわれる。信貴は、鈴岡城主小笠原信定（元信濃守護小笠原長時の弟）に本領を逐われたとされる。しかも当時、信定は武田氏に逐われた兄長時を庇護していた。この他にも、和田城主和田孫次郎も、武田氏への反抗の動きをしていたようだ。晴信は、小笠原信貴の本領帰還と、小笠原長時・信定兄弟、和田孫次郎打倒のため、天文二十三年、動き出す。

いっぽう、理由は定かでないが、天文二十二年に上洛を果たした長尾景虎は、その年末に帰国したものの、その後の動向はまったくわかっておらず、天文二十三年は軍事行動を停止している。ただ、長尾家中では、家臣同士の紛争が起こっているので、景虎の行動停止は、このあたりに理由がありそうだ。

景虎の行動停止は、武田氏にとって好機だった。天文二十三年七月二十四日、晴信・義信父子は甲府を出陣した。通説では、晴信は下伊那へ、義信は佐久へと分かれて進んだとされる（これが武田義信の初陣）。これは、『勝山記』の記述をもとにしているのだが、近年発見された武田晴信自筆書状（〈天文二十三年〉八月十日付左馬助〈武田信繁〉宛）により、晴信は義信とともに、八月、佐久郡に攻め寄せ、敵城九ヶ所を一夜にして攻略し、小諸城主大井高政を降伏させ、佐久郡の完全制圧を果たしたことが明らかになっている（丸島和洋、平山・二〇一四年）。

いっぽうで下伊那に侵攻していた武田軍は、八月十五日に伊那に侵入し、神之峯城主知久頼元を攻めている。恐らく、この軍勢を指揮していたのは、晴信の実弟武田左馬助（典厩）信繁であろう。武田軍は、知久氏の菩提寺文永寺や知久一帯に放火し、八月末までに神之峯城を降伏させ、知久頼元と二人の子供、家臣五人を捕縛し、甲斐国都留郡鵜の島（河口湖に浮かぶ小島）に幽閉した（彼らは翌天文二十四年五月二十八日、船津で処刑された）。武田軍の勢いを見た、木曽福島城主木曾義康・義昌父子も武田氏に従属した。和田城主和田孫次郎も、今川方の北遠江国衆天野景泰を通じて降伏している。こうして、下伊那・木曽郡は平定された。

武田氏の下伊那平定は、東美濃・奥三河に大きな影響を与えた。木曾義康と吉岡城主下条時氏・信氏父子はともに、東美濃に所領を持っていたこともあって、遠山一族に強い圧力を与えた。斎藤・織田同盟に与していた、岩村遠山景前・景任父子、苗木遠山直廉は、天文二十四年（弘治元年）早々、武田氏に従属し、翌弘治二年一月、岩村に武田の軍勢が駐留、岩村遠山氏の菩提寺大円寺には、武田氏の禁制が掲げられた。但し、岩村・苗木遠山氏は斎藤・織田同盟と手を切ったわけではなく、武田氏の進出を前に「両属」を選択したのであろう。

だが、美濃斎藤道三はこれを許さず、天文二十四年八月、東美濃に攻め込んだ。伊那大島城の武田重臣秋山虎繁、室住虎光は、これを晴信に知らせた。晴信は、大井（恵那市）の遠山方が、斎藤方に同調するようならば無理せず撤退し、伊那に動揺が波及せぬよう指示した。武田軍本隊は、この頃、長尾景虎と川中島で対陣中（第二次川中島合戦）であり、まったく動けなかった。二正面作戦を避けたい晴信は、秋山虎繁に命じて、和睦を要請する書状を斎藤道三に送ったようだが、道三は強硬でこれを拒否したらしい。

斎藤軍は、高森城（苗木城、城主苗木遠山直廉）にも攻め寄せたらしい。晴信は九月二十七日、川中島の陣中から木曾義康に書状を送り、斎藤道三（「井口」）と織田信長（「尾州」）は、今川義元と自分にとって共通の敵であるので、今川を支援するためにも、高森城（苗木遠山氏）を渡してはならないと命じた。

晴信は、後述するように、今川義元に仲介を依頼して、長尾景虎との和睦を急いだが、九月に、斎藤・織田同盟の攻勢が、奥三河に波及した。九月、奥三河足助鱸兵庫助が小渡（愛知県豊田市）に進出し、岩村遠山景任、足助広瀬（三宅）右衛門大夫、明智遠山氏らとともに、今川方と合戦に及んだ。この動きに、大給松平親乗（鱸兵庫助の異父兄）が連携し、戦火は三河全体に拡大した。このことから、岩村遠山景任は、斎藤・織田方に再び帰順したようだ。

川中島で長尾景虎と対陣していた晴信は、情勢が悪化する美濃・三河・信濃国境情勢に懸念を抱きながらも、動けずにいたのである。

第二次川中島合戦——善光寺をめぐる戦い

天文二十四（一五五五）年（弘治元年）、それまで長尾方であった善光寺別当栗田永寿が、武田方の調略に応じ、反旗を翻した。晴信は、三月、善光寺を押さえるべく、甲斐を出陣した。これに対し、景虎も、四月、信濃に出陣し、善光寺に着陣した。栗田永寿は、旭山城に籠城し、晴信に支援を求めた。この時、善光寺如来（阿弥陀如来）は、栗田が善光寺から持ち出していたと推定されている。晴信は、弓、鉄炮衆の中から精鋭を選抜した、弓八〇〇張と鉄炮三〇〇挺を含む援軍三〇〇〇人を派遣した。武田氏が、早くから鉄炮を装備していたことを示す事例である。こうして、第二次川中島合戦が始まった。

晴信は、大塚（長野市）の大堀館（信濃国衆綱島氏の本拠）に陣所を置き、今川義元の援軍一宮出羽守、井出氏ら富士下方衆とともに、軍勢を犀川沿いに展開させ、長尾軍と対峙した。

景虎は、旭山城を牽制するために、裾花川の対岸に、葛山城を築いた。このため、武田軍もうかつに手出しができなくなり、戦線は膠着した。七月十九日、両軍が犀川で衝突したらしく、武田・長尾双方が、感状（戦功のあった者に対して与えられる賞状）を発給している。勝敗は明らかとなっていないが、以後は双方ともに手出しをせず、二百余日に及ぶ対陣となった。それゆえに、両軍ともに、補給と士気の低下に苦しみ、全軍の統制に心を砕いた。特に景虎は、勝手に陣所を引き払って帰国する者が出る有様だったにもかかわらず、十月、五ヶ条に及ぶ誓詞を各武将に提出させるに留まり、彼らを処罰することすら出来ていない。越後国主として、領国を統制する力に乏しかった景虎の実像が垣間見える。

晴信は、七月早々から、今川義元に仲介を依頼し、景虎との和睦交渉に入っていたようだ。だが、両者の条件がかみ合わず、交渉は難航したらしい。これに異議を唱えたのが、晴信嫡男義信であった。義信は、父晴信が和睦条件の内容に難色を示すことに不快感を示し、斡旋してくれている今川義元の面子を潰さぬことを優先すべきだとして、父の考えを批判したらしい。晴信は、義信の批判に閉口し、彼が一族とみられる人物に出した密書で「義信は今川家のために父子の関係を忘れ困惑している」「こちらでは、（景虎との）和睦交渉を一時中断している有様だ」と嘆いた。

既述のように、この交渉中に、斎藤・織田同盟の東美濃、奥三河での攻勢が勢いを増し始め、一刻の猶予も許さぬ事態になりつつあった。晴信も義元も、ともに長尾景虎との和睦を早期に実現させ、道三・信長への対応を取る必要に迫られていたのである。晴信は、道三に和睦を打診したが、足下を見られ、拒否されたばかりか、岩村遠山氏の離反を生むていたらくであった。

晴信・義信父子、今川義元の意見調整が合意に達したのは、閏十月早々とみられ、①晴信の景虎宛の誓詞、②和睦条件等を列挙した条目、③和睦斡旋の今川義元書状、の三件が長尾景虎のもとへ届けられた。景虎もこれを了承し、両軍は閏十月十五日に撤退した。

両氏の和睦条件は、①武田方は旭山城を破却すること、②越後に亡命を余儀なくされた井上・須田・島津氏らの本領復帰を認めること、③武田氏と長尾方の境界を犀川とすること、などであったらしい。この中に、村上義清の本領復帰は盛り込まれなかった。もはやそれらは、武田領国の奥深くに編入されてしまっており、回復は現実的ではなかったからであろう。

第三次川中島合戦——晴信、長尾方を圧倒

第二次川中島合戦終了後、晴信は、長尾方の勢力駆逐に向けて動き出す。その目標は、第二次川中島合戦時に、長尾方が築城した葛山城であった。葛山城には、この地域の国衆落合二郎左衛門尉、小田切駿河守（水内郡吉窪城主）らが在城していた。晴信は、葛山城のすぐ下にある、落合氏菩提寺の静松寺（じょうしょうじ）を通じて、落合一族への切り崩しをもくろんだ。弘治二（一五五六）年三月、この工作は奏功し、静松寺を通じて、落合一族の落合遠江守・落合三郎左衛門尉が武田氏に内通した。また、高井郡綿内要害（わたうちようがい）の井上左衛門尉、同郡市河孫三郎も武田氏に従属した。これを察知した高梨政頼は、七月、綿内要害を攻め落とした。これを契

機に、武田・長尾両氏の和睦は破綻した。

このころ、美濃の情勢が一変する。弘治二年四月、斎藤道三と義龍父子の対立が内戦に発展し、遂に長良川合戦で道三が敗死した。これにより、斎藤・織田同盟は崩壊し、東美濃への斎藤・織田氏の影響力が大幅に低下したのだ。今川義元は、好機を逃さず、弘治二年のうちに、三河の反今川勢力を次々に服属させていった。武田氏も、伊那郡の国衆下条信氏を奥三河武節（ぶせつ）に派遣して、今川方を支援させ、山家三方衆（やまがさんぽうしゅう）の再帰属に寄与している。

この情勢の変化で、危機的状況に陥ったのが、尾張織田信長であった。美濃の斎藤、信濃を支配する武田、三河・遠江を支配する今川、以上の三氏に、信長は包囲され、滅亡の可能性すら出てくる情勢だったのである。こうしたなか、織田信長は、武田氏への接近を図ることとなる。

筆を元に戻そう。武田氏は、弘治二年八月、真田幸綱らの奮戦で、尼飾城（あまかざりじょう）（東条城、長野市松代町）主東条遠江守信広を追放し、ここを大改修して、川中島進出の拠点と位置づけた。これに対し、長尾景虎はまったく動く気配を見せなかった。というのも、景虎は、同年六月、家中の紛争に嫌気がさし、一方的に隠居を宣言して越後を出奔していたのである。この異常事態に驚いた、上田長尾政景らが、景虎の後を追いかけ懸命に説得し、越後に帰国させた。ところが、八月、長尾家中の大熊朝秀が、晴信の調略に乗って謀叛を起こし、景虎はその対応に追われ、川中島に介入する余裕を失った（大熊は景虎に攻められ、武田氏のもとに亡命）。

明けて弘治三年（一五五七）一月二十日、長尾景虎は、信濃国更級八幡宮に願文を捧げ、武田晴信の討滅を祈願し、信濃の人々に「自分こそが庇護者である」とアピールした。だが、景虎が願文を捧げたころ、信越国境は深雪に閉ざされ、身動きがとれなくなっていた。晴信は、この機会を逃さず、弘治三年二月、北信濃に攻め寄せ、高梨政頼の家中を次々に内通させていった。さらに、二月十五日、武田軍は水内郡葛山城を奇襲攻撃して、これを陥落させ、落合、小田切氏らを討ち取った。葛山城落城の知らせは、北信濃の長尾方を動揺させ、島津淡路守忠直（月下斎）らは、本拠地を捨て、大蔵城（長野市豊野町大倉）に避難し、長尾景虎に援軍を要請した。こうして、第三次川中島合戦が始まった。

これを受けた景虎は急遽軍勢を召集すべく、越後国内に陣触れを出したが、深雪に阻まれ、思うようにならなかった。三月中旬、ようやく軍勢が集まり始めたが、信濃出兵を行うには十分ではなかった。この間、武田重臣飯富虎昌らは、高梨政頼が籠（こも）る飯山城に迫っていた。四月十八日、景虎は深雪を冒し、ようやく信濃に出陣し、島津氏らと協力して、北信濃の武田方を攻めたのである。

　四月二十一日、景虎は善光寺に着陣すると、第二次川中島合戦後、武田氏が破却した旭山城を再興し、本陣とした。その後、景虎軍は、五月から六月にかけて、北信濃の武田方国衆を攻め、揺さぶりをかけていた。景虎は、六月、高井郡計見城(けみじょう)（日向城、下高井郡木島平村）主市河藤若（市河孫三郎の子か、後に新六郎、治部少輔(じぶのしょう)信房）を攻めた。市河氏が長尾方に帰属してしまえば、武田氏の勢力は、一挙に中野まで後退してしまう。そこで晴信は、市河藤若の援軍要請に対し、今後迅速に派遣する手配をしたことを伝え、作戦の詳細は、家臣山本菅助を派遣し、報告させることを約束した。

　長尾軍はその後も、川中島への攻勢を実施しようとしたが、めぼしい成果を上げられぬまま時日が経過した。その間、武田方は、尼飾城に、重臣小山田備中守虎満、真田幸綱らを配備し、晴信自身は、深志城から秘かに軍勢を進め、佐野山城（塩崎城）に入って、全軍の指揮を取った。

　晴信は、長尾軍を動揺させるべく、別動隊を深志城から安曇郡に侵攻させ、七月五日、信越国境の小谷城(おたりじょう)（平倉城、北安曇郡小谷村）を攻略した。その後、八月二十九日、武田軍と長尾軍が上野原（旧上水内郡若槻村上野とする説が有力）で衝突した。この上野原合戦では、双方に大きな被害はなかったようだ。

長尾景虎は、深雪を冒して出陣したものの、武田方の動きに翻弄されるばかりで、はかばかしい成果を挙げることができずに、九月、越後へ帰国している。景虎の帰国を確認した晴信も、十月十六日、甲府に帰還した。こうして、第三次川中島合戦は終結した。だが、この合戦で、長尾景虎は、高梨政頼の領域を確保できないという痛恨の事態となった。高梨政頼は、本拠地の中野小館（なかのおたて）を放棄し、家臣泉氏の居城飯山に移り、景虎の後押しを得て、残された支配領域を確保せざるを得なくなった。なお景虎は、永禄四（一五六一）年八月、家臣桃井（もものい）伊豆守・加地安芸守を飯山城代として派遣し、高梨旧臣泉・上倉・尾崎・中曾根氏らとともに、飯山城の確保を図った。このことから、景虎は、飯山城を中心とした高梨領と高梨家中を、自身の軍事指揮下に吸収していたことが判明する。かくて、北信濃国衆高梨政頼は、その独立性を喪失し、長尾家中に従属、吸収されていく。

信濃守護職補任と出家

室町幕府将軍足利義輝は、晴信と景虎が川中島合戦を繰り広げていたころ、三好長慶らによって京都から追われ、近江国朽木谷（くつきだに）に亡命していた。なんとか帰洛し、室町幕府再興を夢見ていた義輝は、越後長尾景虎に対し盛んに上洛を促していた。そのためには、武田晴信と景虎を和睦させる必要があった。義輝は、弘治三（一五五七）年、第三次川中島合戦で対峙していた晴信と景虎双方に、和睦を打診する御内書を出した。これに対し、景虎は了承の返答を、晴信もまた了承する趣旨の返答をしているが、彼はそのための見返りを要求した。それは、晴信自身への信濃守護職補任（ぶにん）と、嫡男義信の処遇である。

義輝は、晴信の要請に応じ、弘治三年夏、晴信を信濃守護職に補任し、嫡男義信は三管領に准じる待遇にすると伝達した。弘治四（一五五八）年一月、義輝より正式の補任を受けた晴信は、感謝の意を表している。晴信自身は、すでに天文十九（一五五〇）年十一月には、「従四位下武田大膳大夫兼信濃守源晴信」と自署しており、信濃守を僭称（せんしょう）していた（身延文庫所蔵「大般若経奥書」）。将軍義輝は、前信濃守護小笠原氏が追放され、守護が空位であったこと、晴信が信濃の過半を制圧している現実に鑑み、これを追認したのである。信濃守護職を得たことで、信濃支配の正当性を認定された晴信は、これを最大限に活用し、景虎との対決をさらに推し進め、越後侵攻をも企図したのである。

意外な事態に、将軍義輝は激怒し、永禄元（一五五八）年十一月、晴信の軍事行動を詰問する御内書を送った。晴信は、十一月二十八日、将軍義輝に、五ヶ条に及ぶ弁疏（べんそ）状を送り、詳細な反論を行っている。それは以下のような内容であった。
①弘治三年夏の第三次川中島合戦は、義輝を軽んじたのではなく、信濃守護職の立場で景虎の侵略に対応したまでです。
②去年、甲越和睦仲介が行われた時、武田は停戦しましたが、景虎は戦闘を継続しています。これこそ問題ではないでしょうか。
③その対抗策として、景虎と戦うことはやむを得ないことで、義輝を軽んじる行為ではありません。
④景虎は、将軍からの上使を押し返していますが、これこそ、上意への逆心行為ではないでしょうか。
⑤もし義輝様の要請が、信濃守護職補任の経緯を認め、信濃・越後で「国切」の和睦をせよということであれば、下知に従うつもりでおります。
晴信は、同日付で、義輝側近大館晴光にも書状を送り、「信越国切」の「和融」（和睦）には応じる用意があると重ねて強調した。この条件ならば、晴信はなかなか攻略できぬ、飯山をはじめとする信越国境の地域を、労せずして確保できるからだ。一方の景虎にとっては、庇護する高梨・島津らを見捨て、領域を放棄することを意味するので、到底受け入れられる

ものではない。こうして、甲越和睦は流れてしまったのである。

そして、将軍義輝に弁疏状を送った直後の、永禄元年十二月、晴信は、長禅寺高僧岐秀元伯（臨済宗妙心寺派〈関山派〉）を授衣授戒の導師として剃髪、出家し、徳栄軒信玄と号した。信玄の号の由来については、諸説があるが、『甲陽軍鑑』には、臨済宗妙心寺派関山派の祖関山慧玄の一字を授かったと記述されている。

なお、晴信出家の理由については、諸説ある。その中には、主に永禄の大飢饉が始まり、深刻な状況に陥りつつあったことから、北条氏康の隠居と同じように、自身が出家することで領内の不満を抑えようとしたというものや、景虎との合戦をめぐり、将軍義輝の怒りを買ったため、謝罪の意を込めて頭を丸めた、などがある。しかし残念なことに、晴信出家の背景を示す史料は発見されておらず、今後の検討課題となっている。

武田信玄は、信濃守護職に補任されると、その権威を存分に利用し始めた。その最も大きな事業こそ、甲斐善光寺の創建と、善光寺如来の甲府移転である。既述のように、武田方は、善光寺別当栗田永寿を通じて、第二次川中島合戦時に善光寺如来を確保しており、その後は信濃国禰津（小県郡東御市祢津）に一時安置していたと伝わる（甲斐善光寺所蔵「武田信玄卿甲陽善光寺建立記」）。

武田信玄は、信濃守護職に任じられると、永禄元（一五五八）年九月十五日、善光寺如来を甲府に遷し、甲府法城寺（甲斐の守護仏、国母（こくぼ）〈上条〉地蔵尊が祀られていた）の仏殿に仮安置した（同前）。信玄が、第二次川中島合戦終了後、すぐに善光寺如来の甲斐移転を行なわなかったのは、信濃守護職補任前だったので、略奪者と喧伝されないように配慮したからであろう。信濃守護となった信玄は、堂々と、信濃善光寺如来保護を名目に、これを甲府に遷したのである。

甲斐善光寺は、永禄元年十月三日、甲府郊外の板垣で普請が始まり、同二年二月、本尊を安置する建物（仮堂）が完成し、二月九日、善光寺如来の入仏が行われた。甲斐善光寺の堂宇すべてが完成するのは、信玄死去の前年の元亀三（一五七二）年のことである。普請開始から、十四年の歳月が経っていた。なお、信玄建立の堂宇は、残念なことに、宝暦四（一七五四）年に焼失し、現在の甲斐善光寺は、寛政八（一七九六）年に再建されたものである。

3　川中島の激戦と西上野侵攻

長尾景虎の関東出陣

永禄二（一五五九）年四月、二度目の上洛を果たした長尾景虎は、念願であった将軍足利義輝との対面を果たし、さらに正親町天皇に異例の拝謁を許された。同年六月、将軍義輝は、景虎に異例ともいえる諸特権を認可した。それは、①裏書御免（文書を包む封紙の裏に書くべき名字と官途名を省略して相手に書状を出すこと）の特権、②塗輿（漆塗りの輿、将軍・三管領、相伴衆なみの身分の者のみが許される）に乗ることの免許、③屋形号（大名並みの身分）の許可、④桐紋の使用、などである。これにより、景虎は室町幕府から公認された越後の国主大名となった。

さらに景虎は、将軍義輝より、関東管領上杉憲政を補佐、援助すること（関東出兵の容認）と、憲政の処遇を景虎に一任する（事実上の関東管領継承の承認）とを認定されたばかりか、武田信玄の攻勢に苦しむ信濃国衆を援助するために、これと戦うことも公認された。

表2-2　永禄3年11月　長尾景虎への「直太刀持参之衆」のうち
信濃国衆一覧

人名	人物比定	本拠地	備考
村上義清	村上義清	越後亡命中	使者出浦蔵人頭
高梨政頼	高梨政頼	越後亡命中	使者草間出羽守
栗田殿	栗田永寿	善光寺別当	村上氏旧臣
須田殿	須田刑部少輔信頼	高井郡須田	村上氏旧臣
井上殿	井上左衛門尉	高井郡綿内	村上氏旧臣
屋代殿	屋代越中守政国	更級郡屋代	村上氏旧臣
海野殿	海野伊勢守幸忠	小県郡海野	滋野一族
仁科殿	仁科上野介盛政	安曇郡仁科	仁科一族
望月殿	望月遠江守信雅	小県郡望月	滋野一族
市河殿	市河藤若信房	高井郡市河	高梨氏と対立
河田殿	河田蔵人？	高井郡河田	村上氏旧臣
清野殿	清野左近太夫信秀	埴科郡清野	村上氏旧臣
嶋津殿	嶋津左京亮泰忠	水内郡長沼	村上氏旧臣
保科殿	保科左近尉？	高井郡保科	村上氏旧臣
西条殿	西条治部少輔	埴科郡西条	村上氏旧臣
東条殿	東条遠江守信広？	埴科郡東条	村上氏旧臣
真田殿	真田弾正忠幸綱	小県郡真田	滋野一族
禰津殿	禰津宮内大輔信直	小県郡禰津	滋野一族
室賀殿	室賀山城守信俊	小県郡室賀	村上氏旧臣
綱島殿	綱島兵部介？	更級郡綱島	村上氏旧臣
大日方殿	大日方上総介直武	水内郡小川	小笠原一族

出典：「上杉家文書」(『信濃史料』12巻267頁)

図2-1　信濃国衆の本拠地

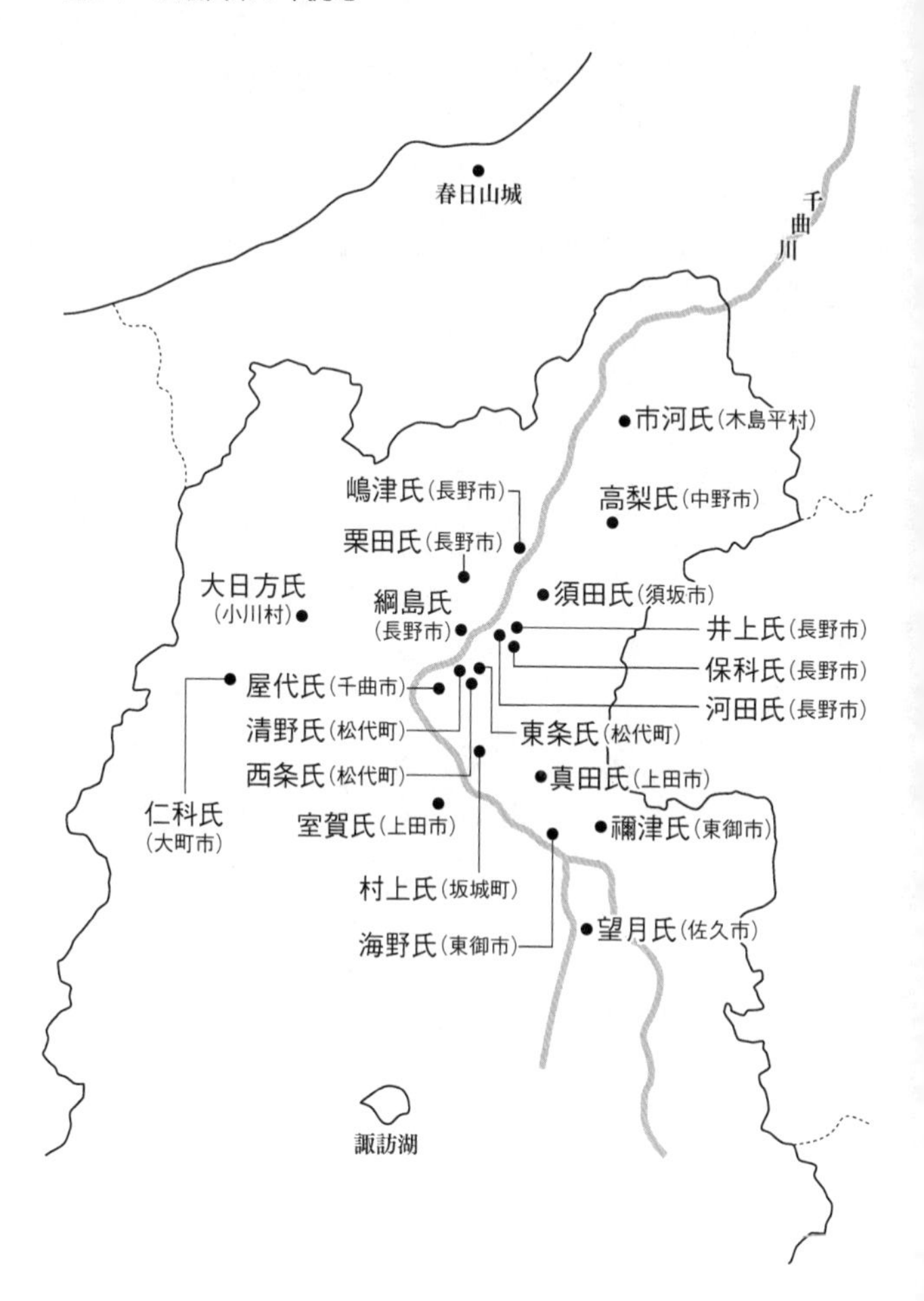

どうやら将軍義輝は、信玄の軍事行動に怒りを示しており、景虎に加担する姿勢を強めている。かくて、景虎は越後の国主大名となり、さらに関東出兵（対北条戦）、信濃出兵（対武田戦）が、室町幕府から認可された正当な軍事行動であるとの大義名分を獲得した。

景虎は十月下旬ごろ帰国した。越後国内はもちろん、近隣諸国の武士が続々と祝儀のため、春日山城に参上した。とりわけ、十月から十一月にかけて、武田方の信濃国衆が、景虎に太刀を贈り、誼（よしみ）を通じようとしている（一覧表参照）。彼らの本領をみると、信越国境や上越国境（「境目」）の国衆ばかりであることに気づく。彼らは武田方に帰属しながらも、「境目」の国衆として、事実上の「半手」（両属）を選択したとみられる。

永禄三年八月、景虎は、上杉憲政や、北条の侵攻に苦しむ関東諸士らの要請を受諾する形で、春日山城を出陣し、関東管領上杉憲政を奉じて三国峠（みくにとうげ）を越え、関東に侵攻した。景虎が、上野国に入ると、白井長尾憲景、惣社（そうじゃ）長尾顕景、箕輪長野業正（なりまさ）ら旧上杉家臣が続々と参陣した。北条氏康は、里見攻めを中止し、小田原城への籠城を決意したのであった。

関東管領、上杉政虎が誕生

長尾景虎と関東諸将の攻勢に直面した北条氏康・氏政父子は、同盟国武田・今川両氏に支援を要請した。今川氏真は桶狭間敗戦（永禄三（一五六〇）年五月十九日）の痛手が癒えていなかったものの、永禄四年早々に、小倉内蔵助らを援軍として、関東に派遣し、武蔵河越城に入れた。武田信玄は、永禄三年のうちに、重臣初鹿野源五郎（後に第四次川中島の合戦で戦死）と青沼助兵衛尉忠重を派遣したという（『甲陽軍鑑』）。また、信玄は、景虎が関東に在陣している間隙を衝き、川中島に、尼飾城に代わる城郭の築城を命じた。これが、海津城である。海津城は、永禄三年十月に竣工したといわれる。海津城代（川中島郡司）には、重臣春日弾正忠虎綱（いわゆる高坂弾正）が任命され、虎綱の補佐役として、小幡山城守虎盛が二之曲輪に配置された。春日虎綱には、四五〇騎の兵力と、高井・水内・更級・埴科郡（いわゆる川中島四郡）の国衆らが、相備衆として附属された。これが「川中島衆」であり、その総兵力は、武田軍最大の一〇二七騎であったと、『甲陽軍鑑』は伝えている。

そして永禄三年九月、信玄は北信濃に出陣し、上蔵城（亀蔵城、飯山市上倉）を攻め、信越国境を脅かし、海津城の完成を見届けてから、十月、上信国境の碓氷峠に布陣したらしい。だが、関東諸将の参陣により、大軍に膨れ上がった景虎軍に、信玄は手出しが出来なかった。

対する景虎方も負けてはいない。景虎方の武蔵国衆大石・藤田氏らが、武田重臣勝沼今井安芸守信良の調略に成功し、信玄の甲府出陣と同時に、勝沼今井氏は蜂起して、甲斐を乗っ取る計画を企てたという。だがこれは発覚し、勝沼今井氏は成敗された（『甲陽軍鑑』）。さらに永禄四年一月、信濃国筑摩郡の西牧氏が、景虎方に加担して謀叛を企て、成敗されている。景虎の関東侵攻と勢力拡大は、武田氏の領国をも揺さぶっていたのである。

永禄四年三月、景虎は上野に出陣し、武蔵河越城を包囲させると、自身は関東を縦断し、同十三日、小田原に到着した。景虎方は、小田原城を攻めたが、要害堅固な城の守りは堅く、大軍をもってしても、びくともしなかった。

いっぽう関東の北条方は、各所で長尾軍の補給路を分断し、逆に大軍の景虎方を苦しめた。また、信玄も、三月二十四日、一万余の軍勢を率いて吉田（富士吉田市）まで出陣しており、五日以内に河村（足柄上郡山北町）へ進撃する予定であった。

北条方のゲリラ戦や、信玄の牽制により、景虎は、兵糧の欠乏や本国越後の様子を憂慮し始めた。そこで景虎は、関東諸将の勧めに従い、小田原城攻略を諦め、閏三月、鎌倉に転進し、鶴岡（つるがおか）八幡宮において、関東管領職と山内上杉氏の継承の儀式を行った。景虎は正式に上杉憲政の養子となり、憲政から偏諱を与えられ、諱（いみな）を「政虎」と改め、藤原姓と山内殿の称号を継承した。こうして長尾景虎改め、関東管領上杉政虎が誕生した。関東の諸大名は、関東公方（古河公方）足利藤氏（北条氏が擁立した足利義氏に対抗）―関東管領山内上杉政虎に従うことを誓約した。

上杉氏継承を達成した政虎は、四月三日、正式に小田原攻撃の中止を宣言して陣払いを行い、上野国厩橋城（まやばしじょう）に向かったが、北条方の追撃が激しかったらしく、六月中旬、ようやく厩橋城に帰陣し、すぐに越後へ帰国した。

政虎が、北条軍と戦っていたころ、信玄は永禄四年五月、信越国境に出陣し、六月に、上杉方の割ケ嶽城（わりがたけじょう）（上水内郡信濃町）を攻略した。上杉政虎が、急遽、越後に帰国したのは、信玄の割ケ嶽城攻略の情報を受けたからであろう。信玄自身は、政虎が関東から撤退すると、無理をせず、六月下旬、甲府に帰陣した。上杉政虎は、自身の背後で蠢動（しゅんどう）する武田信玄と雌雄を決する覚悟を固め、まもなく信濃に姿を現すこととなる。

第四次川中島合戦――上杉の南下を阻止

六月二十八日、越後春日山城に帰還し上杉政虎は、早くも八月十四日、一万三〇〇〇人を率いて春日山城を出陣し、飯山城に入り、次いで善光寺平に侵入した。上杉軍は、十五日に善光寺に着陣し、十六日、犀川を渡河して川中島に入り、海津城を横目にしながら千曲川（ちくまがわ）を越え、妻女山に布陣した。かくて第四次川中島合戦が始まった。

なお、この合戦に関する同時代史料はほとんどなく、戦闘の経過は、『甲陽軍鑑』の記述をもとにせざるを得ない。最近、第四次川中島合戦に関する議論を目にすることが増えているが、史料にもとづかぬ憶測ばかりであり、まったく参考にならない。特に、現地踏査で合戦の模様を考察することには無理がある。なぜならば、川中島の地形は、近世から近代にかけて、同地域に影響を与えた、地震、水害、治水工事などにより、川筋や地形は大きく変動しており、当時とはおおよそかけ離れているからである。近世の川中島の古絵図をみると、犀川と千曲川の支流が、細かく川中島一帯に分岐して流れており、現在では想像もつかないほどである。

とりわけ、戌の満水（寛保二〈一七四二〉年に発生した千曲川・犀川の大洪水）、善光寺地震（一八四七）などが、地形の変動に深刻な影響を及ぼしていることを考慮する必要があるだろう。なかでも戌の満水の影響で、松代藩は千曲川の河道変更の大普請を行っており、これが現流路の成立のもととなっているのだ。こうした事情を考慮し、少なくとも近世の地形復元すら行うことなく、現況の現地踏査だけで川中島合戦を論じても、ほとんど意味をなさないだろう。この点は、今後の検討課題である。本書では、『甲陽軍鑑』の記事をもとに概要を紹介するにとどめる。

八月十六日、海津城の春日虎綱は、上杉軍の襲来を直ちに甲府に報じた。信玄は、その日のうちに、政虎襲来を知ったといわれ、今川・北条両氏よりの援軍を得て、八月十八日、甲府を出陣した。武田軍は、総勢二万人になったといい、八月二十四日、川中島に進出し、妻女山麓の雨宮（あめのみや）の渡（わたし）を封鎖した。

信玄が、雨宮の渡に布陣したのは、妻女山一帯に布陣する上杉軍の退路と補給路を断つことが目的であった。だが、対陣五日に及んだものの、上杉軍はまったく動く気配がなかった。そこで信玄は、八月二十九日、海津城に入った。

政虎の出陣から一ヶ月近く経った九月九日、海津城内で、武田方の軍議が開催された。軍議では、決戦を主張する意見が強く、信玄は一戦を決意し、重臣馬場信春と山本勘助（菅助）に作戦の立案を指示した。思案を重ねた二人は、武田軍を二手に分け、武田軍二万のうち、一万二〇〇〇人を、夜陰（やいん）に紛れて、妻女山攻撃に向かわせ、九月十日卯刻（午前六時頃）に合戦を仕掛ける。越後勢は、勝敗に関わりなく、下山し、退却するであろうから、その帰路に、信玄本隊八〇〇〇人が待ち構え、これを挟撃、撃滅するという作戦を提案した。

信玄は、これを採用し、武田軍は深夜動き出す。妻女山を襲撃する別動隊は、春日虎綱を案内役に、飯富虎昌、馬場信春、真田幸綱、小山田虎満、甘利昌忠、相木市兵衛（依田能登守）、芦田信守、小山田弥三郎信有衆（但し、信有は病気のため参陣せず）、小幡尾張守ら、武田重臣（信濃方面担当者）と先方衆で編成された軍勢であった。いっぽうの信玄本隊は、嫡男武田義信、信玄の弟信繁・信廉、望月信頼（武田信繁の長子）、穴山信君（武田一門）、飯富昌景（後の山県昌景）、内藤昌秀、室住虎光、原昌胤、跡部勝資、今福虎孝、浅利信種ら一二頭であったといい、これらは武田一門や甲斐衆で構成されていた。

　ところが政虎は、海津城を妻女山から遠望するうちに、この日に限って動きが盛んであることに気づいた。城内で、盛んに食事が行われていたからである。政虎は、武田軍が今夜動くと予想し、諸将に下山を命じた。上杉軍は、亥刻（午後十時頃）、妻女山からの下山を開始し、雨宮の渡を越え、川中島に進出した。

　いっぽうの武田軍本隊が布陣したのは、八幡原であったと伝わる。明けて、九月十日、川中島は濃霧に包まれていた。信玄は、妻女山で合戦が始まるのを待っていたが、その気配すらない。やがて、日が出て、霧が晴れてくると、武田方は、前方に上杉軍が布陣しているのを視認した。これを見た武田方は、自軍の損害を覚悟したという。

　両軍の戦闘は、卯刻（午前六時頃）から始まり、双方、入り乱れての乱戦となったが、数に劣る武田軍は押され気味であった。この乱戦で、武田信繁、油川彦三郎（武田信昌の子油川信恵の系統）ら武田一門と、重臣室住虎光、三枝新十郎、初鹿野源五郎、足軽大将山本菅助、安間三右衛門ら、侍大将クラスが多数戦死した。

妻女山に向かっていた別動隊は、開戦を知って急ぎ川中島に向かった。別動隊が、川中島に到着し、背後から上杉軍を攻撃し始めたのは、巳刻（午前十時頃）であったという。これで一転して上杉軍が苦境に陥った。

この時、武田信玄の本陣に、上杉政虎が突入し、信玄に三太刀斬りつけるという、いわゆる両雄の一騎打ちがあったと『甲陽軍鑑』は記すが、事実かどうかは定かでない。ただし、政虎自身が太刀を振るい、敵と渡り合ったのは事実である。

上杉軍は、遂に丹波島を目指して撤退を始めた。武田軍は、これを追撃するが、上杉方の甘粕近江守が奮戦して、味方の退却を支援したという。合戦は、申刻（午後四時頃）終了した。

上杉政虎は、十三日には春日山城に帰還したらしく、政虎はその日のうちに、合戦で戦功のあった家臣らに感状を発給した。俗に「血染めの感状」と呼ばれるものである。この中で政虎は「この忠功、政虎一世中、忘失すべからず」と明記するほどであった。

いっぽうの信玄も、合戦終了後、すぐ甲府に帰還したらしい。だが政虎とは対照的に、第四次川中島合戦に関する、信玄の感状は現存していない。今日、発見されるものすべて、偽文書ばかりであり、この合戦に限って言えば、信玄も家中も敗戦、もしくは苦戦と認識し、感状の発給も申請もためらわれるような状況だった可能性が高い。

両軍の戦死者について、『甲陽軍鑑』は、上杉軍は、三一一七人であったと記すが、武田軍の戦死者数を記録していない。近世に編纂された『甲越信戦録』は、武田軍四六三〇人、上杉軍三四七〇人と記す。はっきりとした史料は見いだせないが、武田軍の戦死者が上杉軍を上回っていたのは事実とみられ、とりわけ武田軍は、侍大将クラスの戦死者が圧倒的に多い。

だが信玄は、この激戦で不利な状況ではあったが、上杉軍の南下を押しとどめることに成功したばかりか、関山(せきやま)、野尻湖、上倉、飯山を結ぶライン以北、信濃川左岸の北信濃に、上杉方の勢力圏を封じ込めたのである。そして、武田・上杉両氏は、北信濃や関東で対峙したものの、その後、二度と決戦を行うことがなかった。まともに戦うことをためらわれるほどの痛手だったからであろう。

上野侵攻始まる

第四次川中島合戦直後の、永禄四（一五六一）年十一月、武田信玄は、同盟国北条氏康の要請を受け、関東の上杉方を攻撃すべく、西上野に出陣した。

当時の西上野は、箕輪城主長野業正・氏業父子が旧上杉方国衆の盟主的存在となり、戦国大名への道を歩み始めていた。その勢力は、上野国群馬郡・吾妻郡を中心に、碓氷郡・甘楽郡に及んでおり、上信・上武国境をカバーしていた。上杉政虎の関東出兵以後、長野父子は、政虎の後ろ楯を得ながら、武田・北条に対抗する構えだった。信玄は、永禄四年以後、長野氏を盟主とする国衆連合との戦いを始めたのであった。

しかし、永禄四年六月二十一日、長野業正が死去し（享年六十三か）、息子氏業が跡を継いだ。信玄の西上野侵攻は、この直後から開始された。

永禄四年十一月、武田軍は、高田城（高田氏、富岡市）、国峯城（甘楽町）を攻略したうえで、武田方のもとに亡命していた小幡憲重・信実父子を国峯城に復帰させた。この後、信玄は、北条氏康・氏政父子と合流し、倉賀野城を攻撃している。

信玄は、永禄四年末から翌永禄五年三月までには、上信国境の松井田西城（諏方城）を従属させ、吾妻郡鎌原城主鎌原宮内少輔に援軍と補給を送り、吾妻郡計略を本格化させた。

永禄五年五月までには、岩下城主斎藤越前守、大戸城主大戸浦野中務少輔が武田氏に従属し、室田鷹留城主長野三河入道（業氏）が攻め滅ぼされた。永禄五年末までには、和田城主和田業繁、安中城主安中越前入道も、武田氏に降伏し、西上野の主要城郭は、箕輪城、惣社城、倉賀野城などが残るだけとなった。

武田・北条連合軍の関東転戦

永禄五（一五六二）年十一月、信玄は北条氏康の要請を受け、武蔵国松山城に進軍し、北条軍とともにこれを包囲した。武田方は、金山の金掘衆（採金業を行う集団）らを投入して、坑道を掘らせ、城を掘り崩す作戦を採用するなど、城方を脅かした。だが城主上杉憲盛は降伏せず、信玄は北条軍とともに、武蔵国で越年した。

上杉輝虎（永禄四年末頃、政虎より改名）は、永禄六年一月早々、深雪を冒して上野に出陣し、武蔵松山城を救援しようとした。だが、関東諸将の参陣を得られぬまま時日を過ごすうちに、二月一日、武蔵松山城は開城してしまった。輝虎は、松山城の近くの石戸（北本市）まで進んでいたが、間に合わず、臍を噛んだという。

輝虎はその後、武蔵国、下野国を席巻したが、四月、急に越後へ帰国した。それは、武田信玄が北信濃の飯縄山麓（いいづなさんろく）に軍用道路を造り、奥信濃と越後侵攻の準備を盛んに進めているとの情報に接したからと推定される。上杉軍が越後に引き揚げると、信玄はまたもや上野国に侵攻し、永禄六年六月までには、木部城（きべじょう）主木部氏を追放し、城の大改修を実施している。そして、十二月五・六日の両日、箕輪城を攻撃し、城外の各地を放火した。

これに対し上杉方は、十二月、岩下城主斎藤越前守を調略し、武田氏から離反させ、吾妻郡岩櫃城（いわびつじょう）を乗っ取らせた。だが、武田方の吾妻衆の活躍と、一族斎藤弥三郎憲宗の返り忠によって、斎藤越前守は追放され、岩櫃城は奪回された。

永禄七年早々、武田氏は、岩櫃城の大改修に着手したらしく、二月、武田信玄・義信父子が上野に出陣し、岩櫃城には、諏方勝頼、望月信頼が入っている（丸島和洋・二〇一七年）。

永禄七年三月、輝虎は、長尾憲景・上野国新田金山城（にったかなやまじょう）主由良成繁ら上野国衆や、常陸佐竹義昭、下野宇都宮広綱らとともに、上野国和田城を攻撃し、箕輪城の支援を行おうとしたが、撃退されてしまう。勢いに乗った武田方は、永禄七年五月頃、倉賀野城を攻略し、倉賀野直行を追放した。信玄は、倉賀野・和田・木部の三城を、重要拠点と位置づけ、倉賀野に飯富虎昌・真田幸綱・阿江木（あえき）（相木）常喜（じょうき）・望月信頼を配置することを決めた。

こうして、関東における、武田・北条・上杉の抗争は、次第に武田・北条が優位となり、上杉の退潮は明らかになりつつあった。

4　義信事件と武田氏の外交路線転換

第五次川中島合戦――信玄の飛騨侵攻から生まれた合戦

信玄は、輝虎封じ込めを図るべく、越中や飛騨に触手を伸ばす。とりわけ飛騨は、信濃と国境を接し、越中や美濃に抜けることができる回廊として、信玄は注目していた。当時の飛騨の勢力分布を紹介すると、益田郡桜洞城（岐阜県下呂市萩原町桜洞）主三木（姉小路）良頼（嗣頼）・自綱父子、飛騨市主江馬館・高原諏訪城（岐阜県飛騨市神岡町）主江馬時盛・輝盛（時盛と輝盛は、父子といわれているが、異説もある）、吉城郡洞城（岐阜県飛騨市神岡町麻生野）主麻生野直盛・慶盛父子（江馬一族）、同郡高堂城（岐阜県高山市国府町瓜巣）、田中城（岐阜県高山市国府町名張）に広瀬宗域、大野郡帰雲城主内ケ島氏理などが割拠していた。このうち、江馬時盛は武田方であったが、輝盛と三木父子は上杉方であり、その他は去就が定かでない。

永禄七（一五六四）年六月、江馬時盛、広瀬宗域、麻生野慶盛が武田氏に転じ、上杉方三木良頼・自綱父子、江馬輝盛と対峙した。信玄は、関東と北信濃での戦局を有利にすべく、越中の一向一揆と連携し、越後侵攻を使嗾した。これを確実なものとすべく、飛驒統一をもくろんだのである。信玄は、信濃木曽郡の木曾義昌や、東美濃の岩村・苗木遠山氏より援軍派遣の約束を取り付け、永禄七年六月、重臣飯富昌景・甘利昌忠らを飛驒へ進撃させた。

ところが、この直前にあたる永禄七年二月六日、美濃で政変が勃発した。斎藤重臣の竹中半兵衛と安藤守就（もりなり）がクーデターを起こし、稲葉山城を占領し、斎藤龍興と側近を追放したのである。当時美濃では、斎藤龍興と、東美濃兼山城主長井隼人が対立していた。長井隼人は、織田信長とも対峙しており、武田信玄を頼って存立を図っていた。この政変後も、対立の構図は変わらず、竹中・安藤方は、反織田・長井の路線をとり続けたばかりか、兼山城の長井を攻める動きを見せた。たまらず長井は、信玄に援軍を要請したのである。そこで信玄は、苗木遠山直廉に書状を送り、援軍要請を解除するので、長井を援助するよう求め、信濃からも武田の援軍を派遣することとした。

武田氏の飛驒侵攻は、開始早々、美濃情勢に水を差された形となったが、軍事行動そのものは順調に進み、上杉方の三木・江馬輝盛らは輝虎に支援を求めた。輝虎は、飛驒の上杉方を救うべく、七月、軍勢を率いて信濃に侵攻し、善光寺に着陣すると、八月三日に犀川を渡って川中島に布陣した（布陣場所不明）。こうして、第五次川中島合戦が始まった。

輝虎の川中島出陣を知った信玄は、甲府を出陣すると、川中島の入り口である塩崎城（長野市篠ノ井）に入り、上杉軍と対峙した。また、信玄は、飛驒の武田軍に、作戦中止と撤退を指示した。飛驒の武田軍は、飛驒勢の追撃を撥ねのけ、無事に撤退を終えている。

川中島での武田・上杉の対陣は、六十日に及んだ。これを好機とみた北条氏は、関東の上杉方を攻め、失地回復をもくろんだ。これを知った輝虎は、十月一日、越後に引き上げた。なお、武田軍の撤退後、形勢不利となった江馬時盛、麻生野慶盛らは、三木氏らと和睦している。こうして、第五次川中島合戦は終結した。

織田信長、信玄に接近す

後に、武田氏の命運を左右することとなる、織田信長との関係は、天文二十四（一五五五）年（弘治元年）に始まる。これを略年表にしたのが、次ページの表2－3である。当初、信玄は、同盟国今川義元との関係から、それと敵対する織田信長を、明確に敵とみなし

表2-3　武田・織田氏関係年表（甲尾同盟成立まで）

弘治元年	1555	４月、第二次川中島合戦始まる、８月、斎藤道三、東美濃に侵攻、晴信、斎藤に備えつつ、和睦を提示するが道三は拒否、９月、晴信、織田信長・斎藤道三を今川・武田の敵と認識、木曽義康に東美濃への対応を指示、閏10月15日、今川義元の斡旋で、武田・長尾の和睦成立（第２次川中島合戦終了）
弘治２年	1556	１月、武田軍、東美濃岩村に進駐、４月、美濃斎藤道三敗死、この後、織田信長と今川義元和睦、武田晴信も信長と和睦したと推定される
永禄元年	1558	11月、織田信長、武田重臣秋山虎繁に書状を送り、陣中見舞いを謝し、鷹の調達を懇請
永禄２年	1559	今川・織田の和睦破綻、10月、尾張大高で両軍衝突、武田も和睦破棄か
永禄３年	1560	５月、桶狭間合戦（今川義元戦死）、６月、松平元康、岡崎復帰、甲駿同盟継続を確認
永禄４年	1561	２月、松平元康、織田信長と和睦、４月、元康、今川から離反、三州忩劇
永禄６年	1563	秋、三河一向一揆勃発、この年、美濃斎藤龍興、東美濃侵攻を計画、信玄、久々利氏の支援を実施、12月、遠州忩劇勃発、閏12月、信玄、遠州忩劇の情勢次第では、駿河侵攻を示唆
永禄７年	1564	２月、松平家康、三河一向一揆と和睦するも、三河平定戦続く、６月、武田氏の飛騨侵攻、７月、美濃で政変（竹中半兵衛ら稲葉山城を占領）、竹中らは反織田、反長井隼人の姿勢を堅持し、東美濃侵攻を示唆、信玄、長井らの援助に動く、第五次川中島合戦、永禄６・７年頃、信玄、尾張犬山織田広良と和睦
永禄８年	1565	４月頃、織田氏、東美濃に勢力を伸ばし、長井隼人らを追放、織田・武田が東美濃神箆（こうの）で衝突、９月、武田・織田の同盟交渉成立、10月、義信事件、11月、諏方勝頼と信長養女（遠山氏）が結婚（甲尾同盟成立）

ていた。その後、弘治二年、斎藤道三が敗死したことにより、孤立化した織田信長は、斎藤義龍に対抗すべく、弘治三年四月、今川義元と和睦した。この和睦は、永禄二（一五五九）年まで続く。織田・今川の対立が解消されたことで、信玄も信濃・美濃国境情勢の沈静化を図り、上杉氏との川中島合戦に集中すべく、信長と和睦し

たと推定されている。永禄元年十一月、織田信長は、信濃国下伊那郡司（大島城代）秋山虎繁に対し、陣中見舞いの礼を述べるいっぽう、大鷹の調達を依頼する書状を送っている。この背景には、武田・織田の和睦が存在したからである。

だが永禄二年、織田・今川の和睦が破綻した。この抗争は、永禄三年五月十九日、桶狭間合戦で、今川義元が戦死したことにより、今川氏の敗北で幕を閉じる。このため、武田・織田の和睦も、永禄二年には破棄されたと考えられる。

その後、三河の混乱と、松平家康（以下、徳川家康）の離反と自立、そして遠州忩劇（今川氏に対する遠江国衆の大反乱）などが立て続けに勃発したことで、今川氏が織田信長に反撃することは、二度となかった。永禄三年六月、信玄は、義元戦死直後に、武田一門穴山幡龍斎（信友）を駿府に派遣し、氏真と同盟継続を実現させた。

永禄六年、遠州忩劇が勃発し、今川氏は大きく揺らいだ。これをみた信玄は、今川氏真の器量を疑問視するようになり、同盟継続を再考するようになったと推定されている。

いっぽう、永禄六年、東美濃情勢がまたもや緊迫化していた。稲葉山城の斎藤龍興が、東美濃久々利城主久々利頼興を攻める構えを見せていたのだ。久々利氏は、当時、武田・織田両氏に「両属」の立場を採りつつ、斎藤氏と対立していたとみられる。久々利氏は、斎藤氏の攻勢を前に、岩村・苗木遠山氏を通じて、武田氏に援助を求めた。このため信玄は、久々利城に、伊那郡から兵糧を送り込んだ。

また永禄六年から七年ごろ、信玄は、尾張国犬山城主織田広良と和睦交渉を行っている。織田信長と対峙する犬山織田氏に、信玄は庇護を求められたのだろう（後に織田広良は、武田氏のもとへ亡命）。

永禄七年には、既述のように、斎藤龍興にクーデターを起こした竹中半兵衛・安藤守就と対立していた、兼山城主長井隼人も、信玄に支援を求めている。

このように、東美濃情勢は、織田・斎藤の対立（久々利氏の危機）、斎藤氏内部の抗争（長井隼人の離反、竹中・安藤のクーデター、竹中・安藤と長井の対峙）、織田氏内部の抗争（犬山織田の抵抗）という込み入った抗争が相次いで発生したことで、混乱していた。この時、桶狭間合戦以後、今川氏の勢力が退潮したことにより、東美濃や尾張では、武田信玄と結びつこうとする動きが発生していたのだ。

織田信長は、永禄七年、越後上杉輝虎と交渉を開始し、友好関係を樹立している。信長は、東美濃や尾張の国衆からの輿望（よぼう）を集め、影響力を強める武田信玄を、脅威と見ており、その対策として上杉と結ぼうとしたのだろう。

信玄と信長は、永禄二年以後、断絶状態にあったが、永禄八年四月以後、信長が関係改善に舵を切る。永禄八年四月、信長の攻勢が東美濃に及び、兼山城主長井隼人は退去を余儀なくされ、斎藤龍興と合流した。兼山城には、信長重臣森可成が、米田城には肥田玄蕃允が配置された。この過程で、東美濃の武田方と織田方が、神篦（岐阜県瑞浪市）で激突した。織田勢はすぐに退却したらしいが、武田と織田の関係はにわかに緊張した。信長は、信玄との衝突を避けるべく、武田への接近を試みる。

さらに、近年指摘されている事情として、近江に亡命した足利義昭の存在がある。義昭は、永禄八年、京都奪回と室町幕府再興のため、諸大名に協力を呼び掛けたが、これにいち早く応じたのが信長であった。足利義昭と信長は、上洛達成のために、美濃斎藤氏と甲斐武田氏との和睦を推進するのである。

一方の信玄も、関東や北信濃、飛驒における上杉との抗争激化のため、美濃・尾張への深入りを回避したかったと考えられる。こうした事態を背景に、永禄八年十一月の武田・織田同盟（甲尾同盟）、永禄九年七月の織田・斎藤氏の和睦（「尾濃無事」）が成立するのである。さらに信玄は、美濃出身の高僧快川紹喜の仲介により、永禄八年末までには、美濃斎藤龍興と同盟を締結した。こうして、美濃・尾張・信濃国境をめぐる不安定な情勢は、武田・織田・斎藤の関係改善で一時的に安定する運びとなった。ところが、織田信長との外交をめぐり、武田家中で大事件が発生した。それが義信事件である。

義信事件――今川派のクーデター未遂

永禄八（一五六五）年四月、東美濃で武田と織田の衝突が発生した。信長は急ぎ、軍勢を退かせ、信玄に接近し、関係改善に動いた。そして、永禄八年九月九日、信長は、織田忠寛（津田一安）を使者として信玄のもとに派遣し、同盟締結を申し入れたのである。この時の条件として、織田方は、信長養女苗木氏（遠山直廉女、龍勝院殿）を、信玄の息子諏方勝頼のもとに娶せることを申し入れた。信玄はこれを了承し、十一月、勝頼と龍勝院の婚儀が実施されることとなった（甲尾同盟の成立）。

これに反対していたと推定されるのが、信玄の嫡男義信である。義信は、正室嶺松院が今川氏真の妹であるということもあり、武田家中における今川派（三国同盟維持派）の中心人物であったと考えられる。義信は、甲尾同盟の成立に反対しており、これを覆すべく、家中での多数派工作を行っていた。義信による知行の加増での誘引、重臣（飯富虎昌ら）や朋友からの説得工作などが、盛んに行われた。『甲陽軍鑑』によると、義信は父信玄暗殺を企てたとされている。だが、この義信派の動きは、信玄によって察知された。

　義信派のクーデターは、諏方勝頼と信長養女の結婚が行われる直前の、十月初旬に計画されたようである。だが、クーデターは未然に防止された。義信を始め、義信派の重臣飯富虎昌らは拘束されたと推定される。

　そして、十月十五日、飯富虎昌は処刑された（高野山成慶院所蔵『甲斐国供養帳』）。その他の義信派の長坂勝繁、曾根虎盛らの成敗も、同日の可能性が高い。この八日後の十月二十三日、信玄は、事件を憂慮して見舞いの手紙を出してきた上野国小幡源五郎（信高か）に返書を送り「飯富兵部少輔が、信玄と義信の関係を引き裂こうとした密謀が露見したので、彼を切腹させた。父子の関係には問題ないので安心して欲しい」と記し、安心させようとしている。この時点で、信玄は義信を廃嫡にしようとは考えていなかったようだが、義信が翻意しなかったらしく、父子の関係は拗（こじ）れ、臨済宗の高僧らが仲を取り持とうとしたがうまくいかなかった。やがて義信は、廃嫡され、甲府東光寺に幽閉されたと伝えられる。当時、義信は二十八歳であった。

　義信事件は、大事に至らずに済んだとはいえ、信玄の嫡男が廃嫡され、多くの家臣が処罰されたこともあり、その後の武田家中に大きな傷痕を残した。このことが、武田氏滅亡への扉を開いたと、私は考えている。

西上野制圧

永禄八（一五六五）年早々、上杉方は、上野国吾妻郡岩下城主斎藤弥三郎憲宗・城虎丸（じょうこまる）兄弟を調略することに成功した。斎藤兄弟は、嶽山城（たけやまじょう）に籠城し、沼田方面から上杉方を引き入れ、岩櫃城を攻略しようと謀った。輝虎は、嶽山城支援のため、三月、沼田に出陣すると喧伝した。信玄は、上杉方の吾妻郡侵攻を警戒し、岩櫃城の大改修を急がせ、真田幸綱（以下、一徳斎）を配備し、甲信の援軍を増派した。輝虎の出陣は、結局実現しなかったが、信玄は、箕輪・惣社・白井・尻高（しったか）・嶽山城攻めを宣言し、五月、箕輪城を攻めたが成果を上げることは出来なかった。その後、信玄の動きは、甲尾同盟や義信事件などにより、一時停止する。そのため、嶽山城攻撃は、真田一徳斎ら西上野衆が担った。嶽山城は、輝虎の援軍がないまま、十一月十七日に陥落した。斎藤城虎丸は自害し、憲宗は行方をくらませた。

永禄九年五月から閏八月にかけて、北条氏は、常陸小田氏治、下野小山秀綱、結城晴朝、宇都宮広綱、皆川俊宗、由良成繁、武蔵成田氏長らを次々に従属させた。上杉輝虎の退潮は、決定的となった。

信玄はこの機会を見逃さず、永禄九年閏八月、上野に出陣し、箕輪城を包囲すると、九月二十九日、遂にこれを陥落させた。城主長野氏業らは自刃し、長野氏は滅亡した。これにより信玄は、西上野平定を成し遂げた。輝虎は、ようやく十月に上野に出陣したが、時すでに遅かった。動揺した上野の上杉方は、十二月、厩橋城代の重臣毛利北條高広までもが輝虎から離反し、北条方に転じ、信玄とも結んだ。

信玄は、箕輪城の改修を行い、永禄十年三月には、海津城代春日虎綱らを一時配置し、同年中に重臣浅利右馬助信種を箕輪城代（西上野郡司）に任命、配置した。これ以後、武田氏滅亡まで、箕輪城は武田氏の西上野支配の拠点と位置づけられることとなった。

武田義信の死

永禄十（一五六七）年三月、岩櫃城将真田一徳斎・信綱父子は、上野国白井城に調略を仕掛け、見事これを攻略した。城主長尾憲景は、虎口を逃れ、越後へ落ち延びた。信玄は、すぐさま白井城に出陣して、仕置を行うと、四月、惣社城を攻略した。さらに信濃に引き揚げたと見せかけ、信越国境に軍勢を進め、野尻城を攻め落とした。驚いた輝虎は、四月十八日、軍勢を率いて野尻城を奪回したが、今度は陸奥会津蘆名盛氏が越後に攻め込んだため、懸命にこれを防いでいる。

信越国境の防備を不安視した輝虎は、永禄十年八月、飯山に出陣し、飯山城の大改修を開始した。これを知った信玄も、小県郡に出陣した。信玄は、岡城に在城したと推定されている。ここならば、川中島にも上野にも対応できるからである。

信玄は、この時、同陣していた家臣、国衆やその陪臣の有力者ら二三七人より、起請文（きしょうもん）を提出させた。これが、「生島足島神社起請文（いくしまたるしまじんじゃ）」「下之郷起請文」である。生島足島神社の記録によると、同社に奉納、保管されていた起請文は、寛保元（一七四一）年ごろ作成された「御願書幷誓詞写 全」という写本によれば、現存するものや散逸したものをあわせて、九五通に及んでいる。起請文のほとんどは、永禄十年八月八日・九日の両日に作成され、武田氏の奉行衆に提出された。ここで、武田家臣や国衆らは、信玄への忠節を誓ったのである。

この直後の、永禄十年八月十七日、駿河今川氏真は、甲斐への塩留めに踏み切った。氏真の動きが、起請文提出と関係しているのは間違いなかろう。氏真は、起請文の作成と提出が、幽閉中の義信の処断に繫（つな）がっていると考えたのではないか。

いっぽうの信玄も、義信廃嫡と処断を決意し、動揺する家臣団を押さえ込むために、起請文提出に踏み切ったのではなかろうか。起請文提出と今川氏真の塩留めの二ヶ月後にあたる十月十九日、義信は東光寺で死去した。享年三十。彼の死は、自害と病死の二説があり、定まっていない（『甲陽軍鑑』は二説を併記している）。例えば、『説三和尚法語』には、義信は病魔に冒され、父信玄に罪を許されてまもなく死去したとあるが、義信の戒名「東光寺殿籌山良公大禅定門」のうちの「籌（ちゅう）」は策略や計略を意味する文字であり、果たして罪が許されたという『説三和尚法語』を信頼してよいかも疑問が残る。武田義信の死には、今も多くの謎が残り、今後の新史料発見が待たれる。

信玄・信長・家康の密約——武田氏の今川攻め

永禄八（一五六五）～九（一五六六）年にかけて、織田信長は、足利義昭を奉じ上洛を果たそうと奔走し、武田信玄との甲尾同盟や、美濃斎藤（一色）氏とも和睦（「尾濃無事」）を実現させたが、これは結局実行に移されることはなかった。それは、足利義昭が、近江を追われ越前朝倉氏のもとへ逃れたことや、信長と斎藤氏の和睦破綻が原因であった。

だが、永禄十年八月十五日、信長はようやく稲葉山城の攻略と、斎藤龍興の追放を実現し、尾張・美濃二カ国を領有化した。これをみた足利義昭は、再び織田信長に上洛支援を求めた。永禄十一年七月、足利義昭は越前から美濃に入り、信長に庇護されることとなる。その後、義昭と信長は、入洛に必要な環境づくりに余念がなかった。近隣の諸大名に協力を求め、室町幕府再興を訴えたのだ。

ここで最大の懸案となったのは、駿河今川氏真の動向と、武田信玄と上杉輝虎との関係であった。信長が上洛すれば、尾張・美濃が手薄となる。そこへ、今川氏が三河、尾張に侵攻すれば重大な事態となる。また、今川と同盟国の武田信玄の動きも気になるところであり、しかも今回の上洛に協力はできないが、義昭による室町幕府再興には、信玄と輝虎も賛意を表明していた。義昭と信長は、甲駿同盟が、織田領国を攻撃しないこと、武田と上杉の抗争がこれ以上激化しないことを望んだ。

この中で、義昭、信長、信玄が結んだ密約が、武田氏の今川攻めである。この情報は、永禄十一年七月、信長より上杉輝虎にも伝えられた。信長は、輝虎に対し、武田信玄との和睦（甲尾同盟）は、足利義昭入洛のためであり、信玄も室町幕府再興に賛成したからであると説明した。さらに「駿・遠両国間自他契約子細候」（今川領国については、織田と武田は詳細な約束を交わした）と明記されている。つまり、信長と信玄は、この時点で、信玄の今川攻めで合意に達していたのだ。足利義昭は、室町幕府再興への協力を求める諸大名の中から、今川氏を外しただけでなく、自らを支える信長の仇敵今川氏を、事実上切り捨てたのである。また、輝虎は、この情報を、今川氏に漏らしていない。後の駿越交渉が開始してからも、その形跡はみえない。

こうした義昭、信長、信玄の密約を背景に、今川攻めに備え、信玄は、織田の同盟国徳川家康に働きかけ、同盟と軍事協力を要請した。こうして、武田・徳川交渉が行われ、今川攻めの合意がなされた。ただ、その詳細や、交渉開始や合意の時期などはまったくわかっていない。永禄十一年七月前後であることは間違いなかろう。

この時、信玄と家康の密約は、駿河を武田領、遠江を手柄次第（実力）で切り従えるというものであったらしい。とすれば、境界は大井川ということになる。だが、領土画定の交渉は、細部の詰めがなされた形跡がなく、曖昧な点を残していた。遠江は手柄次第というのだから、武田にも手を出す余地があると信玄は考えていたらしい。しかし家康は、遠江は徳川が切り従えることが認定されたとみなしていた。両者間で合意した、領土画定の指標である「河切」（河を境界とする）への認識は、後に信玄が天竜川、家康が大井川と主張していることからも、両氏の外交の詰めの甘さが窺われる。ここに、後に、信玄と家康が衝突する背景が潜んでいたといえるだろう。

今川氏真、上杉謙信と秘密交渉を開始

永禄十（一五六七）年十月、武田義信が死去すると、十一月、今川氏真は、義信未亡人（氏真妹、嶺松院）を駿府へ引き取ると、信玄に申し入れた。これは、武田・今川両氏の同盟破棄に繋がる危険性をはらんでいた。信玄が難色を示したため、今川氏真の要請を受けた、北条氏康・氏政父子が中人（ちゅうにん）となり、嶺松院の送還は同盟破棄を意味せず、今後も同盟を継続するという趣旨の起請文を、双方が交換することで決着した。嶺松院は、十一月十九日、駿河に帰国した。

だが今川氏真は、義信の死と嶺松院の帰国で、武田信玄の今川攻めを阻むものがなくなったと考え、十二月、上杉輝虎との秘密交渉（駿越交渉）を開始した。年が明けた永禄十一年三月二十九日、今川氏を支え続けた、寿桂尼（じゅけいに）（今川氏親室、今川氏輝・義元の母）が死去した（享年は七、八十代）。武田方はすぐにこれを察知し、寿桂尼の死は、ただちに信玄に報告されている。

永禄十一年四月、今川氏真と上杉輝虎の同盟交渉においては、武田信玄がまもなく今川との同盟を破棄するであろうという見通しで一致していた。そこで両氏は、互いに武田信玄の

動きを監視し、信玄が駿河に攻めてきたら、輝虎は、ただちに氏真を救援すべく、信濃に出兵することや、上杉は決して今川を見捨てないこと、などが約束された。いっぽう、氏真は駿越交渉の過程で、武田・北条・今川間の秘密情報を、輝虎側に漏らしており、三国同盟への背信行為と受け取られても仕方のない動きをしていた。

まもなく、信玄は、駿越交渉を察知した。ここに、信玄は駿河今川氏を攻撃する口実を手に入れたのである。

最後の川中島合戦――信玄、北信濃に大攻勢を仕掛ける

武田信玄は、永禄十一（一五六八）年七月までには、駿河侵攻の準備を終えていた。ここで、最も懸念されるのが、越後上杉輝虎の動向であった。信玄は、輝虎を封じ込めるべく、永禄十一年一月、陸奥会津蘆名盛氏と越後攻めの密約を結び、揚北衆（あがきたしゅう）本庄繁長への調略を依頼した。

上杉輝虎は、信玄の動きを知らぬまま、越中に出陣し、椎名氏らと対戦していた。三月十三日、揚北衆本庄繁長が信玄に内通し、挙兵した。輝虎は、同二十五日未明、慌てて春日山城に戻り、信玄への対策として、北信濃飯山城に安田能元（よしもと）・岩井信能（のぶよし）を派遣した。しかし、

本庄攻めははかばかしくなく、上杉方は苦戦した。

信玄は、七月、本庄繁長の後詰めとして、甲府を出陣し、十日、飯山城に攻め寄せた。この時、北信濃の一向宗門徒らが、信玄に協力し、上杉攻めの動員に応じている。信玄の本当の狙いは、輝虎を越後に釘付けにしつつ、万一、信濃に出兵してきた時に、上杉軍を食い止めることの出来る城郭を建設することであった。

この時、武田軍が総力を挙げて築城したのが、長沼城（長野市）である。長沼城は、千曲川の堤防や河川敷などに埋もれ、今では跡形もないが、かつては三ヶ所の丸馬出（まるうまだし）を備え、本丸、二の曲輪、三の曲輪など、複数の曲輪で構成される巨大城郭であった。

さらに信玄は、信越国境の突破を試み、相当数の軍勢を関山（せきやま）に差し向けた。これを知った輝虎は、八月十日、上杉景信、山本寺定長（さんぼんじさだなが）、黒瀧衆らを関山城に派遣し、武田軍に備えた。ここを突破されれば、春日山城が危うくなる。輝虎の手当もあり、武田軍は関山城（せきやまじょう）（妙高市）を抜くことは出来なかった。

信玄は、輝虎を牽制するために、越中一向一揆に要請し、越後侵攻を要請した。信玄は、飯山・関山城を攻めつつ、長沼城を築城し、野尻・飯山を除く、北信濃の領国化をほぼ実現した。いっぽうの輝虎は、北信濃、越中口、阿賀北の三方に対処するため、軍勢を二手に分散させる苦しい状況下に置かれた。武田軍は、十月まで長沼に在陣し、まもなく甲斐に撤兵した。

この一連の合戦は、近年「最後の川中島合戦」と位置づける学説が有力である。信玄は、長沼城に、武田重臣市川梅隠斎等長（ばいいんさいとうちょう）、原与左衛門尉（足軽大将）らを配備し、海津城代春日虎綱と連携して、上杉の南下を食い止める手はずを整えた。これは有効に働いたらしく、上杉軍が川中島に進出することは、武田氏が健在だった時代には、二度となかった。

5 駿河出兵と三国同盟崩壊

信玄、駿河に出陣

永禄十一（一五六八）年八月十六日、川中島で在陣中の信玄のもとに、甲斐本国より「駿河で陣触がなされたようだ」との情報がもたらされていた。信玄は、すでに駿越交渉の事情を把握していたので、これを警戒していた。この時、今川氏真は動かなかったので、信玄は上杉戦を継続したが、これが契機となり、どちらが仕掛けたかは不明だが、甲駿国境は封鎖されたと推定される。武田氏は、十一月三日、本栖の人々に、甲駿国境閉鎖に伴い、諸役免許（税金免除）を与える措置を講じなければならなかった。同盟国に対する国境封鎖は、事実上の敵対である。もはや、武田と今川の衝突は時間の問題であった。

永禄十一年十二月六日、武田信玄は、突如、今川氏真との同盟を破棄し、大軍を率いて駿河に侵攻した。すでに、境目の土豪たちの間では、「甲駿不和」の噂が駆け巡っており、武田軍の南下とともに、その幕下に従う者が続出した。甲駿国境付近で、今川方として奮戦したのは、富士郡大宮城主富士信忠ぐらいであった。信玄は、大宮城を攻撃したらしいが、落城の気配を見せなかったため、駿府に向けて転進した。

今川氏真は、軍勢を整え、今川軍を薩埵山に布陣させた。ところが、今川家臣朝比奈、庵原、葛山らには、すでに信玄の調略の手が伸びており、武田軍が接近したら、これに呼応して、瀬名谷に軍勢を退却させ、氏真を見限る密約が出来ていた。十二月十三日、武田軍が薩埵峠に接近すると、今川軍の諸将は続々と戦線から離脱し、軍勢は瓦解した。難所薩埵峠を難なく突破した武田軍は、駿府に乱入した。今川軍の崩壊に、なすすべがなかった今川氏真は、駿府を脱出し、二日間の逃避行の後に、十五日に重臣朝比奈泰朝が在城する、懸川城に逃れた。氏真夫人も、慌てて駿府を脱出したため、乗り物も得られず、身一つで辛うじて夫の後を追ったのだという。駿府の今川館や城下には火が放たれ、多くの寺社が灰燼に帰した。

いっぽうの徳川家康も、信玄との密約通り、同じころ岡崎を出陣し、遠江に侵入すると、井伊谷、刑部、白須賀などを制圧し、引馬（浜松）を攻略した。この情勢に、遠江国衆は、続々と徳川方に従属を申し出るなど、徳川軍の侵攻は順調に進んだ。十二月中には、馬伏塚城主小笠原氏興、高天神城主小笠原氏助（氏興の子）も、家康に従属したという。家康の遠江平定戦は、意外なほど順調に進んだのである。

武田軍の駿河侵攻は順調に見えたが、十二月十二日、北条氏康・氏政父子が、信玄の同盟破棄と駿河攻めに怒り、武田と断交し、小田原を出陣したことで、事態は一変する。

越相一和（上杉・北条の同盟）と信玄の撤退

信玄は、駿河侵攻直前に、同盟国北条氏に対し、今川氏真に出した「手切」（断交、宣戦）の理由を明記した書状を送り、今川攻めへの理解と協力を求めた。信玄が、氏真を攻める理由として、氏真が宿敵上杉輝虎と「信玄滅亡之企」の密約を結んだことへの報復だと記されていたらしい。北条氏照は、この理由に一定の理解を示したが、結局は、「信玄の他国を攻め取ろうという野望に過ぎない」とも指摘した。既述のように北条氏康は、三国同盟維持のため、信玄の求めに応じ、自身が中人(ちゅうにん)となって、相互に起請文を交換させ、同盟を確認しあってから、義信未亡人（嶺松院殿）の帰国を実現させていた。信玄の駿河侵攻は、中人としての氏康の面目を潰す行為であった。また、息女の氏真夫人（早川殿）が武田軍に追われ、哀れな姿で逃亡を余儀なくされたことも、氏康の怒りに火をつけた。

北条氏政は、十二月十二日、小田原城を出陣し、駿河国駿東・富士郡を制圧、大宮城主富士信忠らとともに武田軍の背後を封じた。さらに北条軍は、十三日、薩埵山を占領し、武田軍と本国甲斐との連絡や補給を分断したのである。

いっぽう、駿河・遠江国境では、今川重臣大原資良(すけよし)・三浦氏らが花沢城、長谷川正宣が藤枝城（徳一色城）、由比・浅原・斎藤氏らが伊久見山（伊久美〈静岡県島田市〉、犬間城）に籠城し武田軍に抗戦する構えをみせた。この他に、井川・安倍で今川方の土豪たちが一揆衆（井川・安倍一揆）を組織して蜂起し、北方から駿府の武田軍を脅かした。信玄は、三方に敵を抱え、さらに補給にも事欠き、苦境に陥った。

北条氏は、懸川城に籠城する今川氏真に、援軍の伊豆衆らと兵糧を海路派遣した。北条軍は、氏政本陣を三島に据え、北条新三郎氏信を蒲原城に派遣し、大軍勢を薩埵峠とその周辺に展開させた。信玄は、駿府に本陣を置き、興津城の普請を行いつつ、各地に陣城を設け、興津川をはさんで敵と対峙した。両軍の戦闘が、散発的に興津川周辺で起こったが、戦局は武田軍にとってはかばかしくなく、十二月下旬、信玄は、本陣を薩埵山付近に進め、戦局の挽回を図ろうとした。

この間、徳川家康は、遠江で優位に立ち、遂に懸川に向けて侵攻すると、信玄に伝えてきた。信玄は、十二月二十三日、家康に書状を送って、この知らせに喜んだが、自身は家康と共同作戦を取ることが出来なかった。十二月二十八日までに徳川軍は懸川に到着し、懸川城の四方に付城を築き、城の包囲を開始している。

北条氏康・氏政父子は、信玄との開戦に伴い、宿怨の間柄であった越後上杉輝虎に、越相同盟の締結を持ち掛け、信玄打倒を提案した。輝虎もこれに応じ、上杉・北条両氏の和睦が成立した（越相一和）。続いて、永禄十二（一五六九）年一月からは、越相同盟交渉が本格化する。これに対し、駿河の信玄は、手薄になった駿府に、井川・安倍一揆など、今川方の手が伸びてきており、前後からの挟撃の危険性が出てきた。このような情勢下で、信玄は駿河の陣中で越年を余儀なくされた。

ところが、年が明けた永禄十二年一月早々、信玄はさらなる危機に見舞われる。武田重臣秋山虎繁率いる下伊那衆が、遠江の久野と見付で徳川軍の一部と衝突したのだ。徳川家康は、この動きを、武田が領土分割協定を無視し、遠江を簒奪しようとしているのだと認識し、激怒した。家康は、駿河在陣中の信玄に、難詰するかのような書状を届けたらしい。信玄は、慌てて秋山虎繁を駿河に撤収させ、この行動は誤解だと弁明したが、家康の不信は容易には解けず、両氏の関係は急速に冷却化した。

永禄十二年一月二十六日、北条氏政は、三島から薩埵山に本陣を移し、武田軍との一触即発の状況に突入した。その間、北条氏は上杉氏との同盟交渉を進め、輝虎に信濃へ出兵してもらい、武田を撃滅しようと企図した。これに対し信玄も、常陸佐竹・宇都宮・里見氏らと手を結び、北条氏の背後を衝くよう要請した。佐竹義重も、甲相駿三国同盟の崩壊と、駿河で北条軍主力が、武田と対陣しているのを絶好の機会と捉え、彼らもまた、上杉輝虎に越山（三国峠を超えること。関東出兵を意味する）を求めたのである。

二月初旬、興津周辺に展開する武田軍の背後を衝くべく、井川・安倍一揆が牛妻（静岡市牛妻）・津々野（同津渡野）を攻撃し、駿府乱入を企図した。信玄は、軍勢を派遣して防ごうとしたが、戦果は挙がらなかった。やがて、北信濃の武田方より、信越国境の雪が融け、通行が可能になりつつあるとの知らせが届けられた。

三月、懸川では今川氏真と、徳川家康との和睦交渉が始まった。驚いた信玄は、家康に中止を求めたが、彼はこれを無視したのである。情勢は、日に日に信玄にとって、危機的となっていた。

信玄は、駿河制圧をいったん断念することを決断した。彼は、北条氏と対陣中、秘かに興津川上流の、中河内川（なかこうちがわ）、樽川沿いに新道の開削を実施させ、興津城に穴山信君（のぶただ）、久能城（くのうじょう）に板垣信安らを配置すると、四月二十四日、甲駿国境の樽峠を越えて、甲斐に撤退した。信玄のこの動きに、北条軍や井川・安倍一揆らはまったく対処できず、武田軍を見逃してしまった。四月二十八日、信玄は無事に甲府に帰還している。

宿敵上杉輝虎との和睦交渉

永禄十二（一五六九）年一月、信玄の策謀により危殆（きたい）に瀕していた上杉輝虎は、情勢を好転させる。まず、北条氏との越相同盟交渉が本格化し、関東では停戦が成立した。また、阿賀北の本庄繁長の動きも鈍化した。駿河攻めにより、武田方の支援が途絶したためである。三月下旬、繁長は息子千代丸（後の本庄顕長）を人質に差し出して降伏した。輝虎は、四月二日、ようやく春日山城に帰陣する。こうして輝虎は、武田・今川・北条・徳川の争いを越後から観察しながら、上杉にとって利益となるような情勢を作り出すことに専心する。

輝虎は、信玄と対立し始めた徳川家康に接触を図った。二月、徳川家康も、輝虎に使者を送り、今後の交誼を願った。輝虎による、信玄・家康の離間の策謀であろう。

永禄十二年六月、越相同盟交渉が大詰めを迎え、遂にこれが成立した。北条氏は、①関東管領職を上杉に譲渡する、②上野国などを上杉氏に割譲する、③対武田戦で共同作戦を実施する、などの諸条件を飲んだ（この他、北条家より養子を送ることなども盛り込まれた）。

越相同盟成立の前月にあたる五月八日、今川氏真、北条氏政、徳川家康の和睦が成立し、氏真夫妻は懸川城を出て、北条氏のもとに庇護されることとなった。氏真夫妻は、氏政の子国王丸（後の氏直）を養子に迎え、旧今川領国の権益などをすべて譲渡した（戦国大名今川氏の滅亡）。氏真夫妻は、駿東郡大平城に在城し、なおも反攻の機会を窺った。

永禄十二年六月、上野国で武田・北条の合戦が本格化した。上杉・北条（今川）・徳川により信玄包囲網が形成される状況に立たされた信玄は、驚天動地の外交策に打って出た。それは、宿敵上杉輝虎との和睦交渉である。信玄は、同盟国織田信長を頼り、将軍足利義昭を動かし、輝虎に信玄との「甲越和与」の実現を働きかけさせた。

甲越和与交渉は、永禄十二年二月、将軍義昭と信長が、輝虎に信玄との和睦を申し入れることで始まった。信玄は、三月に受諾を即答したが、輝虎との交渉が難航した。そこで義昭・信長は、繰り返し和睦を促したところ、七月下旬に「甲越和与」が成立した。これにより、信玄は上杉氏の信濃・西上野侵攻という最大の懸念から解放されたのである。

「甲越和与」により、最も割を食ったのが、越相同盟を締結していた北条氏であった。北条氏は、永禄十二年早々より、輝虎に北信濃か西上野への出兵を依頼していたが、彼は動こうとはしなかった。輝虎がなぜ動こうとしないのか、北条氏は不審を抱いていたが、永禄十二年七月、輝虎から「信濃へ出兵しようとしたところ、武田氏より和与が持ちかけられたので、ひとまず延期した」との告白を受け、仰天している。

当時、上杉輝虎は、将軍義昭を奉じ、彼を支える織田信長とも同盟を結んでいた。これに、越相同盟と甲越和与が加わり、徳川家康とも交渉が始まっていた。輝虎は、武田・北条・今川・徳川の対立を見据えながら、虚々実々の外交を展開し、北条からは譲歩を引き出すなど、おもに関東で優位な情勢を作りだそうとしていた。

関東管領再興をもくろむ輝虎の意向を利用することで、信玄は甲越和与を実現し、突破口を切り開くことに成功した。

小田原侵攻と三増合戦

永禄十二（一五六九）年四月、武田信玄を甲斐への撤退に追い込んだ北条氏は、信玄の襲来を予想し、富士・駿東郡と駿豆国境の防備強化を行った。蒲原・吉原・善得寺・興国寺・平山（千福）・長久保・葛山城などに軍勢を駐留させたほか、閏五月、駿東郡に深沢城を築き、北条綱成と松田憲秀を配備した。また、三島に山中城を築いたのもこの時期の可能性が高い。

信玄は、永禄十二年六月、駿河に出陣し、深沢城を攻め、その後、三島、さらに伊豆韮山（にらやま）城（じょう）を攻撃した。信玄は、いずれも我攻め（がぜめ）をせず、韮山から撤収すると、転じて六月二十五日、富士郡大宮城を包囲した。武田軍は、七月三日、城主富士信忠を降伏させた。この作戦で、信玄は、甲斐から駿河に抜ける要衝大宮城を確保し、駿河攻めの拠点を手にしたのである。北条方は、駿河防衛を強化するため、関東の諸城から軍勢を引き抜き、続々と増援を送り込んだ。

信玄のこの動きは、北条方の注意と兵力を駿河に引き付けるための陽動作戦であった。永禄十二年八月二十四日、信玄は休む間もなく甲府を出陣し、上信国境の碓氷峠を越え、西上野に進んだ。武田軍は、その後、上武国境神流川を越え、九月九日、武蔵御嶽城を攻め、翌十日、北条氏邦の拠る武蔵鉢形城（埼玉県寄居町）を攻撃し、さらに南進して、北条氏照の拠る滝山城を攻めた（滝山攻めの日付は不明）。この滝山攻めには、甲斐国都留郡に残留していた小山田信茂が軍勢を率いて、九月中旬、千木良口より小仏峠を越え、廿里峠（十々里峠）で北条軍を撃破したうえで合流している。

武田軍は、滝山城を攻め、三の曲輪を占領したが、落城に追い込むことが出来なかった。信玄は滝山城攻略を諦め、杉山峠（御殿峠、東京都八王子市）に進路をとり、図師、小山田、木曽、勝坂と進み、その後、磯部、新戸、座間などに軍勢を展開させ、周囲を警戒しながら相模川を渡河した。なお信玄は、相模一宮寒川神社に、兜を奉納しているが、それはこの時のことと推定される。武田軍は、相模川右岸を南下、岡田、厚木、金田、妻田（以上、神奈川県厚木市）、田村、大神、八幡を経て、平塚（以上、平塚市）に到達した。武田軍はそのまま、国府津、前川、酒匂を経て、小田原城に迫った。

十月一日、武田軍は、小田原城への攻撃を開始した。信玄の小田原侵攻は、氏康・氏政父子にとって予想外の事態であった。当時、北条氏は、関東の兵力を駿河に加勢として派遣しており、相模、武蔵はまったくの手薄であった。信玄は、兵力が増強された駿河へまともに侵攻すれば、犠牲が大きくなることを熟知しており、小田原侵攻で北条氏を揺さぶり、相模、武蔵、上野の防御を強化させること、つまり駿河からの兵力撤収を実行させようと考えていたのだ。信玄は北条父子を脅かすことで十分と考えており、退路を関東の北条方に遮断される前に、甲斐に撤退することとした。

十月四日、信玄は全軍を小田原から撤収させ、鎌倉の鶴岡八幡宮に参詣するとの虚報を流して、実際には津久井筋に向けて進んだ。北条氏康・氏政父子は、信玄を追撃すべく、出陣を急いだ。武田軍は、津久井筋の寺社や村々を放火しながら進軍し、三増峠を目指し、五日には付近に到着した。

いっぽう北条氏照・氏邦兄弟、北条綱成らは、武田軍を三増峠で待ち伏せしていた。信玄は、この情報を三増に向かう街道筋で捕えた捕虜（北条方の忍びも含む）から聞き出していた。彼は、氏照・氏邦兄弟では、武田軍を捕捉、殲滅することなど出来ぬと考え、五日の夕刻には、三増に押し寄せた。北条軍は、自軍を上回る兵力の武田軍と正面から衝突するのを避け、半原（愛川町）などに移動し、武田軍に三増峠への道を空けてしまった。武田軍は、夜半のうちに、三増峠、中峠、志田峠とその麓周辺に軍勢を展開させた。この様子を見ていた氏照らは、武田軍を取り逃がしてしまうことを恐れ、半原から移動し、武田軍の背後からこれを襲う作戦をとった。

信玄は、三増峠を降りた場所を、津久井城内藤氏の軍勢が封鎖していることを恐れた。もし内藤勢が峠下を封鎖していたら、武田軍は峠道で前後を挟撃されてしまう。そこで信玄は、六日早朝、重臣山県昌景、西上野衆小幡信真らを、志田峠を経由して津久井方面に派遣し、峠下の様子を確認させた。山県らが志田峠を越える様子は、氏照らからもよく望見された。北条方は、信玄が逃げ出していると勘違いし、早期に決着をつけようと、武田軍への攻撃を開始した（三増合戦）。武田軍は、重臣浅利信種（西上野箕輪城代）が流れ弾に当たって戦死したが、峠下に敵影がないことを確認した山県勢が引き返してきて、横合いから北条軍を攻めたため、北条軍は総崩れになって敗退した。北条氏政は、軍勢を率いて、信玄の跡を追い、荻野（厚木市）に到着していたが、ここで氏照らの敗北を知ったという。

武田軍は、三増峠を越え、途中、各地を放火しながら長竹、三ケ木、寸沢嵐を進み、ここで野営した。十月七日、武田軍は、反畑（若柳）、鼠坂、名倉を経て、桂川（相模川）を渡河し、甲斐国上野原の諏方に到着した。だが、武田軍の将兵は、冬の野営に閉口していたらしく、上野原の諏方神社の社殿を破壊し、これを薪にして暖を取ったという逸話が残されている。

信玄の小田原攻めは、北条氏に大きな衝撃と動揺を与えた。北条氏は、各地の城郭の改修を行ったが、最も有名なのが小田原城の大普請である。

蒲原城攻略と駿府制圧

小田原侵攻から帰陣してまもなくの、永禄十二（一五六九）年十一月五日、信玄は甲府を再び出陣し、二十二日に富士大宮城に入った。予想通り、駿河の北条方は、関東の防備を固めるために、相当数の軍勢を帰還させていたらしい。

十二月六日、武田軍は、北条氏信らが籠城する蒲原城を攻撃し、猛攻の末、これを落城させた。北条方は、城主氏信ら、城兵千人余が戦死したという。蒲原落城を知った薩埵峠の北条軍は、退路を断たれて孤立し、十二月十二日、峠の陣所を捨てて、相模に逃げ散った。難なく薩埵峠を確保した武田方は、十三日に駿府に進み、今川方の岡部正綱らを降伏させ、駿府再占領を果たした。

駿府で越年した信玄は、永禄十三年（元亀元年）一月四日より今川方の大原資良（もと遠江宇津山城主）が籠城する花沢城を攻めた。激戦の末、花沢城は、一月二十七日に開城した。花沢城陥落は、周辺の諸城を動揺させ、徳一色城の長谷川正長も逃亡した。信玄は、馬場信春に命じて、徳一色城の大改修を行わせたといわれる。こうして、完成したのが田中城である。田中城は、この後、武田氏の駿河西部の要衝となり、対徳川戦の最前線として重視された。

信玄は、二月、清水湊に在陣した。ここで信玄は、駿河仕置を実施し、さらに清水湊に清水城を、巴川（ともえがわ）河口に江尻城の普請を開始した。この二つの城は、駿河湾の水運を掌握するためのものであり、さらに武田氏に従属した旧今川水軍（海賊衆）の再編成をも実施した。武田軍に、新たに武田水軍が加わることとなったのである。この間、北条氏はまったく武田軍に手出しが出来なかった。

「三ヶ年の鬱憤」の始まり

永禄十二（一五六九）年一月以来、武田信玄と徳川家康の関係は冷え込み続け、改善の動きは見られないままであった。きっかけとなった、武田重臣秋山虎繁の天竜川左岸での軍事行動について、その理由は明らかではないが、信玄は家康が遠江全域を制圧することはできず、その間に遠江東部を制圧してしまおうと考えていたのではなかろうか。しかも、信玄は、家康が自分に文句を言ってくることなど、予想もしていなかったようだ。信玄は、家康を完全に甘く見ていた。

信玄は、永禄十二年三月、家康のことを「当時家康者、専信長被得異見人ニ候」（いま現在、家康はもっぱら信長の見解に従う立場にある人物だ）と評している。この発言は、武田家臣市川十郎右衛門に宛てた書状の中にある。身内への手紙なのだから、信玄の本音とみてよいだろう。また信玄は、今川攻めのために、武田軍と共同歩調を取る家康について、「遠江はほとんど当方に帰属し、懸川一カ所を残すのみとなった、十日余りを経て、家康が信長の先勢だと称して出陣してきた」とも記している（戦武一四一〇号）。

これらのことから、信玄は家康を「信長の言うことならばきく人物」と見なしていたことがはっきりするだろう。しかしながら、柴裕之氏の研究が指摘するように、信長と家康は、あくまで対等の同盟関係にあり、織田に徳川が援軍を派遣した諸事例も、将軍義昭からの要請を受けたものであって、必ずしも同盟のみを根拠にしていたわけではない。信長と家康の同盟と力関係に変化が訪れるのは、皮肉なことに、信玄・勝頼との戦いが激化した結果である。家康は、信長の補給や援助なくして、武田と単独で戦うことは出来なかった。このことが、次第に家康の立場に変化を生じさせ、織田一門大名という形で、従属の度合いを強める結果となっていく。だが、信玄存命時は、その動きが始まったばかりで、家康が信長に従う状況ではなかった。この勘違いが、やがては信玄と信長との関係をも断絶へと導くことになってしまう。

永禄十二年二月、信玄は、家康との拗れ始めた関係を修復しようと試みている。この時信玄は、家康の要望に応じて、起請文の交換を実施している。その際、家康は、信玄に対し、今川氏真や北条氏康・氏政父子と決して和睦はしないと、誓約したらしい。ところが、五月、家康は氏真、北条氏康・氏政父子と和睦し、懸川城を開城させ、これを確保すると、氏真夫妻の身柄を北条氏に引き渡してしまったのだ。

これに信玄は怒り、せっかく改善へと動いた家康との関係は、今度こそ冷却化してしまう。信玄は、怒りのあまり、信長に書状を送り「誓約を反故にして、今川氏真や北条父子との和睦を強行した家康の行動を、信長はどう考えているのか。（家康のこれまでの行動については）過去のこととして水に流すから、せめて氏真や北条父子とは手を切り、敵対の意思を示すよう、（家康へ）信長からも催促していただきたい」と要請した。信玄はここでも、信長ならば家康を御せるはずだと考えていることが明らかだ。だが、織田・徳川同盟は対等であり、今川攻めは徳川の独自の軍事行動であったのだから、信長が家康に何かを命じる立場にはない。信玄には、信長と家康の本当の関係性が見えてはいなかったようだ。

武田・徳川間の交渉は、元亀元（一五七〇）年四月まで継続していたことが、近時、丸島和洋氏によって明らかにされたが、これを最後に交渉は断絶する（丸島・二〇一七年）。

同じころ、上杉輝虎は、北条氏康・氏政父子より、養子三郎（後の上杉景虎）を迎えた。北条氏の誠意を認めた輝虎は、七月、遂に信玄との「甲越和与」を破棄した。そのうえで、以前より音信を送ってきていた徳川家康と連絡を取り、八月には、家康からの同盟締結の申し入れを受諾し、ともに信玄を討つことを約束した。

元亀元年十月、徳川家康は、信玄と正式に断交（「手切」）し、越後上杉謙信（輝虎から謙信への改名は、元亀元年九月頃。以下、謙信）との同盟を締結した。家康は、謙信に対し、①信長と謙信との関係が緊密になるよう働きかけを行う、②信玄と信長との間で進んでいる縁談（信長息子信忠と信玄息女松姫の婚姻）を断念するよう求めていく、と二ヶ条にわたる誓約を行った。上杉・徳川同盟の成立は、信玄にとって衝撃だった。

後に、元亀三年十月、織田・徳川氏への攻撃を開始した信玄は、その理由を「三ヶ年之鬱憤」と明記している。信玄の鬱憤の始まりは、元亀元年の家康の行動（上杉との同盟）であり、さらに彼を規制しない信長の不誠実さ（と信玄がみなしたこと）にあった。家康の同盟破棄と謙信との同盟締結は、信玄にとって、こうした徳川の行動を押さえようとせぬ、信長への怒りに繋がっていく。信玄は、家康を押さえぬ信長の態度を、甲尾同盟違反と認識したと考えられる。これが、信長と断交する伏線となるのであった。

6 信玄の西上と死

北条氏康の死と甲相同盟復活

元亀元（一五七〇）年五月、信玄は、北条氏が占領する駿河東部の制圧に乗り出す。武田軍は、吉原や沼津で北条方と戦い、伊豆に乱入した。いっぽう、上武国境でも武田方の攻勢が続き、六月、武蔵御嶽城主平沢政実が武田氏に降伏、帰属した。

こうしたなか、元亀元年七月十八日、信玄正室三条夫人が死去した（享年五十）。信玄は、三条夫人の葬儀を、菩提寺円光院で済ませると、慌ただしく駿河に出陣し、駿豆国境を荒らし回った。信玄は、いったん帰国すると、十二月上旬に駿河東部に出陣し、興国寺城と深沢城を包囲した。深沢城将北条綱成は奮戦したが、武田軍本隊の重囲を受けたまま、越年した。

明けて元亀二年一月三日、武田方は、長文の矢文を深沢城に射込み、降伏、開城を促した。信玄は、城方を揺さぶるべく、甲斐より金山衆とその配下の金掘衆を呼び寄せ、城の本曲輪に向けて坑道を掘らせた。一月十日、ようやく氏政が小田原城を出陣し、深沢城救援のために動いたが、武田軍に全く手出しが出来なかった。北条綱成は、一月十二日、遂に降伏した。

信玄は深沢城に入り、北条氏政の軍勢と対峙した。また、武田軍の別動隊は、興国寺城を攻め、城将垪和氏続を本曲輪に追い詰めたものの、落城させることは出来なかった。氏政は、武田軍との決戦を回避し、帰陣したらしい。信玄も、一月二十三日までには、甲府に帰陣した。

四月、武田と北条が和睦したとの噂が流れた。驚いた上杉謙信は、厳しい調子で、氏康を詰問した書状を送ったらしい。氏康は事実無根だと弁明し、逆に謙信に武田攻めのための援軍を求めた。越相同盟に軋みが生じていた。

駿河で劣勢となった北条氏は、六月、平山城（千福城、裾野市）を築き、重臣松田憲秀を配置し、武田方への備えとした。この直後、北条氏康が病に倒れた。八月三日に氏康の病気平癒を祈願した大般若経の転読が実施された。氏康は小康状態になったようだが、同十二日の時点で、ろれつもまわらず、意思の疎通もままならず、子供たちの見分けがつかぬという有様で、食事も飯と粥を一度に差し出すと、食べたいものを指差すのがやっとであった。氏康の政治生命は終了し、氏政が家中を完全に掌握した。

元亀二年十月三日、北条氏康は遂に死去した（享年五十七）。氏康の病臥中から死去の後にかけて、信玄は、駿河や武蔵国秩父郡などを荒らしまわり、北条方を揺さぶった。

北条氏政は、父氏康の死をきっかけに、武田を攻めようともしない謙信との越相同盟を断ち、信玄との同盟復活を目指す。北条氏と信玄との同盟交渉について、謙信は十一月には察知したらしく、今後、信玄と和睦することはあっても、氏政とは絶対にしないと、重臣北條（きたじょう）高広に怒りをぶちまけた。

そこで謙信は、厩橋城の北條（きたじょう）高広を通じて、信玄に和睦を打診した。しかし武田氏は、十二月十七日、上杉方に対し、甲相同盟復活を伝え、もし上杉と和睦するのであれば、氏政も加えた三和以外には受け付けないと返答した。信玄は、北条との同盟復活を明らかにしたのである。

いっぽうの北条氏政も、十二月二十七日、甲相同盟復活と、上杉氏との手切れを宣言し、上野国の北条方に、上杉方との敵対を命じた。甲相同盟復活に伴い、武田・北条両氏は、元亀三年一月八日、国分（領国画定）を実施し、駿河東部は武田氏に割譲され、武蔵国御嶽城は北条氏に返還された（御嶽城の正式返還は元亀三年十一月七日）。こうして信玄は、甲相同盟を復活させ、背後を顧慮することなく、上杉や徳川と対峙することが可能となったのである。

織田・徳川攻めのための謀略

甲相同盟を復活させた信玄は、元亀三（一五七二）年一月、関東に出陣し、上杉謙信と利根川で対陣した。これが、二人が対峙した最後となった。

このころ、畿内では、足利義昭政権が大きく動揺していた。元亀二年五月、松永久通と摂津和田惟政（これまさ）、河内畠山秋高（高屋城主）の不和が合戦に発展し、久通方に三好義継、三好三人衆が味方して、畿内の政局は分裂していた。加えて、将軍義昭に松永久秀も敵対したため、義昭は、信長に松永、三好らの討伐を命じた。こうして、義昭・信長対松永・三好の合戦が激化した。元亀三年、反義昭・信長勢力と本願寺の攻勢で、畿内の義昭・信長方は筒井、畠山らがわずかに残っただけとなり、不利な状況となった。

これを好機と捉えた越前朝倉義景、近江浅井長政も、本願寺らと結び、義昭・信長方はさらに苦しい状況へと追い込まれていた。

こうした情勢下の元亀二年九月十六日、武田勝頼正室遠山氏（龍勝院殿）が高遠で死去した。甲尾同盟は、縁組を欠く事態となった。そこで、信玄と信長は、永禄十年十二月以来進めていた、信長の息子奇妙丸（信忠）と信玄息女於松の縁組みを具体化させることとなった。元亀三年閏一月、武田・織田両氏は、松姫と信忠の婚姻に向けて、詰めの交渉を行っており、将軍義昭の同朋衆と推定される栖雲斎歳阿が、公家の土御門有脩に、結婚の日時と場所の勘申を申し入れている（遠藤珠紀・二〇一一年）。この婚儀は、本来、信長家臣明智光秀が担当していたのだが、近江坂本城の普請などに忙殺されており、歳阿が代理となったものである。この時期の畿内情勢に鑑み、信長は、信玄との同盟強化を望んだのだろう。元亀三年閏一月の段階で、信玄と信長との関係悪化はうかがえない。

元亀三年五月、信玄の動きが胡乱となる。信玄は、突如、飛驒に統一戦を仕掛け、江馬輝盛、三村右兵衛尉、三木良頼・自綱父子（なお良頼は元亀三年十一月十一日歿）、三木重臣鍋山豊後守らを帰属させることに成功した。この飛驒侵攻には、木曾義昌の他に、東美濃岩村遠山景任・苗木遠山直廉が出陣したらしい。この時、飛驒衆と武田方は、飛驒国益田郡竹原（岐阜県下呂市）で激突し、遠山直廉が負傷している（「苗木遠山系図」、岩村遠山景任も同じく負傷した可能性が高い）。

いずれにせよ、飛驒は武田方が優位となり、美濃、越中、越前への回廊確保に、信玄は成功したのだった。これにより、この方面との連絡が可能となった。この直後、信玄は、美濃国郡上郡（ぐじょうぐん）両遠藤氏（郡上城主遠藤慶隆と木越城主遠藤胤基（たねもと））と連絡を取り、大坂本願寺や武田との連携を申し入れた。両遠藤氏は、これを受諾し、時期を見計らった上で、信長との対決に参加する意思を表明した。

また同じく元亀三年五月、信玄は、奥三河国衆で山家三方衆の作手（つくで）亀山城主奥平定能（さだよし）と接触し、織田・徳川方の情報提供を求めた。現在のところ、徳川方の国衆と信玄が接触したことが確認される初見となる。

こうしてみると、信玄は元亀三年春ごろ、織田・徳川攻めを決意し、その準備に入ったのは間違いなかろう。元亀三年早々に、一時立ち消えになっていた、織田との縁談を進めようと動き始めたのは、その動きを悟られないようにするための、カモフラージュだったのかも知れない。

元亀三年七月、信玄は、さらに踏み込んだ動きを示す。奥三河の奥平定能に、知行宛行の約諾をしたのである。しかも、山家三方衆の長篠菅沼・田峯（だみね）菅沼氏も、武田氏に帰属しており、三河野田城主菅沼定盈にも調略の手を伸ばしていたらしい(ただし、定盈は拒否したようだ)。

同じ七月、信玄は天台座主覚恕法親王の周旋により、権僧正に叙された。その後信玄は、信長によって焼き討ちにされた、延暦寺再興を政治目標に掲げ、これを信長打倒のスローガンとして掲げることとなる。

このころ、将軍義昭と信長は、松永・三好・大坂本願寺と、朝倉・浅井の連携による包囲網に苦慮していた。そこで、将軍義昭は、元亀三年八月、武田信玄に本願寺と信長との和睦仲介を、信長には、信玄と上杉謙信との和睦仲介を命じた。信玄は、本願寺顕如と相婿(顕如の妻如春尼は、三条公頼息女で、信玄正室三条夫人の妹)の関係で、さらに一向宗と良好な関係を築いていた。これに注目した義昭は、信玄に、信長と本願寺の和睦を斡旋させ、畿内の沈静化を目指したのだろう。また、義昭政権を支持し、協力する立場では一致しながらも、積年の宿怨から抗争が止まらぬ武田・上杉を和睦させ、「天下静謐」に協力させることを目指した。

信玄は、将軍義昭の命を奉じて、信長と大坂本願寺との和睦仲介に乗り出した。これに対し本願寺は、信玄による和睦斡旋を、九月十日に受諾すると表明した。顕如は「信長には遺恨深長ではあるが、他でもない信玄からの斡旋でもあるし、贔屓偏頗による調略ではないことはわかっている」として、武田に同意する旨を申し含めた使者を派遣している。

だがこの時、信玄は、織田・徳川氏との対決に向けて動き出していたのである。まもなく、信玄は、義昭・信長・謙信との交渉をすべてひっくり返す行為に出て、彼らを驚倒させることとなる。

信玄、最後の出陣

本願寺が信玄に、信長との和睦受諾を伝える直前の、元亀三（一五七二）年九月五日、近江浅井長政は、信玄が今月二十日前には遠州に出陣すると伝えてきたことや、長政と盟約を結ぶことを誓約する起請文を送ってきたことを、家臣島若狭入道に明かした。つまり、信玄は、これ以前に長政との盟約を結んでおり、信長との敵対を決意していたことが窺われる。

同じころ、将軍義昭の命により、信長が仲介となって進めていた武田・上杉の和睦を、信玄は成立寸前に突然引っくり返した。和睦には、謙信も受諾の意思を示しており、成立間際であったのに、信玄から「朝倉義景が仲裁するのであれば、謙信との和睦に応じる用意があるが、織田信長が仲介ならば同意できない」と記した書状が届いたという。これには、謙信も驚きを隠せなかったらしい。

いっぽうで、謙信は不穏な噂に翻弄されていた。九月初旬、越後や越中では、武田軍の姿を信越国境付近で目撃したとか、今月中に上杉の本拠に向けて、信玄が攻めてくるらしい、などという流言が飛び交っていた。謙信は、当時越中在陣中であったが、春日山城の防備を固めるよう指示し、家臣に信玄の所在を探るよう命じた。

その頃信玄は、出陣の準備を終えていた。信玄は、九月に軍勢を招集し、北条氏より大藤（だいとう）氏（し）らの援軍を受けると、九月二十九日に山県昌景を信濃に先発させ、十月三日に信玄本隊が甲府を出陣した。このころ信長は、将軍義昭と織田の斡旋を了承し、信玄と和睦するという上杉謙信からの返事を受け取り、大いに喜んでいた。そこへ、武田軍が動くらしいとの情報に接し、これが上杉攻めだと考えた信長は、信玄にそれを思いとどまるよう求めた。信玄は、信長に返事を出し、これを了承したと知らせていたようだ。信長は、これに満足し、十月五日に信玄に感謝の意を伝える手紙を送っていた。

だがその頃、信玄は、すでに三河・遠江へ向けて行軍中だったのである。

怒る信長、追い詰められる家康

武田軍のうち、山県昌景は、信濃国伊那郡大島城で秋山虎繁と合流し、別動隊を編成したうえで、青崩峠（あおくずれとうげ）を経由して奥三河に入り、かねてよりの密約どおり、山家三方衆を従属させた。そして、柿本城主鈴木氏を追放し、山吉田から遠江に入り、鈴木氏が逃げ込んだ伊平城（いだいらじょう）を攻略して三河と二俣方面の連絡路を遮断した。ここまでの行動は、十月中旬ごろと推定される。山県・秋山隊は、連日、祝田（ほうだ）に兵を差し向け、徳川方を挑発し、二俣方面に向かう武田軍の行動を支援した。

武田軍が徳川領に侵攻したとの知らせを聞いた信長は激怒し、「信玄の行動は侍の義理を知らぬものだ。二度と武田と手を結ぶことはしない」と吐き捨てた。信長は、東美濃を固めるべく、織田信広と河尻秀隆を岩村城に派遣した。折しも、岩村遠山景任と苗木遠山直廉は、ほぼ時期を同じくして急死しており、遠山一族は混乱していた。信長はこの時、当主不在の岩村遠山氏に息子御坊丸を、苗木遠山氏に飯狭間（いいばざま）（飯羽間、恵那市）遠山友忠をそれぞれ据え、武田方の排除と、織田方による東美濃制圧を固めようとしたと推定されている。だが、武田・織田両属の立場にあった岩村遠山家中では、これに反発する人々もあり、戦闘に発展したようだが、岩村城は織田方の手に落ちた。信長は、佐久間信盛に岐阜城の留守を命じ、武田に備えさせた。この織田方の動きにより、信玄と信長は断交した。宣戦布告（「手切」）なき戦争の始まりであった。

信長・家康と信玄の開戦を知った上杉謙信は「信玄は気でも違ったか、それとも運が尽きたとでもいうべきだろうか。あたかも蜂の巣に手を入れるが如き、しなくてもよい戦を始めてしまったものだ」と驚きつつも、「上杉家としては、運が向いてきた瑞相だ」と家臣河田重親に書き送っている。

信玄本隊は、十月十日、駿河から大井川を渡河し、遠江に侵入した。信玄は大井川から、塩買坂を越え、高天神城に向かったと推定される。武田軍に包囲された高天神城主小笠原氏助は、十月二十一日までに、信玄に降伏した。

信玄は、この時に、奥三河奥平道紋に宛てた書状に「散三ヶ年之鬱憤」ために出陣したと伝え、元亀元（一五七〇）年、家康が信玄と断交し、上杉謙信と同盟を結んだことを、攻撃の理由として掲げたのである。そして、家康を押さえようともしなかった織田信長も同罪とみなし、盟約違反ゆえの断交だと主張したようだ。それでも信玄が、三年もの間、家康に手出しをしなかったのは、やはり将軍義昭や信長との甲尾同盟に配慮したからだろう。だが、甲相同盟が復活し、畿内の政局が信長に不利に傾いたのを好機として、信玄は挙兵したと考えられる。

高天神城を降伏させた信玄本隊は、十月二十二日頃、見付に向けて進み、別動隊を二俣方面に向かわせた。信玄本隊は、見付に向かって進み、徳川軍が見付に進出し、大久保忠世・本多忠勝ら先手が三箇野（三ケ野）、さらに木原（袋井市）に出てきたのを知ると、ただちに攻めかからせた。徳川方は、家康を先に逃がし、追いすがる武田軍と各地で戦闘となった。徳川軍は、見付宿に火を放ち、敵の追撃をかわそうとしたが、一言坂（ひとことざか）で追いつかれ激戦になったという（一言坂合戦）。この時、本多忠勝が奮戦し、武田方に賞賛された逸話は有名である。一言坂合戦が行われたのは、十月二十二、三日頃のことであろう。

武田軍は、家康を深追いせず、各和城、向笠城（むかさじょう）、飯田城、一ノ宮城、天方城（あまがたじょう）、只来城（ただらいじょう）、匂坂城（さぎさかじょう）などを攻略し、二俣城に向かった。信玄は、合代島に布陣し、浜松と懸川城（城主石川家成）との連絡を遮断し、懸川を孤立させた。

いっぽう、織田が抑えたはずの東美濃の岩村では、織田氏に対する叛乱が起こり、反信長方が岩村を制圧した（「岩村逆心」）。その発生時期は定かでないが、『当代記』をみると「十月、岩村城が信玄に帰属したので、伊平の陣中より、信州衆下条伊豆守（信氏）を、東美濃へ派遣し、岩村に在城させた」とあるので、十月中旬過ぎではなかろうか。最終的に、武田方は、十一月十四日、岩村城を受け取り、入城を果たした。織田信広、河尻秀隆は岩村城から撤退せざるを得なかったが、苗木城など周辺の城砦は確保している。この時、信長が岩村城に送った、遠山景任養子御坊丸（信長息子）は、武田氏に身柄を確保され、後に甲府に送られたと考えられる（御坊丸は、武田氏に養育され、後に元服し、織田源三郎信房と名乗った）。

いっぽう、勝頼を主力とする武田軍は、十一月十九日以前には、二俣城の攻撃を開始した。このころまでに、伊平に在陣していた山県・秋山隊も、二俣攻めに合流したらしい。二俣城に籠城する徳川家臣中根正照・青木又四郎らは、頑強に抵抗を続けたが、水の手を天竜川に依存していることを察知した武田軍は、城から天竜川へ向けて組まれた井楼（せいろう）を、上流から流す筏（いかだ）で破壊したのである。これで二俣城は水の欠乏に苦しみ、家康の後詰めを得られぬまま、十一月晦日、遂に開城した。中根正照らは、浜松城に退いた。信玄は二俣城の修築を行い、ここに信濃衆依田信守・信蕃（のぶしげ）父子を配備した。二俣城は、武田方にとって、家康の本拠地浜松に匕首（あいくち）を突きつける役割を果たすこととなる。

三方原合戦と将軍足利義昭の動揺

信長は、家康の危機を救うべく、徳川氏の取次役佐久間信盛と、信盛の与力で、家康の外伯父水野信元、さらに平手汎秀の指揮する三千余人を援軍として浜松に派遣した。また将軍足利義昭は、十一月、家康に御内書を送り、信玄の侵略を非難し、徳川を励ました。将軍義昭は、この時点ではまだ信長・家康と協調する立場を明確化していた。

一方、東美濃岩村城が、元亀三（一五七二）年十一月十四日、武田氏の手に陥ちると、反織田勢力の動きが活発化し、美濃国郡上郡遠藤胤基・慶隆は、武田方に来春の美濃侵攻にあわせ、蜂起すると連絡してきた。信玄は、来るべき美濃侵攻に備えて、遠藤氏に、鉈尾（岐阜県美濃市）で砦を築くよう指示している。また、近江国日野城主蒲生賢秀（もと六角氏家臣）も、朝倉義景に内通の意志を明らかにしたという。

信玄は、十一月十九日、朝倉義景に手紙を送り、来年五月に、本願寺・一向一揆と連携して、武田軍と朝倉軍が共同作戦を行うことを申し入れた。本願寺は、信玄に期待を寄せ、武田とともに、三河・遠江・美濃・尾張の一向宗門徒への働きかけを行っていた。特に、伊勢長島の一向一揆のもとには、日根野弘就（もと美濃斎藤・駿河今川・近江浅井氏の家臣）が派遣されていた。日根野は、一色義紀（斎藤義興）と美濃郡上の両遠藤氏、朝倉義景、大坂本願寺の話し合いで、伊勢長島の指揮官として送り込まれたのである。伊勢長島は、顕如の命令により、岐阜とわずか三里の場所に要害（場所不明）を構築し、軍勢の配備を終えていたという。もし三河一向一揆が復活すれば、浜松や岡崎の徳川軍が、武田の背後を襲うことは困難となる。この他にも、武田水軍が信玄本隊と並行して遠州灘を進んでおり、渥美半島に攻撃を仕掛け、田原を放火している。武田水軍が、太平洋の制海権を奪いに来ていたことは間違いなかろう。

信玄は、来春の織田信長との決戦に向けての準備を整え、十二月二十二日早朝、二俣城を出陣し、徳川家康の居城浜松城へ向けて進撃を開始した。武田軍は、天竜川を渡河すると、秋葉街道を南下し浜松城に迫ったが、城下には進むことなく、軍勢を欠下（かけした）から三方原（みかたがはら）台地へと転進させた。そして、大菩薩で小休止をすると、そのまま西進して追分に至り、ここから姫街道を北上し始めた。ここで信玄は、浜松城攻撃の意図はなく、徳川の本国三河を狙う動きを示した。『信長公記』によると、織田・徳川方は、信玄の当面の攻撃目標が、大沢基胤が守る堀江城だと認識していた。

家康も信玄の本当の狙いが、徳川本国の三河にあると考えた。その上で、武田軍は美濃を窺うことになるだろう。本国を蹂躙（じゅうりん）されるのを避けるべく、家康は信玄との決戦を決断した。徳川家臣たちは、こぞって反対した。多勢に無勢であるばかりか、老練な信玄と戦って勝てるとは思えなかったからである。だが家康は、自らの領土を敵が我がもの顔で通過するのを見過ごせば、後世の笑い物になるだけでなく、徳川頼みにならずとの雰囲気を醸成することとなり、自滅する危険性があると考えたのである（『三河物語』他）。家康は、面子をかけて、信玄に一矢報いる必要があった。

家康は、全軍を率いて浜松城を出陣し、武田軍の後を追った。だが、信玄は徳川軍を三方原で待ち伏せしていたのである。逡巡する徳川軍に対し、武田軍は、飛礫を投げて挑発した。徳川軍は大いに怒り、武田軍への攻撃を開始してしまった（三方原合戦）。開戦は申刻（午後四時ごろ）と伝わる（『軍鑑』他）。こうして三方原合戦が始まった。しかし、徳川軍は武田軍の猛攻により総崩れとなり、家康は浜松城に逃げ帰った。徳川軍は、夏目吉信・鳥居忠広・本多忠真・米津政信ら、また織田援軍は平手汎秀が戦死し、戦死者数は一千余人に上ったという（『当代記』他）。いっぽうの武田軍は、原昌胤の次男宗一郎昌弘が戦死したことが知られるぐらいで、名のある部将の戦死者は確認されていない。

武田軍は、家康と徳川軍を追撃し、浜松城付近にまで到達したが、夜になっていたため、犀ケ崖に布陣した。そこへ徳川方が夜襲をかけ、武田方に一矢報いたと伝えられる。信玄は、熟慮の末、浜松城攻撃を中止し、刑部で越年した。信玄は、平手汎秀の首級を信長に送り、同盟中であるにもかかわらず、敵国の家康に援軍を送るのは許し難いとして、正式に同盟を破棄したという（『軍鑑』）。

織田・徳川連合軍が、三方原合戦で敗れたとの情報は、あっという間に畿内にも広まった。将軍義昭は、周章狼狽し、信玄に信長・家康との和睦を促す御内書を出したが、拒否された。だが一方で信玄は、義昭に対し、自身の目的は「信長・家康以下之凶徒等」を「殺戮」し、自らが将軍義昭の命を奉じて「天下静謐」を実施することにあると伝えた。つまり、信長を排除し、足利義昭政権を信玄がこれに代わって支えていくと宣言したわけだ。

将軍義昭は不安のあまり、信玄と連絡を取り、和睦を促すいっぽう、京都から退去する準備を進めるなど、動揺が著しかった。これを知った信長は、武田信玄に備える準備をするいっぽう、元亀三年末から元亀四年正月初頭頃に、将軍義昭とその周辺の人々に対し、十七ヶ条にわたる異見書を出し、諫言した。だが、この諫言は、かえって将軍義昭の怒りを招いた。そもそも、義昭政権が追い詰められたのは、信長の失策によるものであり、その責任を自分になすりつけるものだと、義昭は考えたのである。かくて、義昭と信長の不和が決定的となった。

元亀四年正月、将軍義昭と信長との不仲が顕在化してきたころ、大和の松永久秀は、武田氏と結びつき、信長打倒を謀ることとなる。三方原合戦は、将軍義昭と信長との離間を生む重大な契機となった。

野田城攻略

元亀三（一五七二）年十二月二十二日、信玄が三方原合戦で、織田・徳川連合軍を撃破した情報は、反信長勢力を勇気づけた。だが朝倉義景は、信長を追い詰める時期が近づいたにもかかわらず、軍勢を近江から本国越前に撤収させてしまった。雪に閉ざされ、近江で孤立することを恐れたのであろう。これを知った信玄は、十二月二十八日、義景に書状を送り、朝倉軍の動きを詰（なじ）っている。このため、元亀四年春早々の美濃攻め計画は、中止を余儀なくされた。

信玄は、刑部で越年すると、元亀四年一月早々（三日説と七日説あり）、ようやく動き出し、三河に侵入すると、十一日には、山家三方衆の一族菅沼定盈と、家康家臣松平忠正らが籠城する野田城を包囲した。家康は、野田城の後詰めのため、吉田まで出陣したが、武田軍に手も足も出なかった。家康は、二月、上杉謙信に信濃への出兵を要請したが、国境は雪で閉ざされ、謙信自身も越中の一向宗との対戦中であったこともあり、実現しなかったのである。

二月十日頃、菅沼定盈らは遂に降伏、開城し、野田城は武田氏の手に落ちた。定盈らは捕虜となり、信玄はこれを信濃に護送しようとしたが、徳川方より捕虜交換の申し入れがあったという。信玄は、徳川方との捕虜交換に応じ、三月十五日に菅沼定盈・松平忠正らと、酒井忠次の息女（今川氏のもとへ人質とあり、駿府陥落の際に捕虜になっていた）を、武田方に帰属した山家三方衆の妻女と交換している。その後、武田軍は、野田城を出て長篠城に入り、そのまま動きを停止させたのである。

信玄が野田城を降伏させた直後の、二月十三日、将軍義昭は信長と断交し、挙兵に踏み切った（「公儀御謀叛」）。義昭は、松永久秀、大坂本願寺、朝倉義景、浅井長政と和睦するとともに、信長討伐を命じる御内書を送り、武田信玄にも武田中務大輔（なかつかさのたいふ）（若狭武田氏の一族）を使者として派遣し、連携を確認した。義昭は、反信長方の人々を取り込むことで、自らの政権を再編しようとしたのだ。将軍義昭に見放された信長は、衝撃を隠せなかったらしい。

いっぽうの将軍義昭は、朝倉義景に上洛を命じるとともに、幕府に仕えていた信玄の老父武田信虎を甲賀へ派遣し、軍勢を招集させ、織田方と戦うよう指示した。信虎は、甲賀に入り、軍勢の招集に躍起になっていた。信長・家康同盟の危機は深化するばかりであった。

信玄死す

元亀四（一五七三）年二月、信玄のもとに、朝倉義景から出陣するとの書状が届けられたが、朝倉軍は動く気配すらみせなかった。美濃では、信玄に協力しようと奮起する人々も少なくなく、信長は神経を尖らせていた。同じ頃、将軍義昭は、三井寺の光浄院暹慶（後の山岡景友、山城半国守護）に西近江で挙兵させ、伊賀・甲賀衆や一向一揆と合流させ、さらに石山と今堅田に籠城させた。将軍義昭は、二条城に籠城し、西岡地方の土一揆がこれに加担し蜂起を始めた。

武田信玄は、この作戦が、信長の打倒と将軍義昭を奉じた「天下静謐」、そして比叡山延暦寺再興であると喧伝した。そして当時の畿内の人々も、これを信じていたらしい。信玄は、上洛するぞ、と盛んに吹聴し、畿内勢力の糾合と信長への蜂起を促そうとしていたのだろう。

信玄の恐るべき実力について、宣教師ルイス・フロイスが、本国への報告書に詳しく記している。信玄が美濃・尾張に侵入しようとしていると記し、その驚くべき合戦での強さを特記していた。フロイスは、信玄の目的が「信玄の主たる目的、すなわち口実は、来りて信長が焼却したる比叡山の大学および僧院、並びに坂本の山王を再興するにあり」と伝えている。そして信玄が上洛すれば、比叡山は再興され、キリスト教は迫害されると予想していたのだ。

将軍義昭の挙兵（「公儀御謀叛」）と信玄の侵攻は、信長を慌てさせた。信長は、二月二十三日頃、義昭に和睦を提示したが、義昭はこれを拒否した。三月二十五日、信長は岐阜を出陣し、二十九日に上洛すると、四月三日に洛外に、四日には上京に放火し、将軍義昭の御所を包囲した。これに宸襟を痛められた正親町天皇は、信長と義昭の和睦調停を行い、これを実現させた。

畿内の政局が、これほど風雲急を告げているにもかかわらず、二月から三月にかけて、信玄は長篠城に入ったまま動こうとはしなかった。実はこの時、信玄は重病のため、臥せっていたと推定されている。彼の病気については、後世の記録ながら「隔という煩」（『甲陽軍鑑』）、「肺肝に苦しむにより、病患忽ち腹心に萌して安んぜざること切なり」（戦武二六三八号）と記されている。「隔」とは、「胃が食べた物を留め得ないために吐き出す病」のことで（『日葡辞書』）、今日の胃癌に当たると想定されている（村松学祐・一九六二年）。なお、徳川方の軍記物には、信玄が野田城から漏れ聞こえる笛の音に誘われて、毎夜、城の堀際までお忍びでやってくることを察知した城方が、鉄炮で狙撃したのが死因だと記しているが、これを証明する史料は見いだされていない。

信玄は、養生を重ねながら、美濃侵攻のために朝倉義景・浅井長政連合軍が、関ヶ原付近に現れるのを待っていたのではなかろうか。しかし、その間に、信玄の病状が重くなり、武田方は信玄を療養させるためにも、早期の帰国を余儀なくされた。

武田軍の撤退は、三月十二日から同十六日にかけて実施されたとの情報を、織田・徳川連合軍は掴んでいた。しかしながら、武田軍は、一月近くも、信濃と三河の国境付近でもたもたしていたらしい。これは、信玄が重病のため動かせなかったからであろう。

死期を悟った信玄は、勝頼と重臣たちを枕頭に呼び寄せ、①自分の死を三年間秘匿すること、②対外戦争をしばらく自粛すること、③勝頼は「武田家重代の旗」「孫子の旗」（いわゆる風林火山の旗）を使用してはならぬこと、④孫の武王丸（勝頼嫡男太郎信勝）が十六歳になったら、勝頼は家督を譲ること、⑤勝頼は、諏方法性兜の使用だけを認めること、などを遺言したと『甲陽軍鑑』に記す。

信玄は、四月十一日に危篤となり、翌十二日に死去した。享年五十三。信玄が陣歿した場所は、平谷、浪合（『三河物語』）、根羽（『軍鑑』）、駒場（戦武二六三八号）など諸説あるが、駒場説が最も著名である。信玄の死は、遺言通り、秘匿された。信玄歿後、勝頼は、家督相続したことを同盟国に伝達するとともに、それは父の病気に伴う隠居が原因だと喧伝した。嘘を悟られぬためにも、武田方は信玄の花押を偽造し、信玄発給の書状、判物を各地に送り続けた。武田方の国衆にも「(甲府にて)御隠居様は、病気で臥せっておられます」と記し、信玄健在を印象づけようとしていた。

にもかかわらず、信玄死去の噂は、すぐに諸国に伝わった。その死から十三日後の、四月二十五日、飛驒江馬輝盛家臣河上富信は、上杉重臣河田長親に「信玄が甲州に撤退したが、病気という理由らしい。ただ死んだとの噂もある」と伝えた。四月晦日、河田長親は、謙信重臣吉江資堅に書状を送り「美濃や遠江に放った脚力が帰還し、報告してきたところによると、信玄が死去したのは間違いないとのことで、もっぱらその噂でもちきりだ」と伝えた。

家康を完膚なきまでに叩きのめし、信長を追い詰めていた信玄の死は、その後の戦国史を一変させるほどの重さを持った。信長・家康は危機を脱し、将軍足利義昭を京都から追い落とし、室町幕府を滅亡させた。この情勢の激変時に、武田勝頼は、父信玄の跡を継ぐこととなったのである。

第3部

武田勝頼

武田勝頼公画像（法泉寺所蔵）

1　武田勝頼の攻勢

信玄、敵対した諏方頼重の息女を側室とする

武田勝頼は、父信玄の遺言に従い、その死をひた隠しにし、信玄の病臥による隠居と自身の家督相続を内外に公表した。もし、武田信玄と嫡男太郎義信との間に、何事もなければ、武田勝頼は、諏方四郎神勝頼（勝頼は諏方家の男子と位置づけられていたので、源氏ではなく諏方神氏を称した）として、高遠城主のまま、兄義信を支える武田御一門衆の一員として生涯を終えたことであろう。だが、兄の横死と父の急逝で、図らずも武田家当主に就任することとなったのである。

勝頼の生涯には、その誕生時から様々なしがらみによる暗い影がつきまとう。勝頼の生母は、諏方頼重の息女乾福寺殿（以下、諏方御料人）である。諏方御料人は、諏方頼重と側室麻績（小見）の方との間に誕生した。彼女の生年は、明らかではないが、『甲陽軍鑑』にその手がかりが記されている。若き信玄が、美貌で評判の諏方御料人を側室として迎えようと

したときの記述によると、当時、彼女は十四歳であったという。そして翌年勝頼が誕生したとある。これが正しいとすれば、勝頼の生年は天文十五（一五四六）年なので、輿入れは前年の天文十四年となる。彼女が、この年十四歳であったならば、その生年は天文元（一五三二）年になり、弘治元（一五五五）年十一月六日に死去した際の歿年は二十四ということになる。

『甲陽軍鑑』の記事を信じるならば、天文十四年、若き信玄は、美貌の諏方御料人を側室にと望み、家臣たちに相談を持ちかけたという。だが、家臣らはこぞって反対した。敵対した諏方頼重の息女を娶るなどとんでもないことで、寝首をかかれかねないというのが理由であった。ここで、山本勘助だけが賛成意見を述べたという。彼の賛成意見とは、次のようなものであった。今現在、武田と諏方の関係は最悪であり、諏方の安定なくして、信濃平定は覚束ない。これを転回させるのが、二人の結婚である。もし、二人の間に男子が誕生したら、諏方頼重の跡目を継がせればよい。さすれば、諏方の人々も、諏方家が再興されたと喜び、武田氏に従うことだろう。勘助は、このように述べ、諏方御料人を側室に迎えることの重要性を説いた。これに家臣らも納得し、信玄は諏方御料人を側室に迎えることができたといい、翌天文十五年に勝頼が誕生すると、諏方の人々は大いに喜んで、次々に人質を進上してきたという。

　この記述は、そのまま素直に受け取ることはできない。確かに、信玄が諏方御料人を側室にした理由の一つに、右のような考えがあった可能性は高い。しかし、事態はそのように単純にはいかなかった。

　なぜならば、諏方頼重の嫡男寅王丸（千代宮丸）が武田家に庇護され、健在だったからである。信玄は、天文十一年九月、諏方簒奪を目論む高遠頼継を打倒すべく、頼重の遺児千代宮丸を擁立し、彼を諏方に帰還させるために出陣すると喧伝した。これを信じた諏方衆は、武田方に参陣し、高遠方を撃破したのだった。だが、この約束は果たされぬまま、三年が経過していたのだ。信玄は、諏方惣領家と、諏訪大社上社大祝職が空位となっていた（惣領諏方頼重、大祝職諏方頼高はともに自刃）ことから、まず大祝職に、諏方伊勢宮丸（諏方頼重の叔父満隣の息子、後の諏方頼忠）を据え、惣領は空位のままにしている。

　そして、千代宮丸を廃嫡とし、信玄と諏方御料人との間に誕生した勝頼を、惣領に据えようと考えたのであろう。ところが、勝頼が誕生した天文十五年、諏方で事件が起きている。『諏方神使御頭之日記』天文十五年条に次のようにみえている。


　此年薩摩守殿、八月廿八日ニ生害候、頼重叔父

天文十五年八月二十八日、頼重の叔父諏方薩摩守満隆が切腹したというのだ。いったい何があったというのか。永禄八（一五六五）年十二月五日、武田信玄は「信州諏方郡上宮祭祀退転之所、今茲永禄八年乙丑十二月五日令再興加下知次第」という長文の文書の中で、その理由を明かしている。諏方満隆には、男子が一人おり、永禄八年の段階で、諏方の仏法寺の僧侶となっていた。彼について信玄は「仏法寺の住侶沙門賢聖は、諏方薩摩守という逆徒の愛子であるので、土地を取り上げることにする。配慮するには及ばない」という趣旨の指示を出している。このことから、諏方満隆は謀叛を企て、切腹させられたことがわかる。

諏方満隆の謀叛と死は、この年に、勝頼が誕生したことと無関係ではあるまい。千代宮丸廃嫡と諏方勝頼擁立という、信玄の方針に反発したことが原因ではなかろうか。時期は定かでないが、千代宮丸は、信玄に仏門に入れられ長岌（ちょうきゅう）と称したといわれる（『寛永諸家系図伝』『寛政重修諸家譜』『諏方系図』）。長岌は、長じるにつれて、信玄を父頼重の仇と恨み、ある時、信玄暗殺を企てたが失敗し、甲府一蓮寺に幽閉された。だが長岌は、隙をみて寺を脱出し、駿河今川義元を頼ろうとしたが、甲斐川内村（河内領のことであろう）で追いつかれ、殺害されたという。現在、箱原（はこばら）（山梨県富士川町）の本能寺に、寅王丸の墓と伝わる一石五輪塔が残されている。

このように、勝頼の誕生をめぐって、血生臭い出来事が立て続けに起きていたらしい。信玄は、こうしたこともあって、勝頼を高遠諏方頼継の養子とし、そのうえで諏方惣領家の名跡を相続させたと推定されている。かくて、諏方四郎神勝頼が誕生する運びとなった。

義信事件で運命が一変

諏方勝頼は、永禄五（一五六二）年六月、信濃国伊那郡高遠城主に就任した。高遠諏方氏と諏方惣領家を継いだものの、勝頼は諏方惣領としての業績を一切積んではいない。それは、大まかにいえば、①幼少時に、諏訪大社上社大祝職に就任すること、②長じて、大祝職を辞し、諏方惣領家を継ぎ、上原城に在城すること、③諏訪大社上社の神事などに関与、統括すること、④諏方衆への軍事指揮権を保持すること、などである。勝頼はこの四つを全く経験していない。諏訪大社の神事に関与するのは、武田氏の当主として、天正六〜七年にかけて実施した諏訪大社造宮事業においてである。こうしたことからも、勝頼は、諏方惣領家の当主としての影が極めて薄く、同盟国北条氏からも「伊奈四郎」と呼ばれるほどであった。

諏方勝頼の運命が一変したのは、永禄八年十月、異母兄義信が、父信玄と対立し、クーデターを決行しようとして失敗した義信事件がきっかけである。義信は廃嫡となり、永禄十年に死去すると、信玄は、四男勝頼を後継者に据えざるをえなくなった。次男龍宝は盲目であり、三男信之は早世していたため、適齢期の男子は勝頼しかなかったからである。

通説によると、勝頼は、元亀二（一五七一）年頃、高遠城から甲府に呼び戻され、武田勝頼となり、信玄の後継者として処遇されるようになったというが、近年では、元亀元年には甲府に移り、武田勝頼として活動していると指摘されている。

そのことを証明するように、信玄は、元亀元年四月、足利義昭側近一色藤長に書状を送り、将軍義昭に、息子勝頼への官途叙任と、偏諱（へんき）の授与を願い出た。これは結局、実現しなかったが、勝頼にはこの時、改名の機会があったのである。

波乱の家督相続

元亀四（一五七三）年四月、圧倒的優位にあった武田軍の不可解な撤退は、衆目を集めた。まもなく、「信玄が病死した」「信玄は重病だ」「信玄は重病とも死去したとも噂され、情報が錯綜している」などの風聞が一挙に広まった。

勝頼は、父は病床にあり、隠居したことと、自らの家督相続を同盟国に伝達した。信玄が存命しているかのように、重臣層も「御屋形様は病臥しておられます」と、国衆に手紙で伝えたり、信玄書状の偽造までやってのけていた。しばらくは、信玄の署名下に朱印を捺し、やがて花押を据える方法に切り替えている。最初は病気で花押が書けないので朱印を使い、少し小康を得たので、花押が書けるまでに回復していると見せかける芸の細かさであった。

いっぽうで、当主となった勝頼と、重臣層との関係は、微妙なものがあったようだ。信玄死去からわずか十一日後の四月二十三日、勝頼は、重臣内藤修理亮昌秀（上野国箕輪城代）に三ヶ条に及ぶ起請文を与えた。

敬白　起請文のこと

一、各々が何事もなく奉公に励んでいるところ、佞人がいて、あなたの身上について虚偽のことをいう場合には、精一杯（事実関係の）調査を行う。その人物が、あなたに遺恨があり、理由もなく申し立てているようならば、それが同心・被官であれば、以前と同様にあなたのところに配置し、（昌秀の）考えに任せよう。それ以外の者であれば、（勝頼が）処罰する。

付、（昌秀が）思うところがあって（勝頼に）訴え出ようとするならば、起請文を提出した人物の中からか、もしくは奏者を通じて申し出るようにせよ。詳しく聞き届けることであろう。

一、これよりとりわけ（勝頼に対し内藤昌秀が）奉公するということなので、懇切に扱うことにする。努々（ゆめゆめ）心中で疎略に扱うことはしない。また、先の起請文の内容に従って、国法や勝頼のためを思って異見をするのであればちゃんと耳を傾けるようにする。たとえそれを採用せずとも、処罰することはしない。

一、たとえこれ以前より（勝頼より）疎略に扱われていた人であっても、これからとりわけ（勝頼と）入魂（じっこん）にするということであれば無視したりしない。

（神文省略）

元亀四年癸酉　四月二十三日　勝頼（花押）（血判）

内藤修理亮殿

この起請文は大変有名なもので、内容から、勝頼と信玄登用の重臣層との対立が早くも表面化したことを示すといわれてきた。とりわけ、「佞人」による讒言（ざんげん）に焦点が当てられていることから、起請文作成の背景には、勝頼の家臣らと、信玄以来の重臣層との軋轢（あつれき）があるとする説や、勝頼に粛清されることを怖れた内藤昌秀が、勝頼に忠節を誓うことを約束する誓詞を提出し、勝頼からも起請文の発給を望んだと推測する説などがある。起請文の文言から、家督相続以前の勝頼と不仲だった人々がいたことは間違いなく、内藤昌秀はその一人だったのだろう。

　家督相続にあたって、勝頼と家臣らは、相互に起請文を取り交わし、関係修復を試みたようだ。戦国大名の当主が交替した際に、新当主と家臣の間で、起請文を交換することは、通例であり珍しいことではない。ただ、勝頼の起請文発給の契機に、「佞人」をめぐる諍いがあったとみられることは、やはり武田家中に内訌が生じていた可能性を窺わせる。いずれにせよ、勝頼の権力基盤の脆弱性を示してあまりあるといえるだろう。

　また、天正元（一五七三）年九月二十一日、勝頼は、甲斐国二宮美和神社に願文を納めた。願文には「勝利を重ね、武名を天下に轟かせ、領国の備えは盤石とし、麾下の武士達が勇猛果敢にして「怨敵」を撃破して、二宮明神の神風を行き渡らせることが出来るようにして欲しい」と記されている。新当主勝頼の意気込みと、「怨敵」（織田信長、徳川家康）打倒の強い意志が示されているのだが、この願文にはもう一つの意味が込められているといわれる。勝頼の願文は、二宮美和神社だけに奉納されている。実は、この神社は、兄武田義信が篤く信仰し、保護したことで知られる。その神社に、あえて家督相続直後に願文を納めたのは、非業の死を遂げた兄義信への鎮魂と、加護を求めようとしたのではないかと推定されている。かくして勝頼は、家臣や亡兄義信に配慮しながら、当主として動き出したのである。

織田・徳川の反撃——足利義昭追放

三方原（みかたがはら）合戦で、武田軍に大敗した徳川家康は、信玄死去の噂の真偽を確かめようと、元亀四（一五七三）年五月、遠江、駿河、奥三河に軍勢を派遣し、武田方を攻めた。徳川軍は各地の武田方を攻め、高天神城（たかてんじんじょう）の小笠原氏助を徳川方に再度帰順させ、遠江国天方城（あまがたじょう）、各和城、向笠（むかさ）城、真田城（一宮城か、森町一宮）、匂坂城（さぎさかじょう）、飯田城などを奪回し、重臣石川家（いえ）成（なり）の守る懸川城と浜松城との連絡を回復させた。この時、武田方は反撃をしようともしなかった。家康は、信玄の死を確信し、それを上杉謙信に伝えた。謙信もまた、家康からの状況報告を知り、信玄は死去したと判断している。

家康は、武田方への反攻を試み、天正元年八月、三河国作手（つくで）亀山城主奥平定能・信昌父子に調略をしかけた。彼らは、奥三河の有力国衆（くにしゅう）であり、これを味方に出来るか否かに、本国三河の安定がかかっていた。家康は、奥平信昌に、息女亀姫を娶らせるという異例の約束までして、奥平父子の寝返りを実現させた。さらに九月、徳川軍は、動きの鈍い武田方を牽制しつつ、要衝長篠城をも奪回した。武田軍は、長篠城に籠城する菅沼右近助正貞（長篠菅沼氏当主、新九郎正貞とされるが確実な史料からは確認できない）、菅沼伊豆守満直（右近助の父、満直の諱は確実な史料からは確認できない）、菅沼新兵衛尉（八左衛門尉とも、右近助の弟、伊豆守の子）、小笠原信嶺（信濃伊那郡松尾城主、武田信綱の娘婿）、室賀信俊（信濃小県郡室賀城主）らを救援しようとしたが、遠江で徳川軍の奇襲を受け敗退し、果たせなかった。家康はここで初めて、武田に勝利したのである。

いっぽうの織田信長は、元亀四年四月、武田軍が三河から撤退すると、ただちに京に出陣し、七月、将軍足利義昭を追放して室町幕府を滅亡させた。さらには八月、越前朝倉義景、近江浅井長政を次々に滅ぼした。

浅井・朝倉両氏の滅亡と時期を同じくして、飛驒国の姉小路自綱が武田方から離反し、美濃国郡上郡の両遠藤氏も、織田に攻められて降伏した。こうして、信玄の死を契機に、織田・徳川の反撃が開始され、武田氏の同盟国は相次いで滅亡し、さらに飛驒・美濃・三河の境目の国衆も、次々と敵に帰属してしまった。武田勝頼を取り巻く環境は激変し、父信玄在世時と一転して、厳しい政治・軍事情勢下に置かれたのである。

勝頼、織田・徳川を撃破

武田勝頼は、天正二（一五七四）年から積極的な攻勢に出る。これを、信玄の遺言を破ったと考える向きもあるが、実はよく調べてみると、織田・徳川の攻勢への反撃か、失地回復という側面が強く、領土拡大という意味合いは結果的なものだった可能性が高い。

天正二年一月、勝頼は、織田領国の東美濃に侵攻した。折しも、一月早々、越前で朝倉遺臣や一向一揆の蜂起が起こり、織田方諸将が追放されるという事件が起きた。信長は、それへの対応に忙殺されていた。

当時、東美濃では、岩村城が武田方の手に落ちていたが、織田方は周囲に付城（つけじろ）を築き始めていたという。それが、飯羽間城（いいばまじょう）などの城砦であったといわれる（『武徳編年集成』）。勝頼は、織田の眼が越前に向けられている間隙を衝（つ）き、一月二十七日に東美濃岩村城に入り、明知城などを攻撃した。

信長は、二月五日岐阜を出陣し、六日神箆（こうの）（瑞浪市（みずなみし））に着陣、その後、大井、中津川まで陣を進めた。だが軍勢が揃わず、武田軍の陣所が険阻（けんそ）な山岳地帯だったこともあり、思うに任せなかった。その間にも、武田軍は、明知城を含む織田方の城砦十八城を攻略した。この結果、武田氏の勢力は、濃尾平野の手前に達し、岐阜を窺う情勢となり、さらに奥三河にも広がったため、徳川氏の本拠岡崎城も危うい事態になった。

　勝頼は、織田・徳川の要請を受けた上杉謙信が、上野国沼田に出兵したことを知ると、甲斐に引き揚げた。折しも、降雪が激しくなったため、信長は武田軍の追撃を断念したという（『当代記』）。信長は、武田勝頼の美濃侵攻を防ぐため、神篦に肥田城、小里（おり）に小里城（以上、瑞浪市）を築き、肥田城に河尻秀隆、小里城に池田恒興を配備している。

　なお、勝頼はこの帰途、伊那高遠城で祖父信虎と対面している。父信玄が西上作戦を展開していたころ、信虎は将軍足利義昭の命を受け、近江国甲賀に潜入し、反信長の軍勢を集めていたのだ。だが、信玄は撤退し、将軍義昭も没落したため、信虎は畿内に留まることができなくなり、武田領国に逃れてきたのである。しかしながら、信虎と勝頼の対面は、信虎の傍若無人（ぼうじゃくぶじん）な振る舞いのため不首尾に終わったといわれ（『甲陽軍鑑』）、信虎は高遠に事実上軟禁されたまま、天正二年三月五日死去した。享年七十七（一説に八十一）。

　勝頼が東美濃から撤退したころ、徳川家康は、天正二年四月、遠江国犬居谷（いぬいだに）に向けて出陣した。武田方の国衆天野藤秀（あまのふじひで）を討ち、二俣城と信濃を繋ぐ補給路を遮断して、二俣城を奪回しようと考えたのである。徳川軍は、天野藤秀の居城犬居城を攻めようとしたが、まもなく激しい降雨に見舞われ、あちこちで洪水が発生したため、補給が途絶し、立ち往生してしまった。家康は、犬居谷攻撃を中止し、全軍に撤退を下知した。だが徳川軍は、天野軍の追撃を受け、多くの戦死傷者を出し、敗退した。家康は、命辛々、天方城（森町）に逃げ延びたという。

高天神城攻略

天正二（一五七四）年五月、武田勝頼は、徳川に奪還されていた高天神城を再度攻略すべく出陣し、五月七日、城を包囲した。小笠原氏助は、元亀三（一五七二）年十月下旬、武田信玄に降伏したが、武田軍撤退後、家康に再帰属していた。

武田軍の高天神城攻撃は、五月十二日に始まり、二十三日頃、城主小笠原氏助が、降伏と開城に向けた交渉を、武田方と始めている。だが、これは氏助の時間稼ぎだったらしい。抵抗を続ける城方に、勝頼は不信感を抱き、降伏を許さぬ方針を固めた。

氏助は、家臣匂坂（さぎさか）牛之助勝重を城から脱出させ、援軍要請の使者として徳川家康のもとへ派遣した。匂坂は、浜松城に到着し、家康より援軍派遣の確約を得て、城に引き返した。城に帰還することに成功した匂坂であったが、援軍はなかなか来ず、彼は籠城衆から指弾され、面目を失った。

五月二十八日、高天神城は、本・二・三の曲輪(くるわ)を残すのみとなり、勝頼は、あと十日ほどで落城させせられると考えていた。六月十日には堂の尾曲輪が制圧され、本・二の曲輪を残すのみとなった。このころになると、小笠原氏助は、本当に降伏しようと考えていたが、小笠原義頼(氏助の叔父)はこれに反対し、遂に本丸の氏助らと、二の曲輪の義頼らが鉄炮を撃ち合う事態にまで発展したという。小笠原方の監視を担っていた徳川家臣大河内政局(まさもと)は捕縛、監禁され、小笠原義頼は追放された。かくて、小笠原氏助は、六月十七日、降伏、開城した。

この間、信長は、五月十六日、京都から急遽帰還し、軍勢と兵糧の招集を開始した。だが、一ヶ月近くが経っても、織田軍は動こうとはしなかった。これは越前情勢への手当に時間がかかっていたことや、六月八日夜、岐阜城内に敵の忍びが潜入するなど、不穏な事態になっていたため、対応に追われていたからであろう。信長は、六月十四日、岐阜を出陣した。

いっぽうの家康は、武田軍の動きを探りながら、信長を待ち続けていた。六月十七日、信長・信忠父子は、三河国吉田城に到着し、徳川重臣酒井忠次に迎えられた。信長は、酒井先導のもと、六月十九日、遠江今切(いまぎれ)の渡に到達したが、ここで高天神城が開城したとの報に接し、むなしく吉田に引き揚げた。家康も浜松より吉田に出向き、信長と合流した。折しも、この年は、遠江は飢饉であったという。そこで信長は、持参した皮袋二つに入れられた黄金を、家康に兵粮代として進上したという。六月二十一日、信長父子は岐阜に帰還した。

勝頼は、小笠原氏助をそのまま高天神に在城させ、穴山信君(のぶただ)を当面の間配備した。なお、小笠原氏助は、勝頼から弾正少弼(だんじょうのしょうひつ)の官途と偏諱を与えられ「信興」と名乗り、「高天神」の朱印を用いて城東(きとう)郡の統治を開始している。

徳川家康は、八月、高天神小笠原氏の属城であった馬伏塚城(まむしづかじょう)を接収、修築し、高天神城への押さえとした。城将として大須賀(おおすが)康高が配備された。

東美濃と遠江における勝頼の攻勢は凄まじく、信長・家康に脅威を与えた。信長は、信玄死去の噂を聞いた直後に記した、「甲州の信玄が病死した、その跡は続くまい」との認識をあらため、上杉謙信に宛てた書状で「四郎は若輩ながら信玄の掟を守り表裏を心得た油断ならぬ敵である。(謙信が)五畿内の防備を疎(おろそ)かにしてでも対処しなければ、武田勝頼の精鋭を防ぐことはできないというのはもっとものことだ」と述べるほどであった。謙信もまた、勝頼が只者ではないと考えていた。

なお、勝頼が父信玄も落とせなかった高天神城を攻略したことが、彼の慢心に繋がったとの説が根強い。繰り返すが、高天神城は、すでに元亀三（一五七二）年十月、武田信玄により攻略されていることを明記しておく。

その後勝頼は、信長の猛攻を受けていた伊勢長島一向一揆の要請を受け、天正二年九月、遠江に侵攻した。武田軍は、浜松に向けて進軍し、馬込川に到達すると、諸処を放火し、天竜川東岸地域の農地を刈り取り、高天神城に莫大な兵粮として搬入した。さらに帰陣の際に、徳川方への押さえとして諏訪原城を築城している。だが、伊勢長島一向一揆は、九月末に壊滅し、勝頼はこれを救援することは出来なかった。

信長は、武田勝頼を滅ぼさなくては天下の大事に繋がると考えたといい、家康も領国を武田に三方から包囲される苦しい情勢下に立たされたのである。

2 長篠合戦

長篠合戦の契機

いよいよ、天正三（一五七五）年の長篠合戦について、筆を進めていくことになった。まずはじめに、長篠合戦の契機について、近年の研究状況を確認しておく。長い間、長篠合戦は、武田から離反した奥平貞昌（おくだいらさだまさ）が、家康の命により長篠城に配置されたことを知った勝頼が、この攻略に動いたことから始まったといわれてきた。しかし、この説は否定されている。そもそも、奥平信昌が「貞昌」と称した事実は確認できない（称したとすれば「定昌」であろう）。彼は、武田氏に従属していた元亀三（一五七二）年から天正元年の段階で、すでに「九八郎信昌」と署名し、武田様の花押を据えた文書が存在しており、「信昌」と名乗っていたことが明らかである（『中津藩史』二二一頁）。彼は、武田氏より偏諱を与えられ、「信昌」と称していたのであり、織田信長から長篠籠城の戦功により与えられたとするのは明確な誤りである。信長からの一字拝領は、近世奥平氏による歴史の改竄（かいざん）によるものでしかない。また、勝頼の長篠城攻撃も、いくつかの要因が重なった結果、選択された戦略に過ぎない。

では、何が起きたというのか。順を追って辿ってみよう。徳川家康は、天正元年九月に、武田氏より奪い返した三河長篠城に、家臣松平景忠を配備し、防備を固めさせた。さらに家康は、天正三年二月二十八日、奥平信昌を長篠城へ入城させ、城主とした。長篠城に入った信昌は、破損したまま見苦しい有様となっていた長篠城の大改修に乗りだし、要害堅固な城に作り替え、家康を喜ばせたという。

天正三年三月、織田信長も、近江国坂田郡鎌刃城に備蓄されていた米二〇〇〇俵を家康に贈り、さらに重臣佐久間信盛を家康の元へ派遣し、兵粮の引き渡しと、徳川方諸城の検分などを行わせ、徳川と対武田戦の協議を行っていた。

同じ頃、家康の本拠地岡崎で、武田氏と密約を交わしたクーデター計画が、静かに進行していた。岡崎城には、家康の嫡男徳川信康と生母築山殿が在城していたが、その家臣団である岡崎衆は、武田氏の調略により、着々と切り崩されていた。中心人物が、岡崎町奉行大岡弥四郎である（『三河物語』には大賀弥四郎）。弥四郎は、武田方の調略に応じ、三河国足助方面から、武田軍を引き入れ、岡崎城を占領し、徳川家臣の妻子を人質にする計画を練っていた。弥四郎は、岡崎を制圧した武田軍とともに、浜松城の家康を討つことも考えていた。彼は、岡崎町奉行三人のうち、松平新右衛門も味方に引き入れただけでなく、信康家臣小谷甚左衛門尉・倉地平左衛門尉・山田八蔵、さらに信康傅役（教育係）兼家老石川修理亮春重（三河国小川城主、愛知県安城市）とその子豊前守春久も仲間に引き入れたのである。一説に、築山殿も加わっていたという。つまり、大岡弥四郎の陰謀は、信康家臣団の中心メンバーが武田勝頼に通謀し、家康排除と信康擁立を図ったクーデター計画だったと推定され、これは大岡弥四郎事件と呼ばれている。

ではなぜ、岡崎衆の有力メンバーは、武田と結び、家康打倒を謀ったのか。それは、当時の徳川領国の状況をみれば容易に推測できるだろう。元亀三年十月から始まった武田信玄の遠江・三河・東美濃侵攻と、天正二年に実施された武田勝頼の東美濃、遠江侵攻により、徳川氏は領国の三分の一ほどを一挙に失う痛手を受けていた。特に、天正二年の勝頼による東美濃攻撃により、陥落した十八の城砦の中には、奥三河の武節城（ぶせつじょう）なども含まれていた。武田の勢力は、岡崎の間近に迫りつつあったのだ。

信玄の三回忌と勝頼出陣

大岡弥四郎事件が静かに進行していたころ、勝頼は、父信玄の三回忌法要の準備を進めていた。三回忌法要を四月十二日に控えた三月下旬、勝頼は信濃国の伊那衆を三河国足助城に向けて出陣させた。これは、大岡らのクーデターがいよいよ動き出したからだと考えられる。勝頼は、家臣らに、武田氏館で実施される三回忌法要の通知を出し、同時に軍勢の招集も開始した。

勝頼は、天正三（一五七五）年四月十二日、三河出陣を前に父信玄の三回忌法要を実施した。導師を春国光新（甲府長禅寺住職）、副導師を快川紹喜（恵林寺住職）がそれぞれつとめ、躑躅ケ崎館で厳かに始まった。『軍鑑』によると、信玄の龕（棺）の周囲には喪主勝頼の他、武田信豊（信玄甥）・穴山信君（信玄甥・娘婿）、仁科盛信（信玄五男）、葛山信貞（信玄六男）、望月左衛門尉（信玄甥、信豊実弟）、武田逍遙軒信綱（信玄実弟）、一条信龍（信玄異母弟）、武田（川窪）兵庫助信実（同）、武田左衛門佐信堯（信玄甥）を始め御親類衆が囲み、龕に手をかけて供をしたという。信玄の位牌は、当時九歳であった嫡孫武王丸信勝が持ち、稲掃筵の上に布を敷き、さらに絹を敷いた道を進んだという。道の両側には、虎落（竹を編んでつくった柵）が結われ、外からは見えないよう配慮され、被官衆は虎落の外から行列を見送ったという。ただ、信玄の遺骸は埋葬されていないので、形ばかりの野辺送りだった可能性が高い。なお、勝頼は重臣山県昌景を高野山に派遣し、成慶院に信玄の位牌を奉納させた。彼は、三月六日に成慶院に参詣しているので、四月の法要に間に合ったかは微妙である。もしかしたら昌景は、高野山からの帰途、甲斐には帰国せぬまま、三河の戦場で武田軍に合流し、その後戦死した可能性も考えられる。

亡父の三回忌法要を終えた勝頼は、慌ただしく三河へと出陣していった。勝頼は、諏方を経て、そのまま南下し、青崩峠を越えて、遠江に入ると二俣城に着陣した。その後、勝頼は浜松を牽制しながら、三河へ進み、武田軍先陣と作手（つくで）で合流している。

勝頼本隊よりも早く、武田軍先陣は、三月下旬に三河国足助に迫った。当時、織田信長は、石山本願寺と三好氏を討つべく、畿内に出陣していた。そのため、信長は、岐阜城の息子信忠に尾張衆とともに出陣するよう下知した。

武田軍先陣は、四月十五日に足助城を包囲し、城主鱸（すずき）越後守父子を降伏させ、ここに伊那国衆下条伊豆守信氏を配備した。足助城陥落に動揺した、近隣の浅賀井（あざかい）（浅谷（あざかい））・阿須利（あすり）（阿摺、円山城のことか）・八桑（やくわ）（八桑城、以上愛知県豊田市足助町）・大沼（大沼城）・田代城（以上同県豊田市下山）などは自落した。だが、武田軍先勢は、岡崎城に向かうことなく、作手古宮城に入り、勝頼本隊の到着を待った。それは、岡崎攻略が挫折したためである。

大岡弥四郎らのクーデター計画は、成功寸前だったのだが、恐ろしくなった山田八蔵の密告で発覚した。驚いた家康は、重臣石川数正（いしかわかずまさ）に内偵させ、事実関係を探らせたところ、陰謀が事実と判明したため、大岡一派を一網打尽にし、クーデターを未然に防ぐことに成功した。大岡弥四郎と妻子は処刑、倉地は斬殺、小谷は逃亡、松平新右衛門、石川春重・春久父子は切腹となり、大岡弥四郎事件は終わった。石川数正は、岡崎城の防備を固め、武田軍に備えた。

　武田軍先陣は、岡崎攻撃の直前で大岡弥四郎らが処刑されたことを知ると、作戦継続を断念し、作手古宮城に入り、勝頼本隊の到着を待った。勝頼は四月下旬、作手古宮城で先陣と合流し、菅沼定盈（すがぬまさだみつ）が築城を急いでいた大野田城（おおのだじょう）（浄古斎砦）に攻め寄せ、これを攻略し、定盈を追放した。四月二十九日、武田軍は吉田へ進み、山県昌景・山家三方衆・小笠原信嶺らが二連木城（にれんぎじょう）を攻めて宿城に放火し、これを陥落させたが、城主戸田康長を吉田へ取り逃がしてしまった。この間、徳川家康・信康父子は、吉田城に入城を果たした。

　勝頼は吉田城攻略を試みたが、家康本隊ら二千余が籠城（ろうじょう）する同城を攻め落とすことは出来なかった。勝頼が吉田城攻略にこだわったのは、ここを手中に収めれば、徳川領国を東西に分断出来たからであろう。

　勝頼は、宝飯郡（ほいぐん）橋尾の用水堰（ようすいぜき）を破壊し、徳川方を挑発した。家康は、これには乗らず、吉田城に籠城したまま動かなかった。勝頼は、ここで吉田攻略を諦め、全軍を率いて長篠城に変更した。なお、用水堰を破壊された東三河一帯は、その年、旱魃（かんばつ）のため大凶作になったと『当代記』は伝えている。

長篠城攻防戦

武田勝頼は、天正三（一五七五）年五月一日、奥平信昌・松平景忠らが籠城する長篠城を包囲した。勝頼は、医王寺砦を本陣とし、長篠城を見下ろす大通寺、天神山、篠場野、岩代、有海などに軍勢を展開させた。また鳶ケ巣山砦（武田〈河窪〉信実ら）、姥ケ懐砦（三枝昌貞ら）、中山砦（那波無理助ら）、久間山砦（和気善兵衛ら）、君ケ伏床砦（和田信業ら）などの付城の構築も行い、長篠城を完全に封鎖した。武田軍は、竹束をもって仕寄せ（身を守りながら接近するための盾とする構築物）をつけ、さらに金掘（坑道を掘らせて城を掘り崩す）を所々から入れて昼夜を分かたず城を攻めた。

五月十三日頃、武田軍は、奥平軍を、長篠城の本丸と野牛曲輪に追い詰めた。城主奥平信昌は、事態を打開するため、岡崎城の徳川氏のもとに援軍要請の使者を送ることとした。この時使者を命じられたのが、信昌家臣鳥居強右衛門尉である。強右衛門尉は、十四日夜、城から出て、豊川を泳ぎ下り、翌十五日早朝、雁峰山で脱出成功を知らせる狼煙を上げ、十五日夜に岡崎に到着し、家康とともに在城していた奥平定能に事態を報じた。定能が、これを家康に伝えたところ、強右衛門尉は、信長と家康の御前に呼ばれ、事情を言上したという。

強右衛門尉は、信長、家康に、必ず救援に向かうので、今しばらく城を保持せよと言われたので大いに喜び、周囲が止めるのも聞かずに、そのまま長篠に戻っていった。五月十六日夜、強右衛門尉は長篠に到着したものの、武田軍の包囲網と警戒が厳重で、城に入る隙を見いだせなかった。強右衛門は、武田軍の雑兵に紛れ込み、人足として働きながら、城に戻る機会を窺っていたが、挙動不審であったため合い言葉をかけられ、返答できず、捕縛されてしまった。

武田方から尋問された強右衛門尉は、包み隠さず、事情を説明した。彼の功績に感動した勝頼は、武田氏に仕官するよう勧め、援軍が来ないと城に伝達し、開城させることが出来たら、充分な知行(ちぎょう)を与えようと約束した。強右衛門尉もこれを承知し、早々に自分を城近くで磔(はりつけ)にして欲しいと要請した。

そこで武田軍が鳥居を城際で磔にしたところ、強右衛門尉は「城中の方々、出てきて聞いてくれ。鳥居強右衛門尉は秘かに城へ戻ろうとしたが捕縛され、このありさまだ」と呼びかけた。この声を聞いた城兵たちが「強右衛門尉か」と聞くと、強右衛門尉は「信長は出てこぬと言えば助命だけでなく知行も与えると持ちかけられたが、信長は岡崎まで御出馬しているぞ。信忠殿は八幡まで進出した。先手は一之宮、本野が原に満々と布陣している。家康と信康は野田に移られた。城を堅固に守り抜け、あと三日のうちに運が開けるぞ」と叫んだという。これを聞いた武田方の将兵たちは、約束を違(たが)えた強右衛門尉をただちに刺殺した。

城内では、城主奥平信昌が、自らの命と引き替えに、城兵の助命嘆願を申し出ようとしていたところであったため、城方は強右衛門尉の命をかけた呼びかけに、降伏を思い直し、籠城継続を決意したのであった。

両軍の動向――武田方の索敵・諜報不足

徳川家康からの援軍要請を受けた信長は、息子信忠とともに、天正三（一五七五）年五月十三日に岐阜を出陣し、尾張熱田神宮で戦勝祈願を実施したのち、十四日、三河国岡崎城に到着した。家康・信康父子は織田を待ち焦がれており、両将はここで合流を果たした。織田・徳川連合軍は十五日に岡崎城を出陣し、十六日に牛久保城(うしくぼじょう)、十七日に野田原に到着。信長は、十八日に設楽郷(したらごう)の極楽寺山に本陣を据えた。息子信忠は新御堂山に布陣した。この一帯は、窪地だったため、信長は武田軍に大軍が見えないよう、三万人をここに配置したという。

いっぽうの徳川家康は、高松山に布陣し、設楽原の連吾（れんご）川を前に当てて、織田軍の滝川一益（たきがわかずます）とともに馬防柵の敷設を開始した。織田の武将滝川一益・羽柴秀吉・丹羽長秀らも、設楽原に進み、武田軍を牽制した。

織田・徳川連合軍の接近を知った武田方も、軍議を開いた。席上、重臣山県昌景・内藤昌秀・馬場信春・原昌胤（まさたね）・小山田信茂らは、敵は大軍なので合戦は不利であるから撤退するのが得策と進言した。これに勝頼と側近長坂釣閑斎光堅（ちょうかんさいこうけん）は、難色を示し、決戦を主張して譲らなかったという。

そこで馬場信春は、まず長篠城を陥落させ、ここに勝頼本陣を置き、寒狭（かんさ）川を前に当てて織田・徳川軍に備え、長期戦に持ち込むことを提案した。さすれば、大軍で補給に問題がある連合軍は不利だと馬場は論じたという。議論は主戦論と撤退論が激しくぶつかり合ったが、最後は、勝頼が決戦の決断をしたことで終わった。

なお、決戦前日の五月二十日、勝頼が「長閑斎」に宛てた書状が残されており、「長篠の地を包囲していたところ、信長・家康が後詰めにやって来た。だが、大したこともなく対陣している。敵は策を失い悩み抜いているようだ。無二に敵陣に攻めかかり、信長・家康の両敵どもを討ち、本意を達するのも目前だ」と自信に満ちた心中が綴られている（同日付で同内容の書状が、駿河衆三浦員久にも送られている）。ちなみに、この「長閑斎」について、長く長坂釣閑斎光堅に比定され、彼が長篠に出陣していないことの根拠とされてきた。いわば『甲陽軍鑑』が信頼できぬ、動かぬ証拠だといわれていたのだ。だが、この「長閑斎」は、武田重臣で、当時駿河国久能城代を勤めていた今福長閑斎のことと判明している。

また勝頼は、長篠の陣中から、病臥中の側室に宛てて手紙を出しており、そこには「そちらの具合はいかがですか。朝夕、心配しております。幸い、法印（医師の板坂法印か）がそちらにいるので、油断なく薬を服用し、ご自愛ください。長篠のことも、まもなく本意を遂げることでありましょう。私のことは、ご案じなされますな」と記されている。決戦直前の勝頼書状をみると、彼は自信に満ちあふれ、織田・徳川との決戦に一抹の不安も抱いていない。

勝頼は、信長、家康が顔を揃えた決戦で勝利すれば、武田家中での権威を確立できると考えていたとみられる。それほど、勝頼は一門、重臣層を束ねる権威に欠けていたのであろう。また、敵軍が意外に寡兵だったと誤認した可能性も指摘されている。多数の軍勢を設楽郷の窪地に隠した信長の作戦が奏功したのだろう。いっぽうの武田方は、索敵、諜報不足を露呈してしまったと考えられる。

かくて武田軍は、長篠城包囲のため、室賀信俊・小山田昌成ら二千余人、鳶ケ巣山砦以下の付城群の軍勢二千余を残留させると、五月二十日、全軍一万一千余人を率いて滝沢川を越え、有海原に進出した。

信長は、勝頼が鳶ケ巣山に軍勢を集中させ、連合軍の進出を待ち構えているようであれば、決戦は不利だと考えていたといい（『信長公記』）、長岡藤孝宛の書状でも「敵は切所に陣を張っている」と記し、攻めかかるのは困難だと認識していた。だが勝頼は、自軍有利の陣場を捨てて、敵の布陣する設楽原に足を踏み入れてしまったのである。

酒井忠次の奇襲

織田・徳川連合軍は、設楽原で馬防柵を三重に構築し、左翼、中央は織田軍、右翼は徳川軍、さらに最右翼に織田援軍佐久間信盛、水野信元軍を配置した。織田軍は、三〇〇〇挺（一説に一〇〇〇挺とも）の鉄炮を擁する鉄炮隊三部隊を配備し、弓隊を支援のために柵内に待機させた。いっぽうの徳川軍は、柵外に出て武田軍を挑発し、馬防柵に引き寄せる危険な任務を担った。織田軍三万人ほど、徳川軍は五〇〇〇人ほどの大軍であったという。

武田軍も、五月二十日夜、設楽原での布陣を終え、早朝からの決戦に備えていた。

武田軍右翼は、馬場信春、土屋昌続、一条信龍（信玄の異母弟）、真田信綱・昌輝兄弟、穴山信君ら。

武田軍中央は、小幡憲重・信真父子、武田信豊、武田信綱・望月左衛門尉（武田信豊の弟）、安中景繁（あんなかかげしげ）ら。

武田軍左翼は、内藤昌秀、原昌胤、山県昌景、小山田信茂、加藤景忠（都留郡上野原城主）、跡部勝資（あとべかつすけ）ら。

以上、総勢一万一千人余であったと想定されている。このうち、武田軍の主力は、左翼山県らの軍勢で、その狙いが徳川軍であったことを物語っている。

武田軍の設楽原進出を知った信長は、先制攻撃をかけるべく、家康重臣酒井忠次の軍勢に、織田援軍を付け四〇〇〇人ほどの規模とし、五月二十日夜、ひそかに出陣させ、菅沼山方面の山中にまわりこみ、長篠城を包囲する武田方の付城群を奇襲攻撃する計画を実施させた。

酒井らは、闇夜の山道を苦難の末踏破に成功し、二十一日早朝、鳶ケ巣山砦を始めとする武田方付城群を攻撃した。奇襲を受けた武田方は善戦したものの、主将武田信実（信玄の異母弟）らが戦死した。これを知った長篠城の奥平軍も、城から打ってでて、武田方に攻撃した。長篠城包囲の武田方は、酒井軍と奥平軍により壊滅し、陣所には火が放たれた。武田方は、徳川重臣松平伊忠（深溝松平氏、家忠の父）を討ち取ったものの、支えきれなかった。長篠城の奥平軍は、ようやく解放された。

いっぽうの武田方は、背後を塞がれ、敵に挟撃される危険が出てきた。勝頼には、もはや目前の連合軍を撃破する以外に、戦場を脱出する術はなくなったのである。

長篠合戦

両軍の決戦は、二十一日早朝から始まった。武田軍は、左翼が徳川軍に猛攻を仕掛け、中央と右翼はこれを援護すべく、織田軍に襲いかかった。連合軍は、鉄炮で武田軍の鋭鋒を何度も退けたが、各地で馬防柵が突破された。とりわけ、徳川軍前面の馬防柵は、三重のすべてを武田軍に突破されたという。

なお、武田軍の重臣層のうち、馬防柵周辺で戦死したのは、土屋昌続と甘利信康ぐらいである。土屋は、自ら馬防柵に取り付いたといい（『甲陽軍鑑』）、甘利は武田鉄炮隊の物主（指揮官）であったことから、馬防柵付近で落命したと推定される。武田軍の損害は次第に大きくなり、馬防柵を突破して敵陣に突入しても、わずかな兵力しか残存していなかった。

後続部隊も被害甚大で、参戦できなくなっていた。そのため、せっかく敵陣に突入を果たした兵卒も、反撃を受け、討ちとられてしまった。昼過ぎになると、武田軍の攻撃も次第に勢いがなくなり、午後二時ごろに勝頼本陣の周囲に撤退した残存部隊が集まり始めた。

これをみた織田・徳川連合軍は、武田軍が組織的な戦闘継続能力を失ったと判断し、馬防柵を出て、総攻撃を仕掛けた。勝頼は、諸将の勧めにより戦場を離脱、信濃に向かった。残存部隊は、勝頼を逃がすために踏みとどまって戦い、遂に総崩れとなった。

この退却戦のなかで、山県昌景、内藤昌秀、原昌胤、真田信綱・昌輝兄弟など、重臣を始め多数が戦死した。とりわけ馬場信春の殿戦（しんがり）とその最期は見事であったといい、織田・徳川方の人々も彼の忠節と奮戦ぶりを称賛したという。馬場の奮戦で、勝頼は奥三河の武節城に逃れ、さらに信濃に脱出することに成功した。

この合戦で、武田軍の戦死者は一万人余とも千人余ともいわれるが、はっきりした人数は定かでない。しかし甚大な被害だったことは間違いない。

織田・徳川軍は、信濃・三河国境までで追撃戦を中止し、奥三河の武田方諸城を攻略した。かくして武田軍の大敗により、三河から武田方の勢力は排除されることとなった。

「旧戦法」対「新戦法」の激突？

長篠合戦とは、いったいどのような意義がある戦いだったのだろうか。このような問いをわざわざ立てたのは、今も、歴史教育の分野で、長篠合戦は教科書において「（信長は）三河の長篠合戦で多くの鉄砲隊を使って武田氏の騎馬軍団を破った」（『改訂版高校日本史〈日本史B〉』山川出版社）と記され、それは、鉄炮三〇〇〇挺を揃え、その連射（いわゆる「三段撃ち」）により、騎馬攻撃という旧来の戦法を撃破したという構図で語られているからである。そこには、先見性に富む軍事的天才織田信長が、保守的な武田勝頼の軍勢〈兵農未分離〈後進的な武田軍〉〉に対し勝利した、という暗黙の理解が横たわっているといえるだろう。

だが、この十年ほどで、織田権力や戦国大名の軍隊編成に関する研究は飛躍的に進んだ。その結果、兵農分離という概念そのものが再検討を余儀なくされ始めている。織田も、武田も、在村被官の動員という点において違いはないどころか、そもそも兵農分離の実証研究が存在しておらず、イメージ先行という異常さなのである。

また、保守的な武田という点で言えば、武田氏が鉄炮を軽視していたということ自体が、事実に反することも明確になっている。武田氏は、天文二十四（一五五五）年の第二次川中島合戦で、三〇〇挺からなる鉄炮衆を投入している。そして、鉄炮の動員に関する、武田側の史料は、織田信長のそれを遥かに凌ぎ、その大量導入に躍起になっていたことがわかっているのだ。

これまで、武田氏の鉄炮装備については、信玄・勝頼が、家臣や国衆に発給した軍役定書（ぐんやくさだめがき）の記述に全面的に依拠して論じられていた。武田氏は、家臣や国衆の知行貫高に応じて、騎馬、長柄（ながえ）（槍）、鉄炮、弓などを賦課していた。この中で、鉄炮と弓は、およそ軍役人数の一〇％程度だったことが指摘されている。

これを念頭に鉄炮装備の割合を考えてみよう。織田・徳川連合軍の兵力は、長篠合戦時、三万五千余人だったといわれる。これを事実とするならば、鉄炮数は三〇〇〇挺、この他に酒井忠次らの別動隊に預けた鉄炮は五〇〇挺とされている。そうすると、鉄炮数は三五〇〇挺となり、装備率は一〇％となり、武田氏の軍役定書から導き出される数値と同じである。分母こそ異なるが、武田と織田は割合でみるとほぼ同率なのだ。武田軍も、約一〇〇〇～一五〇〇挺は保持していた計算になる。

ただ、ここに誤解が生じる余地がある。戦国大名は、軍役定書で命じた員数のみで軍隊を編成していたわけではないのだ。特に鉄炮について、戦国大名は、合戦の際残留を指示されるなど動員されなかった家臣や国衆に、鉄炮と射手だけを派遣するよう要請し、戦場で引率してきた鉄炮衆に加えることで、新規の鉄炮衆を臨時編成しているのだ。これは、武田、織田、徳川も行っていることで、信長が長篠合戦時に、筒井順慶や長岡藤孝に鉄炮足軽と玉薬（火薬と弾丸）の提供を求め、彼らが計一五〇挺を送ったことは有名である。こうした編成方式は、「諸手抜」と呼ばれている。このように、鉄炮編成の方法は、武田・織田・徳川はまったく変わりはなかったのだ。

騎馬衆の実態

また、旧戦法の象徴とされる騎馬衆については、その実在をめぐって議論があったが、東国の戦国大名は、「乗馬の衆、貴賤ともに甲・喉輪・手蓋・面頰当・脛楯・差物専用たるべし、此内一物も除くべからざるの事」と指示しているように、「貴賤」混合による編成だった。具体的には、①知行貫高に基づき動員を命じられる侍身分（悴者、若党などを含む）の騎馬武者、②諸役、諸公事免許をもとに軍事動員を命じられた在村被官（軍役衆）で騎乗で参陣した者、③傭兵として召し抱えられた馬足軽、④戦国大名より蔵銭、蔵米などを支給され、個々に奉公した一騎合衆（一騎相、一揆合とも、その名称は、騎馬武者と徒者の組み合わせに由来）、などである。

騎馬武者は侍身分のみとか、指揮官クラスだけというのは誤解であり、乗馬できるかどうかは、身分ではなく財力が問題であった。武田信玄は、永禄八（一五六五）年十一月一日、諏訪大社下社祭礼復興に関する命令書を発給しているが、その中にも「十二月朔日（ついたち）の御祀については、小口郷の加賀守分より負担せよ。この神領は山田若狭守・同新右衛門尉・源兵衛三人の給恩地（恩給として給与した土地）となってしまっており、そのため（御神事銭の徴収が）断絶しているという。そこで、かの若狭守・新右衛門尉は乗馬で軍役を負担してきているのだが、来年からは歩兵で参陣し、騎馬免許とするので、三貫文を御神事銭として、両人から半分ずつ納入させることとする」とある（『戦国遺文武田氏編』九六〇号文書）。騎馬は、それなりの財力を背景とする軍役負担であったことが窺われ、これは北条氏の事例でも指摘されている。

戦国大名は、こうして軍勢を招集、集結させると、家臣や国衆当主を除き、原則として武器ごとに兵員の再編成を実施し、騎馬衆、鉄炮衆、弓衆、長柄衆などを組織した。家臣や国衆当主は、家来の一部を供回りとして自分の周囲に配置したが、引率してきたその他の家来は、各集団に吸収、再編されていったのである。この軍隊のあり方は、織田・武田・徳川・

北条などでもまったく変わるところはなかった。

織田と武田は何が違っていたのか

では、いったい織田と武田では何が違ったというのか。武田勝頼は、長篠戦後、軍役改訂に乗り出しているが、その中で「鉄炮一挺につき、二〜三百発ずつ玉薬を用意せよ」と指示している。武田氏は、鉄炮や玉薬を準備するよう繰り返し家臣らに求めていたが、弾丸と火薬の数量を指定したことは、これまでなかった。この指示に、私は、勝頼が長篠から得た教訓が潜んでいると考える。恐らく、長篠合戦で、武田軍は、織田軍鉄炮衆に銃数だけでなく、豊富に用意された玉薬に圧倒され、まったく途切れることのない弾幕にさらされ、敗退したのだろう。逆に、武田軍鉄炮衆は、早い段階で、弾切れとなり、沈黙を余儀なくされたとみられる。

その違いはどこに由来するのか。それは、長篠城跡、長篠古戦場、武田氏の城砦から出土した鉄炮玉や、武田氏の鉄炮玉に関する文書から窺い知ることができる。長篠城や長篠古戦場からは、現在までに二十五個の鉄炮玉が発見されている。これらのうち、現存する二十一発について、化学分析が実施された。

分析されたのはほとんどが鉛玉であった。実は鉛は、サンプルさえあれば、化学分析により、採掘された場所の特定が可能な唯一の金属である。鉛は、埋蔵されていた地質環境により、その同位体比に変動が生じるからである。分析の結果、長篠の鉛玉は、①国産鉛（日本国内の鉱山より採掘されたもの）、②中国華南、朝鮮産の鉛、③N領域（未知の東南アジア地域から採掘されたもの）、に分類された。その後、③のN領域は、タイのカンチャナブリー県ソントー鉱山から採掘されたものであることが確定された。

このN領域の鉛は、室町時代まで日本では確認されておらず、戦国時代に突如登場する。しかも、いわゆる「鎖国」を契機に、日本から消え、国内に流通する鉛は国産に限定されていくのだという。つまり、長篠で発見された鉄炮玉の原材料の鉛は、戦国期固有のものであり、近世のものはないことがわかるのだ。

戦国期では、鉛はおもに西日本での需要が急増していたといわれる。それは石見（いわみ）銀山の採掘が盛んとなり、銀の精錬技術である灰吹法（はいふきほう）には、鉛が必要不可欠だったからである。ところが、戦国合戦が激化し、鉄炮の使用が拡大すると、鉛の需要は爆発的に増え、国内産では到底賄えず、海外からの輸入が増えた。中国や朝鮮との東アジア貿易のほかに、南蛮貿易による輸入が、日本における鉛の需要（銀精錬と戦争）を支えていたのである。

南蛮貿易が日本の戦争を支えていたのは、鉛だけではなかった。火薬の原材料である硝石も、海外からの輸入に頼っていた。

こうした日本の海外貿易は、九州や堺などが窓口になっていた。このうち、堺を掌握し、京都や畿内の物流を掌握したのが、織田信長だった。長篠合戦で、織田軍が鉄炮の大量装備と、豊富な玉薬の準備を実現できたのには、こうした背景があった。

これに対し、武田氏は、硝石や火薬、鉛の確保に苦しんでいた。たとえば武田氏は、富士御室浅間神社に対し、「鉄炮玉をつくるための銅を集めている。神前に投じられた賽銭（銅銭）の中から、悪銭を選り抜き、上納せよ。その代わり、黄金か棟別銭で補償する」と命じている。この文書を証明するように、長峰砦跡（山梨県上野原市、中央自動車道談合坂サービスエリア付近）の堀跡から発掘された銅製の鉄炮玉は、化学分析の結果、中国からの渡来銭と成分がほぼ同じで、銅銭を鋳つぶして作成したことが判明している。長篠城跡出土の銅製の鉄炮玉も、化学分析の結果、中国の渡来銭と成分が一致することが今年判明した。

北条氏も、豊臣秀吉との戦争が迫るなか、鎌倉の寺社に梵鐘の上納を命じた。これを鋳つぶして、鉄炮玉にするというのだ。北条氏は、戦争が終わったら、新造して奉納すると約束している。この他にも、黒金玉（鉄玉）の記録も多く、東国では鉄炮玉の原材料には、鉛、銅、鉄などが混用されていたことが窺われる。

まるで、大戦中の日本の金属供出を彷彿(ほうふつ)とさせる事実である。鉄炮装備とは、まさに西高東低であり、武田勝頼は、懸命に鉄炮そのものと、玉薬の確保を行おうとしていた。だが、南蛮貿易や東アジア貿易の恩恵を、直接受けられぬ内陸国甲斐・信濃では、それは困難だった。しかも、どうやら織田信長は、武田・北条などの敵国に対し、経済封鎖を行っていたらしい。武田・北条ら東国大名にとって、西国・畿内の物資を仲介してくれる重要な存在は、伊勢商人であったと推定される。とりわけ大湊の商人は、信長の圧力を受けながらも、交易を継続していた。天正三（一五七五）年、大湊が織田氏の支配下に入った後も、秘かに東国大名との交易は続けられていたようだ。しかしながら、その規模は縮小するいっぽうであり、信長の物資統制が、武田勝頼を苦しめていたことは想像に難くない。

このようにみてくると、長篠合戦とは、「新戦法対旧戦法」ではなく、豊富な物流と物資を誇る西国、畿内を背景にした織田と、それに乏しい東国の武田の戦い、つまり西と東の激突といえるだろう。むしろ、物量の差という側面こそを重視すべきである。

奥三河の争奪戦は鉱山をめぐる争い？

ここで、長篠合戦の背景になった可能性を持つ、もう一つの要因を指摘しておきたい。それは鉄炮玉の原材料である鉛、とりわけ国産鉛に関してである。

二〇二一年五月十九日に放送された、NHKの歴史番組「歴史探偵」は「長篠の戦い」を特集したものだった。私は、この番組の「長篠の戦い」の監修を担当し、ゲストとして出演した。そして驚愕の事実を知った。番組の企画で、長篠古戦場出土の鉛玉のうち、国産鉛のものと、複数の国内鉱山のサンプル鉛の化学分析が実施され、同位体比を分析したところ、なんと長篠城近くの睦平鉛山(むつだいらかなやま)から採掘された鉛と一致する玉の存在が明らかとなったのである。

睦平鉛山は、現在の新城(しんしろ)市睦平に所在する鉱山跡だが、これに関連する徳川家康判物(はんもつ)が残されている。

（花押）

菅沼常陸介・同半五郎知行の境目に鉛があるとのことだ。そこで、諸役を一切不入免許にする特権を与えることにする。もしまた分国中で、銀や鉛が発見されたら、大工職を両人に申しつけることにしよう。

元亀二辛未年

九月三日

高野山

仙昌院

小林三郎左衛門尉殿

これは、徳川家康が発給した判物である。これによると、山家三方衆菅沼常陸介定仙（井代菅沼氏、田峯菅沼氏の支流）と、菅沼半五郎定満（野田菅沼氏、定盈の叔父）の所領の境界から、鉛が発見された。この情報は、仙昌院、小林三郎左衛門尉より、家康のもとに報告された。家康は、この二人に採掘を命じ、諸役免許の特権を与え、引き続き、銀や鉛山の探索を命じている。井代菅沼定仙の居城井代城も、菅沼定満の領地山吉田も、睦平鉛山の近くにあり、まさに境目に相当する場所である。この文書に登場する鉛の発見場所が、睦平鉛山であることは間違いなかろう。

なお、睦平鉛山を発見した仙昌院については、詳細不明ながら、紀州高野山とは別の寺院であるらしい。また、小林三郎左衛門尉は、黒瀬谷の双瀬(ならぜ)村の土豪と推定されている(『鳳来町誌』長篠の戦い編)。

睦平鉛山が元亀二(一五七一)年から稼働しているとすれば、元亀三年十月から天正元(一五七三)年九月の約一年間を除き、この地域を支配していたのは徳川家康なので、戦場から発見された睦平鉛山産の鉛による鉄炮玉を使用したのは、徳川軍とみて間違いなかろう。長篠を中心に、信濃国境にかけての奥三河には、津具金山(つぐきんざん)などの鉱山が点在していることで知られる。武田氏が、津具金山などで金の採掘を行っていたことは、残されている石臼の形態などから推定されているところである。今回、その重要性が明らかとなった睦平鉛山などの存在を含めて考えると、武田勝頼と徳川家康が、奥三河の争奪に執念を燃やしたのは、徳川領国の帰趨を左右する軍事に重要な地域であることもさることながら、鉱山の確保という理由があるのではなかろうか。

勝頼の戦後処理と軍団再編

武田勝頼は、長篠の戦場を脱出すると、しばらく信濃に在陣し、連合軍の追撃に備え、六月二日酉刻(とりのこく)(午後六時頃)、甲府に帰陣した。勝頼は、信濃在国中に、戦死した重臣で駿河江尻城代だった山県昌景の後任に、一門穴山信君を据え、彼を江尻に派遣した。

いっぽう、勝利を収めた徳川家康は、織田信長・信忠父子を見送ると、そのまま長篠城に留まり、奥三河の田峯城、作手古宮城・岩小屋砦（岩古谷城〈白狐城〉、旧設楽町荒尾）・鳳来寺（岩小屋砦〈新城市門谷字森脇〉、鳳来寺門前に位置する）などの諸城を攻略した。家康は、奥三河の旧田峯菅沼領、長篠菅沼領と、奥平本領の作手領を悉く、奥平信昌に与えた。奥三河で武田方に残ったのは、武節城だけであったが、六月、織田重臣佐久間信盛と奥平定能・信昌父子の攻撃を受け陥落した。城は奥平父子に引き渡され、信盛は織田信忠を支援すべく東美濃岩村城に向かった。

武田氏にとって長篠合戦の痛手は大きく、戦死した重臣層の跡目相続と彼らが担っていた職掌の穴を埋めることは困難を極めた。山県、原、内藤、馬場ら重臣層の跡目相続は、それぞれ息子や養子によって比較的スムーズに進んだが、勝頼は彼らが担った職掌を、そのまま引き継がせることはしなかった。これは、重臣層の息子たちの年齢や経験などを考慮した結果であろう。

いっぽうで、重臣層の戦死により、跡部大炊助勝資（後に尾張守）、長坂釣閑斎光堅、土屋惣三昌恒（昌続の実弟）、秋山摂津守昌成（尾張浪人小牧新兵衛の子、勝頼登用）、小原継忠、秋山宮内丞、秋山紀伊守（いずれも高遠以来の勝頼側近）、真田昌幸などが重臣として勝頼を支えることとなった。長篠合戦により、信玄以来の譜代家老衆の系統の力が、春日虎綱などごく一部を除いて弱まり、これに代わって勝頼側近の家臣団が台頭することになったのである。皮肉なことに、長篠敗戦が勝頼と彼が登用した家臣団を軸とした勝頼政権の成立を促す結果をもたらした。

勝頼にとって頭の痛い問題だったのは、後継者なく戦死した者の跡目問題だった。武田勝頼の上意で、跡目が決定されたり、陣代が決められ、当面の処理がなされたが、当主の戦死で、子もなく寡婦や老親だけが残された例も少なくない。勝頼は、遺族給付を行い、養子が実現するまでの繋ぎとしている。

一般兵卒の、戦死者が出た武家の多くは、十二、三歳以上の息子、孫、あるいは弟はもちろん、場合によっては出家していたり、町人になっていたものまで呼び寄せ、跡継ぎとした。その結果、長篠敗戦の三ヶ月後には、一万三千余とも、二万余ともいわれる軍勢の編成が可能になったという。

しかしながら、急拵えの軍団は、徳川方から望見してもにわか仕立てで、兵員の質は悪く「軍役の補塡のため夫丸（百姓人夫）などまで動員し、員数合わせをしている」と揶揄される有様だった。それ故に、長篠敗戦以後、武田勝頼が三河・美濃に侵攻することは二度となかったのである。

織田・徳川方の反攻と勝頼

長篠戦勝後、徳川家康は、兵馬を休めることなく、そのまま遠江・駿河の武田方を攻撃した。天正三（一五七五）年五月下旬、徳川軍は、駿府に侵入し、放火した。さらに、六月から七月にかけて、徳川軍は、遠江犬居谷の犬居城、光明城、樽山城、勝坂城などを攻め落とし、天野藤秀を追放した。徳川軍は、北遠江を攻略すると、二俣城（城将依田信蕃）の補給路を断ち、付城の建設を命じると、自身は八月、遠江諏訪原城を攻略した。家康は、高天神城の攻略を目指し、駿河からの補給を分断すべく、遠江小山城（城将岡部元信）を包囲した。

これを知った勝頼は、八月、遂に再編成した軍勢を率いて、小山城の後詰めに出陣した。徳川軍は、長篠敗戦後すぐに、一万三千余を招集し、勝頼が出陣してきたことに驚き、軍勢を退いた。だが、勝頼も小山城を救援し、高天神城への兵糧補給には成功したが、徳川の重囲に陥った二俣城救援に進むことは出来なかった。孤立した二俣城は、依田信蕃が勝頼の許可を得て、十二月二十四日に開城した。

いっぽう織田方は、六月、信忠と重臣佐久間信盛が、武田重臣秋山虎繁らが籠城する東美濃岩村城を包囲、攻撃した。岩村城は、勝頼に後詰めを要請した。勝頼は、十一月、信濃伊那に出陣したが、積雪に阻まれ、思うように動けず、先遣した軍勢は、信忠軍に夜襲を仕掛けたが惨敗してしまった。進退窮まった岩村城は、十一月二十一日に城兵の助命を条件に開城した。信長は、秋山らを十一月二十六日、長良河原で磔に処し、偽って城兵を城内で焼き殺したという。岩村落城を知った勝頼は、空しく撤退している。

なお、信長は、岩村城攻撃に呼応して、上杉謙信が北信濃に出兵したならば、そのまま一挙に信濃に攻め込み、武田に大打撃を与える腹づもりであった。そのために、織田氏は下伊那飯田城主坂西(ばんざい)氏らを調略し、謀叛を起こさせていた。信長は、約束通り、謙信が北信濃に出兵すれば、岩村城を抜き、一挙に信濃に攻め込む作戦だったのだ。だが、あれほど武田相手にともに戦う約束をしていた謙信は、信長の要請を袖にして、越中に出陣してしまった。信長は悔しがり、上杉に抗議している。そのため、坂西らは鎮圧、成敗され、武田は危機を脱したのだった。これ以後、信長と謙信の同盟は急速に冷却化していく。

なぜ謙信は、勝頼を攻めなかったのか。その理由はまもなく明らかとなる。

勝頼は、織田・徳川軍の攻勢を凌ぎ切り、それ以上の領国失陥を食い止めた。その後、信長は、本願寺攻めに専心し、武田との対決は、おもに徳川家康が担う。かくて勝頼と家康は、遠江と駿河を舞台に鎬（しのぎ）を削ることとなる。

3　武田勝頼、再起を目指す

足利義昭と武田勝頼

元亀四（一五七三）年、織田信長により京都を追放された将軍足利義昭は、紀伊国由良（和歌山県日高郡由良町）に落ち延び、なおも帰洛と幕府再興の望みを捨てず、毛利輝元・武田勝頼・北条氏政・上杉謙信らとの連携を図った。

将軍義昭が、武田勝頼と接触を図るのは、武田の威勢が三河・遠江・東美濃を席巻していた、天正三年三月のことである。義昭は、上杉謙信に対し、武田勝頼と本願寺（一向宗）と三和（さんか）を結び、天下再興に尽力するよう求め、上洛が実現したら諸国のことは上杉謙信に委ねると伝えた。同様の御内書が、勝頼や本願寺にも出されたことは間違いない。だがこの時、三者はこれに応じようとはしなかった。

事態が動き出すのは、天正三年の長篠合戦直後である。義昭は、勝頼、謙信に加え、北条氏政にも使者と御内書を送り、「甲相越三和（さんか）」を勧告した。これに対し、勝頼は受諾の意向を義昭と氏政に伝えた。八月、北条氏政も、勝頼が応じるならば、三国和睦に異存なしと返答した。あとは、謙信がどう判断するかであった。

上杉謙信は、義昭に対し「勝頼との和睦であれば応じましょう。でも北条氏政とは、たとえ自分が滅亡しようと、義昭様から勘当されようと、絶対に応じられません」と返答してきた。謙信は、越相同盟を反故（ほご）にした氏政を深く恨んでいたのである。

こうして、義昭が望んだ甲相越三国和睦は実現しなかったが、勝頼は氏政の了承を得て、十一月、上杉謙信との和睦（甲越和睦）に成功した。謙信が、天正三年六月から十一月にかけて、織田信忠の岩村攻めに呼応し、信濃に出兵しなかったのは、勝頼との和睦を決意していたからであったのだ。

かくて勝頼は、将軍義昭の斡旋（あっせん）により、謙信との和睦を成就させ、織田・上杉同盟に挟撃される危険から解放された。そしてこれ以後、信長と謙信の関係は冷却化していく。

信玄の葬儀

天正四（一五七六）年四月、勝頼は亡父信玄の葬儀を挙行し、その喪を正式に公表した。元亀四年（一五七三）四月十二日、信濃国で死去した武田信玄の遺骸は、そのまま甲府に運ばれ、勝頼ら近親者のみの手で壺に納められ、躑躅ケ崎館の一角の塗籠（ぬりごめ）（いわゆる納戸のこと）に安置され、封印された。勝頼は、この時、秘かに、雪岑光巴（せっしんこうは）（甲府法泉寺住職）を招き、供養を行っている（『天正玄公仏事法語』）。その後、天正二年三月二十七日、信玄が生前に造らせた大聖（だいしょう）不動明王が、勝頼の手で恵林寺に安置され、安坐開眼供養が行われた。この仏像こそ、現存する「武田不動尊像」であろう（「武田不動尊像」は、二〇二一年の調査で、胎内銘が発見され、元亀三年四月、京都七条（しちじょう）西仏所の仏師康住（こうじゅう）により製作されたことが確定された）。

その後、既述のように、天正三年四月十二日、長篠に出陣する直前の勝頼が、春国光新（甲府長禅寺住職）を導師、快川和尚を副導師として招き、躑躅ケ崎館において三回忌法要を実施した（『天正玄公仏事法語』）。

さて、天正四年の信玄本葬は、天正四年四月十六日に決定された。前日の十五日、重臣春日弾正忠虎綱・跡部大炊助勝資・跡部美作守勝忠の三人の手で、四年ぶりに塗籠の壺の封印が解かれた。彼らが壺を覗くと、信玄の遺骸は五体堅固のまま壺中に座していたという。恐らくミイラ化していたのであろう。春日ら三人は号泣しながら遺骸を厚棺に移したという。

四月十六日辰刻（午前八時頃）、信玄の葬儀が始まった。まず、躑躅ケ崎館で葬儀が盛大に行われた。導師は快川（恵林寺住職）、掛真（肖像を掛けること）の語は東谷宗杲（信濃建福寺住職）、起龕（出棺時の誦経の儀式の主役）の語は説三恵璨（甲府円光院住職）、奠茶（死者に茶を供えること）の語は速伝宗販（信濃開善寺住職）、奠湯（死者に湯を供えること）の語は高山玄寿（甲府長禅寺住職）、下火（松明で遺骸に火を点じること、導師の役）の語は快川、起骨（遺骨を集めることか）の語は鉄山宗鈍（駿河臨済寺住職）、安骨（収骨した遺骨を安置すること）の語は大円智円（京都妙心寺僧、当時は長興院〈恵林寺塔頭〉住職）によってそれぞれ実施された。しかるのちに棺が躑躅ケ崎館から運び出された。

棺は前を武田逍遙軒信綱、穴山玄蕃頭信君、後を武田典厩信豊、武田左衛門佐信堯（信玄甥）が担ぎ、喪主勝頼は棺を引く綱を肩にかけ、その周囲を一門の人びとが取り巻いた。また信玄の御影（肖像）は仁科五郎盛信、位牌は葛山十郎信貞、御剣は小山田左衛門大夫信茂（外戚）さらに御腰物は秋山惣九郎、原隼人佑昌栄（側近）が持ちこれに従った。

この葬列に従う武田一門や家臣はすべて烏帽子に色衣を纏っていたが、春日虎綱は永年信玄の側近くにいた経緯もあり、特に勝頼に願い出て剃髪し染衣を着用して従ったという。だがこれを契機に剃髪して従った人びとは春日のほかに数百人に及んだ。さらに僧侶は紫衣の東堂（禅寺の前住）が七人、黒衣の長老は一二〇人、三論・成実・倶舎・華厳・律・天台・真言・浄土宗のほか、禅宗各宗派の人びとが千余人も扈従したという。

信玄の棺は、金・銀・珠がちりばめられた豪華なもので、その上に錦と刺繍が施された綾絹が飾られた。野辺送りの道には、白絹が敷かれ、左右には金燭が立て並べられた。沿道には、葬列を見送る領民達が多く集い、鼓鈸（銅鈸のことで、円形の銅板二枚を打ち合わせて鳴らす楽器）が響き渡るなか、行列は粛々と進んだ。信玄に最後の別れを告げに集まった老若男女は、涙を流しながら葬列を見送ったという。

信玄の遺骸は、甲府で荼毘に付されたと推察され（岩窪の武田信玄墓所付近か）、遺骨は再び躑躅ケ崎館に戻り、七仏事が執行された。そして、四月二十三日、塔婆式が実施された。この時、信玄の遺骨は、菩提寺恵林寺に納められたと考えられる。

勝頼は、葬儀がすべて終了した直後の天正四年五月十六日、高野山成慶院より派遣された使僧に託し、亡父信玄の遺品を高野山に納めた。この時勝頼は、信玄寿像（生前に描かれた肖像画）と遺品の数々とともに、恵林寺殿（信玄）の日牌料として黄金十両を寄進している。この時高野山成慶院に納められた武田信玄画像（寿像）については、現在でも論争があるが、武田逍遙軒信綱が描いたものであろう。

なお勝頼は、信玄の葬儀に参列した信濃国衆木曾義昌家中より、武田に忠節を尽くし、織田・徳川・今川・上杉らからの調略に応じないことを誓約させる起請文を提出させた。武田氏は、織田・徳川の攻勢により、信濃の境目の国衆の動向に神経を尖らせていたらしく、とりわけ、木曾氏を注視していたらしい。皮肉なことに、後に勝頼の予想は的中し、木曾氏の離反が武田氏滅亡の序曲となるのである。

甲相越三国和睦交渉と甲芸同盟

天正四（一五七六）年二月、将軍足利義昭は、紀州由良から、備後国鞆（広島県福山市）へと移り、毛利輝元の庇護を受けることとなった。輝元は、義昭とともに、本願寺をはじめ諸国の戦国大名と結び、信長との対決に踏み切った。

義昭は、毛利の後ろ楯を得て「越・甲・相・賀州」（上杉・武田・北条・一向宗）の四和を目指し、交渉を開始した。本願寺もまた、加賀や越中で退勢であったから、上杉謙信との和睦に前向きとなった。天正四年四月ごろ、謙信と本願寺の和睦が、さらに五月には謙信と加賀一向一揆との和睦（「越賀一和」）が成就し、それまでの対立とは一転して、一向一揆は上杉軍に協力するようになったのである。

同じ五月、毛利輝元は、足利義昭の入洛要請（対織田信長戦）に応じ、畿内出陣を家中に伝達した。毛利氏は、背後を固め、味方を増やすべく、島津・龍造寺・宗像・河野氏らの西国大名との交渉を開始する。かくて、新たな信長包囲網が作られようとしていた。

こうした情勢下で、義昭は、再び甲相越三国和睦を現実化させるべく、六月より交渉を開始した。この交渉を、毛利輝元も積極的に支援した。遠国同士ということもあり、使者の遣り取りに時間がかかったが、武田・北条・上杉・毛利の交渉は順調に進んだ。

毛利と義昭の攻勢に直面した信長は、天正四（一五七六）年四月から六月、大坂本願寺を攻撃したが、原田直政が戦死し、多数が死傷、信長自身も負傷する敗北を喫した。

こうしたなか、六月、上杉謙信は、義昭の勧告に応じ、甲相越三国和睦を「謙信は、無二の覚悟をもって」受諾すると返答した。そして謙信は、織田信長と正式に断交したのである。その後、武田勝頼と上杉謙信は、七月に和睦（「甲越無事」）継続を確認し、毛利軍が摂津に出陣する際には、必ず武田勝頼と相談して共同作戦を取り、歩調を合わせると宣言している（上越一二九九号）。

毛利水軍は、七月、木津川河口で織田水軍を撃破し、大坂本願寺への兵糧と援軍搬入に成功した。こうしたなか、八月、北条氏政が、甲相越三国和睦を受諾する意志を義昭に伝えてきた。

いっぽうの武田勝頼は、義昭や毛利氏と交渉する過程で、九月、輝元との同盟を実現させた（甲芸同盟）。勝頼は、輝元とともに、対信長戦に参加し、将軍義昭の帰洛（公儀再興）に協力することを誓約した。また、甲芸同盟成立が契機となり、勝頼は伊予国河野通直（みちなお）との同盟をも実現させた。

かくて勝頼は、上杉謙信との「甲越和睦」（天正三年十月）、毛利輝元との甲芸同盟（天正四年九月）の締結に成功し、甲相越三国和睦の見通しがつき、武田・北条・上杉三氏と毛利氏・本願寺による、新信長包囲網が形成された。

だが、天正四年末、このうち甲相越三国和睦だけが、最終的に成立せずに終わった。その理由は定かでないが、北条と対立し、謙信と同盟を締結していた佐竹・結城氏ら北関東の諸大名の強い反対があったからではなかろうか。謙信は、彼らの越山要請に応え、その後も関東侵攻を継続しているので、上杉は彼らの意向を無視できなかったのだろう。

しかし、上杉謙信の北陸侵攻は、天正五年に大きな成果を挙げ、柴田勝家らを手取川合戦で撃破するなど、織田を押し戻し始めていた。勝頼は、甲越和睦と、甲相同盟を背景に、天正五年、織田・徳川領国への遠征を、家臣らに宣言していた。だが、事態は、翌天正六年に暗転してしまう。

甲相同盟の強化と北条夫人の輿入れ

甲相越三国和睦は流れてしまったが、この交渉過程で、勝頼は大きな成果を得た。それは、甲相同盟の強化である。

元亀二（一五七一）年末に復活した甲相同盟は、北条氏政正室黄梅院殿（信玄長女、勝頼の異母姉）が死去（永禄十二〈一五六九〉年六月十七日歿、享年二十七）してからは、両者は婚姻関係を欠く状況となっていた。勝頼は、氏政の妹を正室に迎えることで、同盟を強化しようとしたのである。

北条氏政の妹（桂林院殿、本書では北条夫人と記す）の輿入れは、天正五（一五七七）年一月二十二日のことであったとされる（『小田原編年録』）。北条夫人は、十四歳であった。

彼女の侍臣として早野内匠助・劔持与三左衛門・清六左衛門・同又七郎（六左衛門の弟）らが従ってきた。この婚礼は重臣春日虎綱の献策によるとされ、実現した時、虎綱は大いに喜び「長篠敗戦後、はじめて今夜安心して眠ることができた」と述べたという（『甲陽軍鑑』）。

　勝頼は、天正五年閏七月五日、家臣らに対し三ヵ条の軍役条目を発した。それは、①来る軍事行動は、武田家興亡にかかわるものであるので、領内の貴賤を問わず十五歳以上六十歳以前の男子を二十日間の期限付きで徴発し、出陣に帯同すること、ただし二十日を過ぎれば、軍役衆以外は指示を待たず無条件で帰国してよい、②近年は軍事が頻繁でみな疲れていることだろうが、武具などを麗美に整え、昼夜を厭わず命令次第に出陣すること、とりわけ鉄炮兵と玉薬の用意を怠らぬこと、③武勇の者を選んで徴兵すること、最近世間では、武田軍は軍役の補塡のため夫丸などの百姓までを員数合わせのために帯同していると頻りに噂されている、これは外聞を失うことでもあり、また武田家はもちろん家臣の家の破滅に直結するだろう、そのようなことのないようにされたい、今度の作戦の際には、着到（軍勢の員数と装備の点検）を厳重に行うこととする、と列記されていた。

　この規定は、武田信玄以来の軍法の原則を大幅に変更することを意味していた。信玄は、領内の武勇人・有徳人を除く、百姓・禰宜・幼弱の者を軍役のために帯同させることを、謀叛の原因になるとして厳禁してきた。勝頼はこれを破棄し、二十日間という時限付で容認したのである。それは武田氏がほんらい軍役衆として想定していた、兵卒となるべき武勇人・有徳人などがもはや払底気味だったからである。彼らの多くは、信玄晩年から長篠敗戦後までの間に、すでに動員しつくされてしまっていたのであろう。

勝頼が武田軍の質的問題を懸念し、その手当を行っていた矢先の閏七月と九月、徳川軍が高天神城に向けて行動を開始した。この頃、高天神城主は、小笠原信興から岡部元信に交替していた。勝頼は、たまたま甲府に帰還していた江尻城代穴山信君を、急ぎ駿河に帰還させ、九月二十二日、自身も駿河江尻城に出陣した。

勝頼は、駿河田中城、遠江小山城（こやまじょう）に進み、徳川軍を牽制すると、補給を実施して帰国した。徳川軍も、勝頼本隊が接近すると、遠江懸川城や馬伏塚城（まむしづかじょう）に移動し、正面衝突を避けている。こうして天正五年の遠江情勢は、大きく動くことはなく暮れた。

御館の乱勃発

天正六（一五七八）年三月九日、上杉謙信が春日山城内で昏倒（こんとう）し、同十三日に死去した。享年四十九。養子景勝が家督を相続し、これを内外に公表した。これを知った諸国から、祝儀の使者が春日山城を訪問している。この直後、景勝は越後三条城（三条島ノ城、新潟県三条市上須頃）主神余親綱と対立し始めた。三月二十八日、景勝のもとに神余親綱逆心の兆しの知らせが入った。親綱が、景勝に無断で地域の地下人（有力者）から人質を徴収しようとしたが、山之内、新潟津から拒否されたというのだ。しかも、会津蘆名盛氏が、越後侵攻を企図し小国から越後へ侵入した。四月十六日、上杉方は蘆名軍を打ち破ったが、これが神余親綱との密約によるものと、景勝は疑ったらしい。

景勝と親綱の対立をみて、御館（関東管領館）の前関東管領上杉憲政（光徹）や山本寺定長らが中人として和睦の斡旋を行おうとした。だが、この調停は破綻し、五月一日、景勝は親綱を謀叛人と認定した（「三条手切」）。中人となった上杉憲政や、国衆の面々は面子を潰され、神余親綱に続々と味方した。国衆に対する景勝の強硬な態度が、上杉家中の分裂を大きくしてしまったのだ。

上杉憲政、山本寺定長、上杉十郎景信（古志長尾氏）らは、景勝を上杉氏家督から排除することとし、上杉景虎を担ぎ出した。かくて、景勝と国衆との合戦は、上杉家督をめぐる内戦に転化した。これが御館の乱である。

五月十三日、上杉景虎は、府中御館に入り、越後で味方を募りつつ、実家の北条氏政に支援を要請した。景勝と景虎の分裂は、領国内に一挙に波及し、国内は両派に分かれ、内戦が本格化した。

勝頼、上杉景勝と結ぶ

御館の乱勃発当時、北条氏政は、常陸国小川（茨城県筑西市）で、佐竹義重・結城晴朝・那須資胤・資晴父子ら「東方之衆」と対陣していた（小川台合戦）。景虎が、越後で景勝と対決を始めたとの知らせを聞いた氏政ではあったが、佐竹らに拘束されてまったく身動きがとれず、越後に介入できないことを「一代之無念」「無念千万」と悔しがった。

両軍の対陣は六月七日に終了したが、氏政は、東上野の上杉方との関係調整に手間取り、三国峠を越えるどころではなかった。特に、沼田城では、景虎派の河田重親と、景勝派の上野家成に分裂していた。河田は沼田を脱出し、沼田城や猿ケ京城（群馬県みなかみ町）攻撃に踏み切っている。氏政は、厩橋城主北條芳林・景広父子を帰属させ、次第に優位に立っていった。

東上野の上杉方が混乱していることを、西上野の武田方も察知していた。岩櫃城に在城していた真田昌幸は、五月下旬か六月早々、不動山城を乗っ取り、沼田衆の引き抜きを開始した。だが、これはまもなく北条氏政の抗議を受け、中止している。七月十七日、北条軍は、遂に沼田城将上野家成らを降伏させた。ここにようやく、北条氏は東上野の上杉方を帰属させることに成功したのだった。

東上野衆（厩橋衆ら）を主体とする北条軍は、六月下旬から七月初旬にかけて、ようやく三国峠を越え、景勝の故郷上田庄に攻め込み、坂戸城への攻撃を開始した。武田勝頼から遅れること、一ヶ月のことである。

氏政は、小川台合戦のため、身動きがとれなかったため、同盟国武田勝頼に、越後侵攻と景虎支援を要請した。勝頼は、五月中旬までには武田信豊を物主とする先遣隊を川中島の海津城（長野市）に派遣した。信豊と城代春日虎綱（いわゆる高坂弾正）が合流し、信越国境に向け進軍する準備に入った。

武田勝頼は、六月四日、甲府を出陣し、信濃に向かった。軍旅のさなかでも、勝頼は北条氏政と越後に侵攻するための調整に余念がなかった。氏政は、河越まで到着していると勝頼に知らせてきたらしいが、それはまったくの虚報で、この時はまだ、小川台に在陣していた。東上野の上杉方との調整がつかぬ北条軍が、三国峠を越えることなど、この段階では困難だった。しかしこの事実を、勝頼は、氏政から伝えられていなかった。

気づけば、信越国境に軍勢を進め、上杉景勝と衝突する可能性のある援軍は、武田軍だけという状況だった。そこへ、勝頼のもとに、上杉景勝から和睦の申し入れがなされた。景勝は、絶体絶命の窮地に追い込まれており、乾坤一擲の賭けに出たのだ。武田方への申し入れは、五月中旬頃だったらしい。信豊が川中島に入るころに相当する。

景勝の使者と書状を受けた武田方も、さすがに驚きを隠せなかった。景勝方は、武田信豊と春日虎綱は和睦に賛成しているとの情報を掴んでいる（虎綱は、交渉中の六月十四日歿、享年五十二）。景勝は、勝頼に起請文を提出し、和睦条件の調整に入ったらしい。

武田軍は、和戦両様の態勢を解かず、信越国境に迫ったが、その後行動を停止した。景勝は、この隙に景虎方の諸城を攻め、次々に攻略した。その後武田方は、北信濃国衆市河信房らが妻有庄、志久見郷に、勝頼本隊が信越国境関山に、仁科盛信（勝頼の異母弟）が信濃安曇郡から越後西浜（糸魚川市）に、それぞれ向けて進軍を再開する。

安曇郡から信越国境を突破した仁科盛信は、六月二十一日までに、根知城（糸魚川市）を帰属させ、西浜の制圧に成功した。越後と越中を結ぶ北国街道は、武田方が押さえ、武田氏の勢力は遂に日本海に到達したのである。

武田氏、信濃国全域を領国に編入

いっぽう、武田軍先陣は、六月十七日、春日山城からわずか一八キロの、越後国頸城郡大出雲原（妙高市小出雲）に到着、勝頼自身も長沼城に入った。さらに、武田軍は飯山城周辺をも事実上制圧した。これにより、武田氏は、信濃国全域を領国に編入したのである。武田軍先陣は、十九日、春日山城まで約四キロの藤巻原（藤牧原とも書く、上越市藤巻）まで進出した。景勝は不安を覚え、春日山城下の防備を固め、武田軍に備えた。

同じ頃、勝頼も、本陣を大出雲原に移し、自ら春日山城下まで検分に赴き、景勝軍の陣立てや春日山城の守備を望見したという。だが勝頼は、その後御館の景虎にも呼応することなく、軍勢を駐留させたまま一向に動こうとはしなかった。

実は勝頼は、このころ御館の上杉景虎のもとに使者を派遣し、景勝と和睦するよう勧告していた。だが、景虎は渋っていたらしく、交渉はなかなか進捗していない。勝頼が軍勢を藤巻原まで進めたのは、景勝に圧力をかけ、和睦交渉を武田方有利に持っていくための手段であり、さらに北条軍や景虎方と呼応する体裁を取り繕う意味があったと推定される。勝頼は、景勝との全面戦争で、武田軍に損害が出ることを危惧していたのだろう。勝頼の狙いは、景勝、景虎、北条氏三者の調整を行い、御館の乱の早期終結を実現させ、武田方に有利な和睦を結び、最終的には、甲相越三国同盟を成立させることにあったのではないかと考えられる。

勝頼は、六月二十九日、越府へ進軍し、景勝・景虎双方に和平仲介を申し入れ、軍事侵攻の意図はないと言明した。同日、勝頼と景勝は和睦（「甲州一和（こうしゅういっか）」）した。

景勝・景虎の停戦成立

ところで、上杉景勝と勝頼の「甲州一和」は、上杉謙信と天正三（一五七五）年十一月に締結した甲越和睦の再確認という意味合いが強い。謙信の急死後、勝頼は家督を継いだ景勝と、和睦継続の確認が出来ていなかった。この「甲州一和」は、それの確認と考えたほうが自然であろう。

景勝は、甲越和睦（「甲州一和」）を、軍事同盟に昇華させることを望んだ。いっぽうの勝頼は、甲相同盟を結ぶ北条氏や、景虎との調整を必要としていた。そこで、まずは内戦終結を急ぎ、景勝と景虎の和睦仲介に全力を挙げた。

勝頼の和睦仲介は、一ケ月半にも及んだが、八月十九日に、ようやく景勝・景虎双方が合意に達し、和睦が成立した。勝頼はこの日、景勝に宛てて起請文を記し、景勝・景虎両者に対する武田氏の立場を示している。

敬白起請文

一、今度起請文をもって、二度にわたって申し合わせたように、（勝頼は）景勝に対し、未来永劫疎略に思うことなく、無二無三に浮沈をかけて申し合わせを行い、景勝を見限ることなく、思うところがあれば意見するようにします。

一、今後は、景勝に対し、表裏なく、出し抜くようなことはしません。
附（つけたり）、景勝の御前の諸侍たちとも、とりわけ懇意にするようにします。

一、景勝に対し敵対すべきだと、勝頼家中の者たちが言ってきたとしても、まったく取り合わぬようにします。強いて意見するようならば、成敗します。

一、勝頼のことで、（景勝を）なおざりにするようなことを聞いたならば、腹蔵（ふくぞう）なく申し伝えることにします。ゆめゆめ、理不尽な遺恨を持つことはありません。

一、景勝が危機に陥ったならば、ただちに援助します。こちらによんどころなき事情があれば、その詳細をお伝えします。

一、景勝・景虎和親のことは、勝頼が媒介したものですので、理不尽な戦いが始まったならば、勝頼は双方に加勢をすることはしません。

附、南方（北条氏）より（武田氏のもとへ）信州口の通路を利用させて欲しいと言ってきたとしても、大人数ならば断るようにします。

一、縁談のことは、まちがいなく実行します。

（中略）

八月十九日　　　　　勝頼

上杉弾正少弼殿

恐らく、最後の武田・上杉両氏の婚姻規定を除く、ほぼ同じ文面の起請文が景虎にも提出されたとみられる。この起請文から、上杉と武田は、相互安全保障に協力する攻守同盟（軍事同盟）を締結したことが知られる。そして、勝頼は御館の乱においては、中立を宣言し、景勝、景虎、氏政の誰にも加担しないことを誓った。この同盟は、勝頼と景勝の敵を、織田信長に絞っている（景虎や北条は除外）。

勝頼は、起請文を提出した翌日の八月二十日、景虎との和平成就を喜ぶ書状を景勝に送っている。景勝も、勝頼の和平斡旋を謝し、同日、太刀一腰と青銅一千疋を贈った。また同時に、武田氏の一族や重臣層にも和親の礼物として、太刀や青銅（銭）を贈っている。

だが、勝頼が景勝・景虎の和睦仲介を行っている間、肝心の北条氏政は、自ら越後侵攻を行おうとはしなかった。氏政は十月になってから、越後へ兵を進めようとしたが、降雪を恐れて撤収したという。それにしても、氏政本隊が越後上田庄に殺到し、坂戸城を攻撃すれば、越後の情勢は景虎方に急展開した可能性が高い。かくて、北条氏政は千載一遇の機会を逸した。これが、実弟上杉景虎に不利に働くこととなり、また武田勝頼の不信を招くことになるのである。

上杉景虎、苦況に陥る

勝頼が、景勝・景虎間の和睦斡旋に奔走していたころ、徳川家康は、遠江・駿河への侵攻を企図する。家康は、天正六（一五七八）年七月、高天神城奪回に向け、横須賀城（よこすかじょう）の築城を開始した。そして八月、家康・信康父子は、遠江小山城を包囲し、別動隊は大井川を越え、駿河田中城で苅田を実施した。徳川軍の攻勢は、九月まで続いている。

勝頼が遠江情勢を懸念し始めていた矢先の八月二十四日、和睦が成立していたはずの景勝と景虎が、再び戦端を開いた。勝頼は、和平と内戦終結を実現したかったが、やむなく八月二十八日に越後から撤退した。これにより、勝頼が和睦仲介を放棄したと捉えた双方は、内戦を本格化させた。ちょうどこの頃、越後に侵入した東上野衆を中核とする北条軍の坂戸城攻めが始まっていた。これと、勝頼の退陣が重なってしまったことは、北条氏に勝頼が景虎を見限り、戦線を離脱したととられかねない事態だった。

だが肝心の北条氏邦・北條芳林・河田重親ら北条軍は、孤立無援の坂戸城を攻めあぐねた。途中、北条軍の中から、北條景広が分かれて、九月には本領の北條城に帰還し、十月に御館に入って、景虎と合流した。この他に、栃尾城（新潟県長岡市）将本庄秀綱も、御館に合流している。

だが、十月になると、上越国境で降雪が始まった。東上野に在陣していた北条氏政は、自身の越後出兵を中止した。降雪により、坂戸城を包囲中の北条軍内部では、不協和音が起こり始めていた。とりわけ河田重親は、北条の待遇に不満を抱き、上野への撤退を願ったが、受け入れられなかった。ところが、北条氏邦は、合戦を東上野衆に任せ、自身は関東に帰ってしまったのである。上田庄の北条軍は、樺沢城で越年と持久戦の態勢に入らざるをえなくなった。上田庄の北条軍は、御館と合流することも、坂戸城攻略も実現できず、樺沢城で窮していたのだ。

景勝方は、北条軍の来援が途絶え、武田も撤退し、深雪に閉ざされた越後で、一挙に勝負を決しようと考えた。景勝は十月、御館を攻撃し、景虎方にかなりの被害を与えた。すると十一月、本庄秀綱が御館から脱出するなど、動揺が広まり始めた。

天正七年二月、景勝は御館への総攻撃を行い、景虎方の重臣北條景広を戦傷死させた。景虎方は、意気消沈し、逃亡兵が現れ始めた。

景勝が御館を追い詰めていたころ、上田庄でも、坂戸城の上杉軍が、樺沢城に逆襲を仕掛けていた。樺沢城は、二月中旬頃、降伏、開城したらしい。籠城していた東上野衆は、撤退していった。かくて景勝の故郷上田庄は、危機を脱し、坂戸城の軍勢は御館攻めに動員される手はずとなったのであった。

上杉景虎の滅亡

三月に入ると、御館は兵糧の欠乏に苦しみ始めた。頼みの綱であった、琵琶島城（びわじまじょう）も三月には落城し、日本海からの兵糧搬入は完全に途絶えた。追い詰められた景虎は、御館を脱出し、実家の北条氏政を頼るべく、関東への逃走を企図した。

ここで、御館に籠城していた元関東管領上杉憲政が、景虎に降伏を勧告し、自身が景勝の元へ赴くことを告げたという。景虎と景勝もこれに応じたので、憲政は、景虎の子道満丸（どうまんまる）（景勝の甥、当時九歳）を伴い、三月十七日、御館を出発した。道満丸は、人質として差し出されることになっていた。人質の引き渡しは、四ツ屋砦（新潟県上越市）と決められた。

憲政と道満丸が四ツ屋砦に到着すると、景勝方の兵卒が突然襲いかかり、一行を惨殺したという。二人の死は、かろうじて逃げ延びた侍によって御館に知らされた。景虎と夫人、家臣らは嘆き悲しみ、雑兵たちは動揺して次々に御館から逃亡した。

景虎は、越後から脱出する決断を下し、三月十八日夜半、家臣と残兵を率いて、御館を脱出した。御館には、火がかけられた。景虎夫人（長尾政景女、景勝の妹、清円院殿）は、御館陥落とともに、自害して果てたと伝わる。享年二十四であったという。

景虎主従は、追撃してくる景勝方を払いのけながら、信濃に向かった。武田勝頼を頼ろうとしたのであろう。だが鮫ケ尾城（さめがおじょう）（新潟県妙高市）にたどり着くのがやっとであった。景虎一行は人馬ともに疲労困憊し、見るも哀れな姿であったといい、すでに景勝に内通していた城将堀江宗親もさすがにこれを討てず、城内に招じ入れた。景勝は、鮫ケ尾城を包囲し、信濃への脱出を封じた。

三月二十四日、鮫ケ尾城は、城主堀江宗親と家臣らの内応もあって、遂に落城し、景虎は自刃して果てた。享年二十六。これ以後、景勝は、越後国内の旧景虎派の掃討戦を実行することとなる。

甲相同盟の決裂と甲越同盟

御館の乱は、武田勝頼と北条氏政の甲相同盟に亀裂を生み、やがて破綻(はたん)へと導いてしまう。両者の関係悪化は、天正七(一五七九)年早々、表面化していた。やはり、勝頼が天正六年八月、景勝・景虎の和睦を仲介したものの、破綻したのを契機に、手を引いたことを、北条氏政は問題視したとみられる。

天正七年一月、北条氏は、武田氏の宿敵徳川家康と交渉を始めていた。これを勝頼が知ったからかどうかは判然としないが、二月になると、勝頼は、西上野箕輪城代に内藤昌月(まさあき)(長篠で戦死した内藤昌秀の養子)を配備した。そして、天正七年嘉月如意珠日(三月三日)、北条氏政との同盟破棄を決意し、氏政の呪詛と武田氏の武勇長久を祈願した願文を、伊勢神宮、熊野三山に奉納した(戦武三一一〇・一号)。これらの願文は、駿河臨済寺の高僧鉄山宗鈍が起草したものである。この中で勝頼は、氏政はこれまでの友好関係を一方的に破棄する「佞士(ねいし)」であり、「巧言令色」の人間でもはや信頼できない、氏政を討ち果たすことについては「幕下諸将」と協議をしたところ、皆が一致して支持したと述べている。これを信ずるならば、甲相同盟決裂は、勝頼、武田一族、重臣との合意事項だったことになる。

かくて、甲相同盟決裂は、天正七年三月には、武田家中では決定的となっていた。この頃、追い詰められていたとはいえ、まだ上杉景虎は御館で存命であった。そして、勝頼が甲相同盟破棄を決意した願文を納めてまもなくの、三月二十四日、上杉景虎は滅亡したのである。

だが、勝頼による手切れの通告は、もう少し後になる。武田・北条双方は、それでも同盟維持を目指していたからであろうか。ただそのいっぽうで勝頼が甲相同盟破棄を決意していた三月、川中島の海津城代春日信達が、駿河・伊豆国境の沼津へ配置転換され、海津城には勝頼側近安倍加賀守宗貞が入った。甲越和睦により、信越国境の防衛の必要性が低下したこともあり、勝頼は駿河防衛強化に動いたのだろう。

上杉景虎滅亡後、景勝は、勝頼に申し入れ、彼の妹菊姫の輿入れを実現させた。すでに婚約の合意は天正六年十二月に成立していた。両氏の交渉は、天正七年五月より始まった。八月には合意に達し、景勝は勝頼に起請文を提出している。残念ながら、その内容は明らかでないが、菊姫の輿入れと、景虎滅亡による同盟内容の変更が、主目的ではなかったか。前掲のように、天正六年八月十九日、武田勝頼が景勝に提出した起請文は、景勝との軍事同盟であるものの、上杉景虎と北条氏政を主敵条項から外しており、勝頼は中立を宣言していた。だが、景虎の死と、甲相同盟決裂により、事情が変わったわけで、恐らく勝頼は、甲越同盟を織田・徳川だけでなく、北条にも向けたのであろう。

天正七年八月、菊姫が景勝に嫁ぐ日程が決まり、勝頼は、九月、菊姫に随行させる侍臣（越後居住衆）の選定を行っている。そして十月十六日、菊姫は甲府を出発した。景虎が滅亡したとはいえ、内戦の続く政情不安な越後への道中を警戒し、菊姫の行列は武装した軍団により厳重に固められ、八重森因幡守家昌（やえもりいなばのかみいえまさ）・長井丹波守昌秀・窪島日向守らが指揮にあたった。菊姫一行は、同二十日に無事春日山城に到着し、景勝と菊姫の祝言（しゅうげん）が執り行われた。菊姫は当時二十二歳、景勝は二十五歳であった。かくて、甲越同盟が確固たるものとなり、織田・徳川・北条に向けて機能することが期待される運びとなった。

この頃、東上野の北条領国では、旧上杉方の人々と、北条氏との軋轢が高まりつつあった。上杉景虎と北条氏に味方したにもかかわらず、恩賞も手薄であったばかりか、深雪の越後に置き去りにされた河田重親、北條（きたじょう）芳林らは不満を募らせていたのである。

そして、厩橋城主北條（きたじょう）芳林と、不動山城主河田重親は、ともに天正七年八月、箕輪城代内藤昌月の調略を受け、武田方に転じた。これは、明確な同盟違反と受け取られても仕方のないものであった。

天正七年七月、勝頼は、駿豆国境の沼津（静岡県沼津市）に、沼津三枚橋城（さんまいばしじょう）の築城に踏み切ったのである。北条氏政は、千葉資胤（すけたね）に送った書状の中で「甲州（武田氏）と相州（北条氏）は近年骨肉の関係を改めて結んだ（天正五年の北条夫人入輿を指す）にもかかわらず、武田氏よりの表裏が積み重なり、去年の御館の乱以来もはや敵対同然の関係に陥った。しかし氏政はずっと堪忍し続けてきた。ところがこのたび、駿豆国境の沼津というところで、武田方は築城を始めた。もはや許し難い。当方も伊豆防衛のための方法を思案中である」と述べ、軍勢派遣を要請した。北条氏は、武田氏が駿豆国境に築城したことを、重大な同盟違反として指弾し、甲相同盟の破棄と戦争への突入を宣言したのである。

武田氏の沼津三枚橋城に対抗すべく、北条氏も、九月、泉頭城（いずみがしらじょう）の普請を開始し、さらに十一月には、伊豆に長浜城（静岡県沼津市）を築き、北条水軍の拠点の一つとした。北条方は、駿相国境の足柄城、韮山城などの改修を実施し、武田軍に備えた。

甲佐同盟と徳川信康事件

勝頼は、甲相同盟破棄に伴い、常陸佐竹義重との同盟交渉を開始した。交渉開始の正確な時期は定かでないが、天正七（一五七九）年九月以前のことである。同盟交渉は、天正七年九月中には合意に達し、十月八日までには、勝頼のもとに、佐竹義重、佐竹一族北義斯（きたよしつな）、東義久の起請文が届けられた。勝頼は、甲佐同盟の成立を喜び、佐竹氏のもとにいた太田三楽（さんらく）斎道誉（さいどうよ）・梶原政景（かじわらまさかげ）父子に手紙を送り、北条氏政を挟撃する提案をしている。こうして武田・佐竹両氏の同盟（甲佐同盟）は成立した。これは、さらに、那須、宇都宮、結城氏ら「東方之衆」との同盟に結実し、北条包囲網が形成された。かくて、勝頼や「東方之衆」による対北条戦は新たな局面を迎えることとなる。

いっぽうで勝頼は、甲佐同盟を利用して、まもなく宿敵織田信長との和睦交渉を開始するのである。

天正七年八月、甲相同盟が決裂し、武田と北条の合戦が始まっていた頃、徳川家中では、異常事態が発生していた。徳川家康と息子信康が対立し、家康は息子を幽閉したのだ。徳川信康事件の始まりである。

天正七年八月三日、家康は突然三河国岡崎城を訪れ、息子信康と対面した。翌四日、信康は岡崎城を出て、大浜城（愛知県碧南市）に移った。この事件については、これまで、大久保忠教『三河物語』の記述が、通説として扱われていた。

それによると、信康と正室五徳（信長息女）は不仲であり、しかも信康は粗暴な性格で、多くの人びとを悩ませていた。耐えかねた五徳が、父織田信長に十二ヵ条に及ぶ夫信康の不行跡を手紙に書き連ね訴えたという。信長は、徳川重臣酒井忠次を呼び出し、ひとつずつその内容を確認した。すると、酒井は十ヵ条まですべて事実だと述べたので、信長は、酒井に対し、家康に信康に腹を切らせるように伝えるよう命じた。酒井は、浜松に戻り、信長の命令を伝えた。家康は苦悩したが、信長には逆らえず、ついに信康を自刃させたという。

また、『松平記』は、信康が、多くの人を惨殺したことのほかに、家康正室で信康生母の築山殿が、甲斐国の医師で中国人の滅敬との愛欲に溺れ、さらに武田氏に内通するに至ったと記す。

これらが事実であるかはまったく不明と言わざるを得ないが、築山殿と信康が西三河の有力国衆に接近していたことや、信康と正室五徳が不仲で、家康が仲裁に入っていたことも事実である。家康は、信康を大浜城に幽閉すると、岡崎城を押さえ、信康の身柄を堀江城に移した。そして岡崎城に西三河衆を招集し、信康に内通しないとする起請文を提出させた（『家忠日記』)。しかし、それ以上のことは残念ながら明らかでない。

ただ、太田牛一『信長記』の古写本には、信康事件について「去程に三州岡崎三郎殿逆心之雑説申候、家康并に年寄衆上様へ対申無勿体御心持不可然之旨異見候て、八月四日ニ三郎殿を国端へ追出し申候」(『安土日記』尊経閣文庫蔵、慶長期の写本)、「爰三州岡崎の三郎殿不慮ニ狂乱候ニ付、遠州堀江之城ニ押籠番を居被置候」(『信長記』池田文庫蔵、太田牛一自筆本、慶長十五年成立)、「去程に三州岡崎［殿と申］ハ家康之嫡子三郎殿ニ而、信長公之聟殿也、不慮ニ狂乱ニ付而、遠州堀江之城ニ押籠番を居置被申候、依て岡崎殿ヲ信長公へ送帰シまいらせられ候」(『信長記』尊経閣文庫蔵、慶長十八年成立か)などと、時期を経るにつれて、ニュアンスを変えて記述されている（ただし、太田牛一は最終的に『信長記』『信長公記』から信康事件そのものを削除している）。

太田牛一も、当初は、事件の真相は「岡崎三郎殿逆心」（信康謀叛）だったと記しているのに、その後、「狂乱」に書き換えているのだ。これは、天下人家康に忖度した結果であろう。『三河物語』も、家康に配慮し、信長にすべての罪を着せようとしていると思われる。

実際のところ、信康は、父家康を排除し、徳川の路線を反信長に転換させようと企図していたのではないか。信康の謀叛について、家康と重臣らが、信長（上様）に申し訳ないことだと考えたという『安土日記』の記載は、それを物語っていよう。信康謀叛の内実は、勝頼との内通の可能性も考えられるであろう。当時、武田勝頼は、長篠で敗退したとはいえ、徳川にとっては脅威であり続けていた。信康と五徳、家康と築山殿の不仲という事情のもとで、武田方に付け入れられたのかも知れない。

家康は、事態の重要性に鑑み、信長に信康の処断を報じた。彼は、信長の娘婿でもあったからである。信長は、家康の判断を尊重した。巷間伝えられるように、信長が家康に、信康処断を命じた事実はない。

家康は、築山殿を岡崎城から退去させ、遠江二俣城に送った。八月二十九日、築山殿は、その途中、佐鳴湖畔（さなるこはん）の富塚（とみつか）（静岡県浜松市）で殺害された。そして信康は、九月十五日、二俣城で切腹を命じられた。享年二十一。これにより、信康事件は終息した。

織田・徳川・北条同盟の成立

信康謀叛を未然に押さえ込んだ家康は、信長との同盟維持、勝頼との対決路線を堅持する。そして、甲相同盟破綻を好機と捉え、天正七（一五七九）年九月、家康は今川氏真の旧臣朝比奈弥太郎泰勝を、海路伊豆に派遣し、北条氏との同盟交渉を実施させた。交渉は合意に達し、九月三日、家康と氏政は起請文の交換を実施し、徳川・北条同盟が成立した。両氏は、氏政が武田勝頼を牽制すべく駿豆国境に出兵するので、家康は北条軍の後詰めとして、遠江から駿河に出兵するという約束した。

そして約束通り、北条・徳川両軍は、九月十七日、武田領国への侵攻を開始した。北条軍は沼津に、徳川軍は駿河に出兵した。すでに勝頼は、両軍の動きを察知しており、八月二十日には、駿河に在陣し、高天神城への番替えと補給を実施している。

北条軍は、駿豆国境に出陣し、沼津三枚橋城を拠点に布陣する武田軍と対陣した。武田軍は、三枚橋から浮島ケ原（沼津市）にかけて、対する北条軍は三島から初音ケ原（三島市川原ケ谷）にかけて布陣した。両軍は黄瀬川を挟んで対峙し、しばしば矢軍を交え、また日没になると双方の先陣がしばしば夜襲をかけあったが、大規模な会戦には至らなかったという。

家康が浜松を出陣したのは、信康自刃の二日後にあたる九月十七日である。徳川軍は、武田軍が北条軍に拘束されているとみるや、十九日、当目峠を越え、武田方の持船城（用宗城）を攻撃した。徳川軍は、猛攻の末、持船城を陥落させ、三浦兵部助義鏡（駿河衆）と向井伊賀守正重（武田海賊衆）らを討ち取り、駿府、由比（由井）・倉沢を放火した。

これを知った勝頼は、北条軍に決戦を挑もうとしたが、氏政は受けて立とうとしなかったので、沼津三枚橋城に武田信豊・春日信達・城意庵父子らを残し、自身は全軍を率いて徳川軍に向かって進んだ。勝頼は、家康が当目峠下に在陣していることを知ると、駿府から宇津谷峠を越え、田中城に合流し、家康の退路を断ち、決戦を挑もうと考えた。

だが家康は、勝頼が迫ってきたことを察知すると、急いで駿府や当目峠下を引き払い、遠江に撤退した。勝頼が駿府に到着したのは、九月二十五日夜のことであったが、すでに家康は陣払いをした後で、徳川陣中はもぬけの殻だったという。勝頼は、佐竹方の梶原政景に宛てた手紙で「家康を討ち漏らしてしまい、悔しい限りだ」と書き送っている。家康は、氏政より作戦終了の知らせを受けると、十月一日には浜松城に帰陣した。

いっぽうの氏政は、勝頼が駿府方面に転進すると、沼津三枚橋城に攻め寄せたが、撃退された。氏政は、しばらく三島に在陣し、沼津に戻ってきた勝頼と対峙していたが、やがて小田原へ帰還した。

勝頼は十月まで、駿河に在陣し、江尻城の拡張工事などを行っている。家康は、その後、十一月から十二月にかけて、遠江横須賀城に出陣し、高天神城攻撃のための付城普請を開始した。天正七年十一月以後、家康は、高天神城周辺に、六砦を着々と構築し、封鎖を行い始めたのである。

表3-1　高天神城包囲の主要付城（高天神六砦）一覧

砦名	場所	守備担当者	築城年代	普請時期	出典
小笠山砦	掛川市入山瀬	石川家成持	永禄11年		三河・武徳・高
能ケ坂砦	掛川市小貫	本多康孝持	天正７年		三河
火ケ峰砦	掛川市下土方他	大須賀康高持	天正８年		三河・高
鹿ケ鼻砦	菊川市大石	大須賀康高持	天正７年	天正８年６月	三河・家忠
中村砦	掛川市中	大須賀康高持	天正７年	天正８年３月	三河・家忠・武徳
三井山砦	掛川市大坂三井	酒井重忠持	天正７年	天正８年	三河・家忠・武徳

注）出典のうち、三河は『三河物語』、家忠は『家忠日記』、武徳は『武徳編年集成』、高は『高天神記』を示す。　平山優『武田氏滅亡』（角川選書）掲載の表を引用

勝頼も、高天神城に入って補給を実施し、十二月に帰国した。これが遠江に侵攻した武田勝頼最後の軍事行動となった。

勝頼と、氏政・家康が駿河で戦っている間、北条氏は、家康の仲介により、織田信長との同盟交渉を開始していた。天正七年九月十一日、京都に滞在していた信長のもとに、北条氏照（氏政の弟）から鷹三羽が贈られた。信長は、氏政が九月に黄瀬川で勝頼と対陣し、家康と共同作戦に入ったのをみて、北条氏が織田・徳川の味方になったと判断した。

天正八年三月、織田・北条両氏は、京都で本格的な同盟交渉に入った。織田方の取次役は滝川一益、北条方は重臣笠原越前守康明、間宮若狭守綱信（氏照家臣）、原和泉守であった。この時、北条方は①北条氏と織田氏は婚姻を結ぶこと、②北条氏は織田氏に従属すること、を

確認したといい、これにより織田・北条同盟が成立した。こうして、織田・徳川・北条同盟が締結され、勝頼包囲網が形成されることとなったのである。

4　武田勝頼の栄光と挫折

甲佐同盟、北条氏政を圧迫す

甲相同盟が破綻し、駿豆国境と西上野・東上野の境界で北条軍との戦闘が激化すると、武田勝頼は、上野方面の戦闘を重臣真田昌幸に委ねた。昌幸は、かつて武田家への人質として甲府に送られたが、信玄の目に止まって、近習（きんじゅう）に抜擢され、長じて旗本足軽大将に任じられた。そればかりか、武田一族大井氏（信玄の生母大井夫人の実家）の一門武藤家の養子となり、武藤喜兵衛尉昌幸と称し、ゆくゆくは武田家の宿老になることが約束されていた。だが天正三（一五七五）年五月の長篠合戦で、兄信綱・昌輝が戦死したため、実家の真田家を継承することとなった。この時、昌幸は武田重臣格のまま、真田家を相続したため、真田氏は譜代格に昇進することとなる。昌幸は、上野国岩櫃城代（吾妻郡司）に任じられ、箕輪城代（西上野郡司）内藤大和守昌月とともに西上野の統治を、勝頼から委任された。

武田方の東上野調略と、甲佐同盟を軸とする「東方之衆」との共同作戦は、天正七年八月から本格化した。佐竹らは、下総、東上野に相次いで攻め込む。勝頼も、これを支援すべく、十月初旬、由良国繁の新田金山城を攻め、周辺を荒らし回った。武田と「東方之衆」による東西の圧力は、東上野や上武国境の国衆を動揺させた。

西上野の武田方は、信濃衆と内藤昌月らの箕輪衆らが、武蔵国鉢形城（埼玉県寄居町）を攻め、「生城」（外郭部を奪われ主郭部のみが抵抗を続けている状態）に追い込んだという。当時氏邦は氏政とともに駿河に在陣中で、武田勝頼と対峙していた。鉢形城は留守居衆が守っていたのだろう。

こうした情勢下で、天正七年十月、今村城主（群馬県伊勢崎市）那波顕宗が武田氏に従属した。また、由良国繁と館林長尾顕景兄弟も、佐竹義重の調略に心を動かし、帰属の内意を伝えていたという（ただし、由良国繁は結局、北条方から転じることはなかった）。

そして、武田氏に帰属した厩橋城主北條芳林、不動山城主河田重親、今村城主那波顕宗らは、武田氏の要請に従い、沼田城の調略と攻撃を開始した。十一月、上野の武田軍は、要衡名胡桃城（群馬県みなかみ町）をも攻撃している。

武田軍の東上野・北武蔵侵攻や、佐竹方の調略による由良・館林長尾の動揺により、東上野の旧上杉方諸将は十二月になると相次いで武田氏に従属する意志を示した。このため、沼田城、名胡桃城、猿ヶ京城（群馬県みなかみ町）などは、武田方の勢力圏に取り残される形勢となった。沼田の北条方も動揺し始めており、沼田衆小中彦兵衛尉らが武田氏に転じ、その同心衆も続々と北条方から離反している。

また内藤昌月らの武田軍は、十一月、武蔵鉢形城を攻撃し、十二月下旬には、武田方の倉賀野衆と北条氏邦麾下の宮古嶋衆が衝突している。鉢形周辺での攻防戦が、続いている様子が窺われる。武田方の鉢形攻めは、天正八年一月まで続いた。そして、天正八年三月、八崎城（群馬県渋川市）と多留城（榛、同前）を支配していた白井長尾憲景も、武田氏に従属した。

北条氏は、上野・北武蔵・下野・下総などで劣勢となり、北条氏政は二月二十三日に北条氏邦に宛てた書状のなかで、事態の急変に驚き「このままでは、北条氏は遂に滅亡に追い込まれるかも知れない。上野国は勝頼のものとなり、氏政に忠節を尽くそうなどという者はいないありさまだ。必ず後悔させてやるので、みていろ」と危機感と悔しさを露わにしている。

天正八年三月頃、佐竹義重に心を寄せ始めていた由良国繁は、秘かに武田勝頼にも内応の意思を伝えていたらしい。

こうして、東上野における北条方の勢力は、沼田城（用土新左衛門尉）、猿ヶ京城（木内八右衛門尉・尻高左馬助ら）、名胡桃城・小川城（小川可遊斎、群馬県みなかみ町月夜野）などを数えるだけとなってしまった。東上野の北条領国は、天正七年十一月から同八年三月までの武田軍（箕輪衆・信濃衆・厩橋衆・那波衆ら）による攻勢でずたずたに分断され、さらに佐竹義重の調略で由良・館林長尾氏が動揺し、北武蔵にも影響が及ぶ事態となった。甲相同盟の崩壊は、氏政の関東支配に大きな危機をもたらしたのである。

沼田城攻略

天正八（一五八〇）年、上野国の真田昌幸は、叔父矢沢頼綱とともに、北条方への調略を仕掛けた。昌幸は、小川城主小川可遊斎の調略を開始し、二月、彼の家臣小菅刑部少輔を内通させることに成功した。昌幸は、もし可遊斎が調略に応じなければ、小川城を乗っ取る考えだったようだが、三月、可遊斎は小菅を通じて武田氏に従属することを申し出た。勝頼と昌幸はこれを歓迎し、三月十六日、勝頼は小川可遊斎に朱印状を与え、望み通り利根川の西岸荒牧（群馬県みなかみ町）などを与え、河東は後で与えると約束した。昌幸も、もし沼田城の北条方から、小川城が攻撃されたら、昌幸が加勢に行くと約束している。

小川城主小川可遊斎の帰属により、北条方の沼田城と、名胡桃城、猿ヶ京城は分断されてしまった。沼田城の北条方は、武田方に攻撃を仕掛けたが、矢沢頼綱に撃退された。危機感を募らせた北条方は、鉢形城主北条氏邦を沼田に派遣した。四月、北条氏邦らと真田昌幸は、利根川に架かる後閑橋（現在の月夜野橋）で衝突する。この合戦で、昌幸は後閑橋突破を諦めたが、武田方優位の情勢は変わらなかった。

まもなく、真田昌幸は、名胡桃城の鈴木主水を帰順させ、尻高左馬助・木内八右衛門尉らが籠城する、上越国境の猿ヶ京城への調略に着手した。昌幸は、猿ヶ京城に居城する須川衆中沢半右衛門を味方につけることに成功し、五月初旬、猿ヶ京城を攻撃した。中沢は、これに呼応して三の曲輪に火を放ち、城内を混乱させたが、城は何とか落城を免れたらしい。昌幸はさらに須川衆森下又左衛門の調略に成功し、猿ヶ京城に猛攻を加え、五月中旬までにこれを陥落させた。尻高らは、武田方に降伏し、帰属することを誓約したようだ。

小川城、名胡桃城、猿ヶ京城が武田方の手中に落ちたことで、沼田城とそれを取り巻く北条方の後閑城（明徳寺の要害、天神山城、みなかみ町、渡辺左近允・西山市之丞・師大助・沢浦隼人らが在城）と、沼田城に籠城していた上野衆金子美濃守らは動揺した。
　沼田城には、用土新左衛門尉が城将として籠城していたが、昌幸はまず、金子美濃守、渡辺左近允、西山市之丞らに調略を仕掛けた。これは成功し、三人はそれぞれ籠城していた城から脱出して、名胡桃城に走ったという（『加沢記』他）。これにより、沼田の北条方はさらに動揺し、恩田・中山・発智氏を始め、宮田衆などの、勢多・利根郡の土豪層は相次いで武田氏に転じた。

　勝頼は、真田昌幸を通じて、五月二十三日、吾妻衆海野長門守幸光・能登守輝幸兄弟と、帰順した金子美濃守・渡辺左近允の四人に、名胡桃城への在城を指示した。

　勝頼と昌幸は、その後も、勢多・利根郡の北条方の調略を行い、沼田城を攻略後は、新恩地を沼田領で与えると約束した。この結果、沼田城を除き、北条方に留まる者はいなくなった。完全に孤立化し、武田方に封鎖された沼田城の陥落は、時間の問題となった。

　沼田城包囲戦を指揮していた真田昌幸は、八月、沼田城代用土新左衛門尉に密書を送り、武田方に内応するよう働きかけた。用土新左衛門尉は遂に、これに同意することを、昌幸に伝えた。昌幸は、味方にも用土の内通を秘密にし、勝頼側近土屋昌恒と跡部勝資だけにこれを打ち明けている。

用土は、昌幸に恩賞は自分の望み通りに欲しいと申し入れ、勝頼からの内諾を得た。用土は、沼田城でクーデターを起こしたらしく、八月下旬頃、城内の小田原衆を降伏させ、開城した。

勝頼は、用土新左衛門尉を厚遇し、武田氏の通字「信」を与えて信吉（のぶよし）と名乗らせた。さらに信吉は自ら、藤田へと改姓し、受領を能登守と称した。これは藤田宗家を継承していた北条（藤田新太郎）氏邦と、上野経略の先鋒を努める氏邦重臣富永能登守助盛（とみながのとのかみすけもり）（のちの猪俣（いのまた）能登守邦憲（くにのり））に対抗する意図があったといわれている。なお、藤田信吉は、勝頼の斡旋で、勝頼の異母兄海野龍宝の息女を正室に迎えたという（『管窺武鑑（かんきぶかん）』）。さらに信吉は、約束通り、武田氏より利根東郡（利根郡片品川（かたしながわ）沿岸の地域）や、沼田城領三千貫文などを与えられたという（『管窺武鑑』）。これは事実らしい。沼田城と引き換えに、勝頼は莫大な所領を藤田信吉に保証したのだった。だが、これが後に上野国における武田氏の凋落に直結する事態になってしまうことになる。

勝頼、信玄時代を超える最大版図を実現

勝頼は、九月、上野に出陣し、新田金山領に侵攻した。攻撃目標は、佐竹氏に内通する意

志を示しながらもなお旗幟を鮮明にしていなかった由良国繁であった。武田軍は新田金山城の近辺まで押し寄せてここに布陣し、太田宿を始め、根古屋まで放火するなど、由良氏を圧迫した。武田軍は、由良軍と城下で衝突し、これを城に追いやった。だが、金山城は堅固で、勝頼は城を落とすことができなかった。武田軍は、小泉領の富岡対馬守、館林領長尾顕長を攻撃し、甚大な被害を与えた。さらに、膳城を十月六日に攻略し、千人余を討ち取ったという（「赤城神社年代記録」）。

危機感を募らせた氏政・氏直父子は、十月、武蔵国本庄（埼玉県本庄市）まで出陣したが、決戦を挑もうと勝頼が接近してきたことを知ると、兵を退いてしまった。勝頼は、氏政の動向を見極めるべく上野にしばらく在陣し、上野国玉村の領主宇津木下総守を従属させ、今後は武蔵に侵攻すると宣言した。沼田城攻略と、勝頼の東上野侵攻により、武田氏は、館林・新田領を除く、上野国の平定をほぼ完了した。

この結果、勝頼は、御館の乱介入と甲越同盟により獲得した、越後西浜、根知、不動山城周辺（新潟県糸魚川市）、飯山領（長野県飯山市）、志久見郷（長野県栄村）、越後妻有庄、波多岐（新潟県十日町市・津南町）のほか、上野国の過半を制圧したことにより、父信玄時代を超える最大の版図を誇るに至ったのである。

しかし、この間、武田氏にとって対外情勢は悪化の一途をたどっていた。勝頼が、上野制圧をほぼ確実なものとしていた天正八（一五八〇）年八月二日、大坂本願寺が、織田信長に降伏したのである。このため、重要な同盟関係にあった、本願寺・一向一揆が、対信長戦から脱落した。毛利氏も、織田方に押され始めていたのである。

勝頼・氏政・家康の戦い続く

武田勝頼は、天正八（一五八〇）年三月、駿豆国境の沼津三枚橋城の拡張工事を始めた。いっぽうの北条氏政は、安房里見氏と「相房和睦」を成立させ、武蔵・上総・下総より軍勢を招集し、閏三月、駿豆国境に兵を進めた。そのため関東では、武田・北条両軍の大合戦が始まるとの噂が広まっていた。

北条軍は、足柄峠を越え深沢城と御厨（みくりや）地方を攻撃し、各地を放火した。勝頼は、甲府でこの報告を聞くと、ただちに出陣準備に入り、当面の手当てを江尻城代穴山信君に指示した。

そして四月、武田水軍向井兵庫助（ひょうごのすけ）正綱（まさつな）、小浜（おばま）民部左衛門尉（みんぶざえもんのじょう）景隆らと、北条水軍の梶原景宗らが沼津沖で衝突した（沼津沖海戦）。この海戦は、武田水軍が勝利したらしく、その後、武田水軍は伊豆沿岸部の数ヵ村を撃破し、北条方の軍船を拿捕（だほ）している。勝頼は、沼津三枚橋城の普請強化と、駿豆国境防衛のため、自身が本隊を率いて出陣するまで、春日信達、真田昌幸、山県昌満、小山田備中守昌成、内藤昌月らに警戒を厳重にするよう命じた。

勝頼が、沼津に到着したのは、それからまもなくの五月下旬のことであったようだ。武田軍本隊が到着すると、勝頼は伊豆に向けて新たな砦を構築した。これが天神ケ尾砦（沼津市岡宮）、もしくは沢田砦と推定されている。勝頼は、自身と入れ替わりに、沼津に参陣していた内藤昌月を、西上野の箕輪城に戻し、上信国境を固めさせている。

その後、沼津の武田軍と、三島の北条軍の対峙が続いたが、大規模な戦闘は発生せず、両軍の対峙が続いた。

武田と北条の対峙が続いているころ、徳川家康は、天正七年以来本格化させていた、高天神城包囲のための付城構築を急いでいた。既述のように、徳川方が築いた主要な付城は、俗に「高天神六砦」と呼ばれている（小笠山砦、大坂砦（相坂、三井山砦）、中村砦、火ケ峰砦、鹿ケ鼻砦、能ケ坂砦）。このうち、最後に築城されたのは、鹿ケ鼻砦（獅子ケ鼻砦、菊川市大石）で、天正八年六月に普請が行われ、まもなく完成した。

また家康は、勝頼が駿豆国境で北条軍と対峙しているなか、大井川を超えて駿河に侵攻し、田中城、用宗城や遠江小山城などを攻撃して、武田の背後を脅かして引き揚げた。なお、伝承によると、徳川軍は、「高天神六砦」の他にも、さらに念を入れて高天神城包囲のための付城を構築したといい、それらは矢本山砦（耳付砦、掛川市土方字嶺向、伝天正八年十一月）、林ノ谷砦（同市土方字嶺向、伝天正八年十一月）、安威砦（同市上土方字青谷、伝天正七年）などであるという。家康の慎重な性格が窺われる。

ところで、勝頼と駿豆国境で対陣中であった北条氏は、そのさなかの八月十九日、氏政が息子氏直に家督を譲り、隠居することを宣言した（戦北二一八七号）。これ以後、氏政は「御隠居様」と呼ばれることとなる。この隠居は、織田氏との関係を重視した結果、実施されたといわれている。織田氏と同盟を締結した際、北条氏は氏直に信長の息女を正室として迎える約束をしていた。武田勝頼と佐竹義重ら「東方之衆」との連携により、北条氏は危機的な状況を迎えていた。こうした背景から、信長の婿となる予定の氏直を当主に据えることで、より一層、織田・徳川方からの支援を引き出そうと、氏政は考慮したようだ。この時、氏政四十二歳、氏直十九歳であった。

「甲江和与」交渉

織田・徳川・北条同盟が結成されたのと同じ天正七（一五七九）年、武田勝頼は遂に織田信長との和睦交渉に踏み切った。これを「甲江和与」（天正七年〜八年）、「甲濃和親」（天正九年）と呼んでいる。このうち、「甲江和与」は常陸佐竹義重を仲介に信長と、「甲濃和親」は織田家督の信忠を主な相手に、臨済宗の高僧たちを仲介として実施した交渉を指す。

勝頼は、まず天正七年、安土城に使者を派遣し、織田信長との和睦交渉を試みた。だが、勝頼の使者は馬や太刀などの贈答品を携え、安土城に到着したものの、面会すら許されず、翌天正八年閏三月になっても放置されたままだったという。

「甲江和与」の交渉は、天正七年十月ごろ始まったと考えられる。勝頼は、佐竹義重を仲介として「甲江和与」の交渉を開始したことを、天正七年十一月、同盟国上杉景勝に報じている。景勝は驚いたようで、この直後、勝頼に対し、血判起請文の提出を求め、自身も起請文を送り、同盟堅持を確認している。

だが、佐竹義重を仲介とした勝頼と信長の和睦交渉は進展しなかった。信長は、武田と和睦する必要性をまったく認めなかったからである。その間、武田氏は、遠江の拠点高天神城を徳川氏によって包囲・封鎖され、北条氏政に足を取られ、これを救援することもままならなくなっていた。

天正七年十一月、駿河に在陣し北条氏政と対陣中の勝頼は、甲府留守居役に対し、勝頼嫡男武王丸の元服式の準備を指示した。この時、武王丸は十三歳。勝頼帰陣後の十二月、元服が行われ、太郎信勝になったと推定される。そして勝頼は、信勝に家督を譲って「御屋形様」とし、自身は「御隠居様」となったと考えられる（戦武三三五二号）。

　これと連動するように、武田家中では、武田一族や重臣の官途、受領が一斉に変更された。例えば、武田左馬助信豊→相模守信豊、小山田左衛門大夫信茂→出羽守信茂、穴山玄蕃頭信君→陸奥守信君、春日源五郎信達→弾正忠信達、山県源四郎昌満→三郎右兵衛尉昌満、小山田菅右衛門尉昌成→備中守昌成（小山田虎満〈玄怡〉の子）、跡部大炊助勝資→尾張守勝資、跡部美作守勝忠→越中守勝忠、桜井右近助信忠→安芸守信忠、長坂五郎左衛門尉昌国（釣閑斎の子）→筑後守昌国、内藤修理亮昌月→大和守昌月、今福市左衛門尉昌和（今福長閑斎の子、諏方郡代）→筑前守昌和、今福新右衛門尉昌常（長閑斎の子、昌和の兄弟）→和泉守昌常、曾根内匠助昌世→下野守昌世、真田喜兵衛尉昌幸→安房守昌幸、などである。こうした武田一門や重臣層の受領、官途の一斉変更は、太郎信勝の元服と家督相続と密接に関わると考えられよう。なお、真田信之（信幸）の元服と偏諱も、信勝の元服に伴うものであると伝えられている（『大鋒院殿御事蹟稿』）。

　だが、信勝が新屋形として政治、軍事を主導した形跡はなく、依然として勝頼がすべてを掌握しているので、信勝家督は形式的かつ象徴的な意味に止まったとみられる。信勝はまだ十三歳であり、政権運営は困難だったからであろう。ならば、なぜ勝頼は、信勝の元服、家督相続、家中の刷新という儀式を行わねばならなかったのか。それは、「甲江和与」交渉の開始に伴う、勝頼から信長へのシグナルという意味を持つものであったと考えられる。

信勝の生母龍勝院殿は、織田信長の養女（美濃苗木遠山直廉の息女、信長の姪）であり、武田・織田同盟（甲尾同盟）の証として輿入れしてきた経緯があった。つまり、信勝は織田氏との血縁がある人物であった。そこで、信長と戦ってきた経緯のある勝頼が、形式的にせよ隠居して後景に退き、織田氏の女性を生母に持つ信勝を新屋形として前面に押し出すことにより、「甲江和与」を進めようとしたのではないか。

さらに勝頼は、人質として武田氏が庇護していた、信長の息子源三郎を送還し、「甲江和与」実現に弾みをつけようと考えた。

織田源三郎は、幼名を坊丸（お坊、御坊丸）といい、信長の四男である（織田系図の諸本では信長の五男とされ、諱は勝長といわれてきたが、いずれも誤り）。彼は信長の叔母が嫁いでいた東美濃岩村城主遠山景任の養子となったが、元亀三（一五七二）年に養父が急死し、さらに同年十一月、岩村遠山氏が武田方に転じると甲府に送られ、人質になったとされる（信長が、それ以前に人質として武田氏のもとへ送ったという異説もある）。坊丸は、武田氏のもとで扶育され、勝頼のもとで元服し、偏諱を与えられ「信房」と名乗った。

勝頼は、手元に置いていた織田源三郎信房を、信長のもとに送り返すことで、なかなか進展しない「甲江和与」交渉打開の切り札にしようとしたのだろう。佐竹義重は、交渉打開のため、織田信房を利用することを持ちかけ、身柄の預かりを申し出たらしい。勝頼は、織田信房を武田信豊の婿とすることを信長に承認させたうえで、それをもとに「甲江和与」を成就させる方針で、佐竹氏のもとに送り、織田との交渉の切り札として身柄を委ねた。ところが佐竹は、勝頼と綿密な打ち合わせもせず、天正八（一五八〇）年三月頃、独断で信房を織田方に送り届けてしまった。これに武田側は不快感を露わにしたが、そればかりか信房送還と織田との和睦が実現したとの噂を聞いた上杉景勝から、強い抗議を受ける結果となった。

景勝の怒りは凄まじかったらしく、武田氏は甲越同盟破綻を恐れ、弁明に徹した。武田方は、①「甲江和与」成立は噂であって事実ではなく、佐竹義重が仲介するも、交渉は捗っていない、②織田信房の帰国は、佐竹氏の要請に応じて彼の身柄を渡したところ、和睦実現の見通しもないまま勝手に帰してしまったことによるもの、③織田信房送還は、武田氏が上杉景勝を出し抜き、先に織田氏との和睦を進める意図ではなく、行き違いによるものである、

④武田氏は、去年（天正七年）、勝頼が血判起請文を作成し、景勝との和親が不変であり、もし織田氏と和睦するのであれば、上杉氏を含めた「甲越江三和」の形態を取ることを約束したこと、⑤「甲江和与」交渉の議題にも、「甲越江三和」はちゃんと挙げていること、などを書き連ねている。

いっぽうで武田氏は、「甲江和与」交渉の過程で思わぬ情報を耳にしていた。上杉景勝もまた、織田信長との和睦を望み、秘かに使者を安土城に派遣していたというのだ。武田方は、これを織田領国から帰ってきた者たちから聞いた話としている。跡部勝資はこの情報を「下々の者たちが根拠もなく勝手に噂しているに過ぎない」としながらも、武田氏は、甲越同盟もあるので、このような噂は信じていないと述べ、上杉氏を牽制していた（景勝と信長の和睦交渉は、天正八年に決裂）。

「甲江和与」交渉は、織田信房の送還をめぐり、武田・佐竹両氏の意見が対立した結果、義重が仲介から手を引いたらしく、失敗に終わった。なお、帰国した織田信房であるが、父信長との対面は一年半も実現せず、結局、勝頼との交渉が決裂した直後の、天正九年十一月に安土城に呼ばれ、久しぶりの父子対面がかなった。信長は、信房を尾張犬山城主に任じ、重臣池田恒興の女を正室として娶（めあわ）せている。

「甲濃和親」交渉の挫折

「甲江和与」交渉は不調に終わったが、勝頼は信長との和睦を望み、天正九（一五八一）年、交渉を再開した。この時の仲介役は、臨済宗の僧侶たちであった。武田氏と臨済宗との繋がりは深く、とくに関山派に武田信玄が帰依していたことは著名である。

勝頼は、甲斐恵林寺住職快川紹喜を通じて、京都の妙心寺など臨済宗の本山系寺院を動かし、信長との交渉を行っていたらしい。臨済宗では、美濃国大竜寺麟岳淳厳と本田通玄寺の栢堂を織田氏との窓口とし、京都では妙心寺の南化玄興が「甲濃和親」交渉の中心を担った。臨済宗は、京都妙心寺などが、織田信長と緊密な関係にあった。特に、尾張政秀寺住職澤彦宗恩は、信長が美濃国稲葉山城を陥落させてここに本拠を移した際に、「岐阜」と改称することを、また信長が使用する印判に刻む印文を「天下布武」とするよう提案したと伝わる（『延宝伝灯録』『甫庵信長記』「政秀寺記」など）。さらに、信長は安土城の敷地に、臨済宗総見寺を建立し、南化玄興に「安土山記」（「虚白録」）を起草させている。

勝頼は、信長と臨済宗の親密な関係に注目し、南化玄興らを仲介とし、岐阜城の織田信忠との交渉を始めた。この交渉は、順調に進んだように見えたらしい。天正九年九月、佐竹氏と里見氏は、武田勝頼から佐竹義重のもとに、織田信長との和睦についてほぼ決着がついたとの情報がもたらされたことを確認している。

だが、「甲濃和親」も結局成立しなかった。交渉妥結は、まったくの虚報だったのである。恐らく、信長は交渉がうまくいっているように見せかけ、天正九年十月頃、交渉を打ち切ったのであろう。このころまでに、織田・徳川方は、大坂本願寺降伏（天正八年八月）、遠江高天神城攻略（天正九年三月）、越後新発田重家の叛乱（天正九年六月）などを実現し、武田攻めの準備を始めていた。信長にとって、もはや武田氏と和睦交渉をする戦略的価値すら失われたのである。

徳川方の高天神城包囲網

武田氏が、遠江で確保していた要衝高天神城は、天正七（一五七九）年四月、武田勝頼が本隊を率いて大規模な補給を実施して以後、兵員交替と兵粮搬入はほぼ途絶していた。天正七年以来、遠江国吉田城の在番にかわって、高天神城将として籠城していたのが、駿河衆の重鎮岡部丹波守元信である。彼は、武田水軍の統括者の一員でもあった。高天神城は、当時は城下の付近まで、入江（菊川入江）が入り込み、遠州灘と繋がっており、城の近くには、今川時代以来の良港である「浜野浦」も存在していた。つまり、高天神城は、陸路での補給が困難となりつつあったため、海上からの補給を頼みの綱としていた。岡部元信が配置されたのも、武田水軍による海上からの補給を意図してのものであろう。

徳川方は、陸路の封鎖とともに、「菊川入江」からの補給をも遮断すべく、高天神六砦を効果的に配置していった。天正八年八月二日、武田方は船舶を使って、高天神城への兵糧搬入を実施しようとしたようだが、大坂砦の徳川方の妨害に会い、失敗に終わっている（『家忠日記』）。もはや、高天神城を救う手立ては、武田勝頼本隊の後詰め以外になくなった。

徳川方は、天正八年十月、高天神城近くまで軍勢を進め、城の四方に幅広い堀と高土居を築き、高塀、虎落（もがり）を整備し、城に向けて七重八重の柵を構築した。そして、一間に侍一人ずつを歩哨として配置し、蟻の這い出る隙もない警備を始めた。そればかりか家康は、勝頼が軍勢を率いて来援することに備え、駿河方面にも、土塁と大堀を整備させたのである。このため、勝頼が城を救援しようとしても、徳川軍を追うことは容易ではなくなった。

信長は、高天神城包囲陣が固められつつあったことを知ると、天正八年十二月二十日、家臣福富秀勝・長谷川秀一（ひでかず）・猪子高就（いのこたかなり）・西尾吉次（よしつぐ）を、陣中見舞いに派遣した。彼らは、小笠山砦で家康以下諸将の出迎えを受け、徳川方の陣場を検分し、二十三日には帰国の途についた。家康と酒井忠次は、彼らを浜松まで見送っている。徳川方の陣所の普請は、明けて天正九年二月まで続いた。

いっぽう高天神城内は、追い詰められており、天正七年秋に城将岡部元信・栗田鶴寿・江馬右馬助をはじめ、城内の小者までが連署した救援要請の書状を、甲府の武田勝頼のもとに進上したという。武田方も、小山城、滝堺城（たきさかいじょう）から陸路での補給を何度も試みていたが、徳川方の「かまり」（忍びの者）や伏兵に襲撃され、失敗に終わっていた。

高天神城からは、匂坂甚大夫や暮松三右衛門尉が決死の覚悟で、徳川の包囲網をくぐり抜け、何度も城と甲府を往来している。だが勝頼は、高天神城救援の約束を明示することはなかった。

天正九年一月三日、安土城で正月を迎えていた織田信長のもとに、勝頼が高天神城救援のため、軍勢を招集したとの情報がもたらされた。信長は、息子織田信忠軍に出陣を命じたが、これは誤報だったようだ。

高天神城落城――勝頼の焦燥を利用した信長

かくて高天神籠城戦は、三年に及び、勝頼からの援軍も来ず、武田方は進退窮まった。そこで、岡部元信らは一月二十日頃、徳川軍の陣所に矢文を送り、城兵の助命と引き換えに、高天神城、小山城、滝堺城の遠江三ヶ城を明け渡すことを申し入れたようだ。これを見た家康と重臣らは、協議の結果、その矢文を信長のもとへ転送し、指示を仰いだ。信長は、一月二十五日付で高天神に在陣する水野忠重に書状を送り、自らの考えを徳川氏に伝えるよう命じている（信長九一三号）。

信長は、この降伏と三城開城の申し出の受諾に反対の考えを示した。信長は、①勝頼が、現状で高天神城を救援できないこと、②もし出陣してきたら、協同で撃滅すればよい、③降伏受諾で、家康の遠江平定は容易だろうが、来年に予定している甲斐・信濃の武田領攻撃に影響が出ると考える、④もし自分が出陣した作戦で、甲信の山岳地帯で武田軍に苦戦したり、長期戦に引きずり込まれれば、信長の体面に傷がつく、と記していた。信長は、このまま降伏も許さず、高天神城を窮死に追い込めば、来年の武田攻めでは、勝頼は駿河を維持できなくなるだろう、と展望していた。

徳川家康は信長の勧告に従い、降伏の申し出を黙殺し、城の包囲を続けた。高天神城では、遂に兵糧も尽き、城内では餓死する者が増え始めた。絶望した籠城衆は、天正九（一五八一）年三月二十二日夜、城から突出し、徳川軍陣地を攻撃した。城方は、城将岡部元信、信濃衆栗田鶴寿を始め、甲斐・信濃・西上野・駿河・遠江の武士六百八十余人が戦死した。だが、城内に放置されていた餓死者の数の方が多かったという。高天神城は、悲惨な結末を迎えた。それでも、武田重臣横田尹松（よこたただとし）、信濃国衆相木（あいき）（阿江木）常林（じょうりん）など、わずかではあるが包囲網を破って生還した者もいた。余談ながら、その一人に、宮地久作という遠江出身の武士がいた。この人物は、後に西尾是尊の養子となって、西尾仁左衛門と名乗り、越前松平家に仕官した。そして、慶長二十（一六一五）年五月、大坂夏の陣で、大坂方の真田信繁を討ち取る勲功を挙げている。

城内から、天正二年以来幽閉されていた、徳川家臣大河内政局（まさもと）が救い出された。城内で生き延びていたのは、彼ただ一人だったと伝わる。高天神城陥落の情報を、安土城で知った信長は驚喜し、三月二十五日、家康に書状を送り、彼を慰労している。

高天神城落城は、勝頼に計り知れない政治的打撃を与えた。当時の人々は、勝頼が信長の武威を恐れ、武田領国各地の名だたる人々を救援することなく、無残な死に追いやったと認識した。かくして勝頼の求心力と威信は完全に失墜し、「天下の面目を失った」といわれるほどであった。武田氏にとって、もはや取り返しのつかぬ事態となったのである。

では、なぜ勝頼は高天神城救援に動かなかったのだろうか。それは、この時期、勝頼が織田と和睦交渉（「甲江和与」「甲濃和親」）を行っていたからだと推定される。勝頼は、織田との和睦を実現し、さらに家康とも和睦することで、高天神城を救おうと考えていたのではあるまいか。だが信長は、交渉を長引かせつつ、勝頼から譲歩を引き出し、息子信房まで取り返した。その間、高天神城は追い詰められ、落城したのだった。信長は、上杉景勝の家臣新発田重家を叛かせ、上杉への攻勢を強めると、勝頼との交渉を打ち切ったのである。

つまり信長には、最初から和睦の意思はなく、武田氏との交渉を長引かせることで、家康の高天神城奪回を後押しし、さらに新発田重家の叛乱を使嗾して、甲越同盟を揺さぶる時間を稼いでいたのだろう。もし和睦交渉の間に、武田と徳川の戦闘が起これば、交渉打ち切りの口実となる。信長は、勝頼の焦燥をうまく利用したといえよう。

新府築城――築城開始時期をめぐって

武田勝頼は、甲府に代わる新たな本拠地を、韮崎に建設することを決断し、築城を開始した。これが新府城である。ところで、新府城の築城開始がいつなのかは、はっきりしていない。通説によると、天正九（一五八一）年一月から始まったとされている。その根拠となった真田昌幸書状を掲げよう。

就于上意令啓候、仍新御館被移御居候条、御分国中之以人夫、御一普請可被成置候、依之、近習之方ニ候跡部十郎左衛門方、其表為人夫御改被指遣候、御条目之趣有御得心、来月十五日ニ御領中之人々も着府候様ニ可被仰付候、何も自家十間人足壱人宛被召寄候、軍役衆ニ者、人足之粮米ヲ被申付候、水役之人足可被指立候由上意候、御普請日数三十日候、委曲跡十可被申候、恐々謹言

正月廿二日　　真安

昌幸（花押）

（宛所欠）

この通達は、①新府城の普請は武田領国全域から動員される人夫（「御分国中之以人夫」）によって担われること、②各領主の所領（「御領中」）から徴発する人夫については、勝頼近習跡部十郎左衛門が人足改を実施したうえで決定すること、③徴発された人夫は来る二月十五日までに新府に集まること、④人夫の動員基準は家十間につき一人の割合であること（人足改は棟別改だったのであろう）、⑤軍役衆（武田軍の兵卒）は人足の食糧と水役の人足

（普請中の湧水除去や飲み水運搬の人足であろう、近世の水役とは意味が相違する）を負担すること、⑥動員の日数は三十日であること、などである。またこの真田昌幸文書のほかに、詳細を指示した武田氏の「御条目」が発給されていたようだ。

ところで、この昌幸書状の年代推定が、天正九年から天正十年に変更されたため、新府築城の開始時期は不明となってしまったのだ。問題となったのは、最初の行にある「仍新御館被移御居候条」である。これまでは「さて、新御館にお住いを移られるので」と解釈してきたのだが、近年指摘されるように「さて、新御館に移られたので」と読むのが正しい。つまり、この文書が発給された段階で、勝頼の新府移転は済んでいることになり、文書の年代推定が、天正九年一月ではなく、天正十年一月であることが判明したのだ。

このため、この文書を根拠に、新府築城が天正九年一月から開始されたとは主張できなくなってしまった。『軍鑑』には、天正九年八月から築城開始とあるが、これも事実とはいえない。というのも、勝頼が、天正九年九月に、上杉、佐竹ら同盟国に、新城完成を報告しているからである。今のところ、確証はないが、築城開始は、天正九年早々が妥当なところだろう。

新府築城に伴う重い負担

ただ、天正十(一五八二)年一月の新府築城に伴う動員は、重い負担を要求するものだった。

武田氏は、新府築城の動員を、従来武田氏が分国に賦課していた人足普請役(棟別役)とは別途と捉え、特別なものと位置づけていた。武田氏の人足普請役は、①郷村や町宿ごとの棟別(「郷次(ごうなみ)」「町次」「宿次」)に賦課され、②武田氏の必要性に応じて他国へも派遣され、③通常月三日間、年間三十日に限定されていた、④武田氏の人足普請役には、通常の普請役と「惣国一統」「一国一統」の普請役に区別され、後者は戦国大名「国家」の危機に対応する形で賦課されるものであった、⑤人足普請役は、武田氏の要請に応じて参陣する郷村や町宿の軍役衆(在村被官)に対しては免許されていた。

ところが新府築城の動員令は、これらの原則から逸脱する内容を含んでいた。なぜなら、新府築城動員のために、武田氏より直接近習が派遣され、①国衆領での「人足改」=棟別改が実施され、恐らく帳簿が作成されることになったこと、②ほんらい様々な諸役免許特権を受けているはずの軍役衆にも、人足の食糧負担と水役の人足負担が命じられていること、③新府築城のための人足は家十間につき一人とすること、④人足の動員日数は三十日(通常の人足普請役一年分に相当）の臨時役であること、などである。

さらに、この「御一普請」（新府築城）に対する見返り（免除規定）が、一切ないことも注目される。つまり武田氏の新府築城動員は、国衆、在村被官、領民などすべての階層にとって、過酷なものだった可能性が高いのだ。新府築城が、武田氏からの離反を決定づけたという説が根強いが、その可能性は無視できないだろう。実際に、武田氏滅亡直後、穴山梅雪が亡母南松院殿十七回忌法要を実施した時、その香語に「昨年秋には古府を廃し新府を築こうとした。だが古府は破壊されたものの、新府は完成せず、四方より敵が攻め寄せてきた。ああこれも天命か。一族や家臣たちは誰も勝頼を護ろうとはせず、すぐに散り散りになってしまった」と記し、新府築城を批判的に語っているからである。

だが、勝頼が天正九年十二月二十四日に、甲府から新府城に本拠を移した時までに完成していたのは、本丸、搦手門（からめてもん）などの一部だけであった。勝頼の居館とそれを守る本丸門などは完成していたが、その他の曲輪の造成や、矢倉、塀などの造作はほとんどできていなかったらしく、現状では発掘調査で確認されていない。

また、新府城の城下町も未整備で、周辺には家臣団の屋敷跡がいくつか伝承されているに過ぎない。それらをみると、長坂釣閑斎屋敷、安倍加賀守屋敷、秋山摂津守屋敷、山県屋敷、隠岐殿屋敷〈加津野〈真田氏〉か〉、穴山屋敷など、穴山、山県を除き、勝頼側近のものばかりである。このうち穴山梅雪の場合、武田氏滅亡時に甲府屋敷が依然として機能していることが確認できるので、新府城下の穴山屋敷に人質を置き、機能させていたとはいえない。ましてや武田信綱、一条信龍を始めとする一族や重臣層のほとんどは新府に屋敷が確認できず、築城をめぐる勝頼と一族、重臣との対立を物語るものといえるだろう。

ただ、隠岐殿屋敷では、焼失が明瞭な、かなりの規模の武家屋敷が発見されており、出土品や地名などから、真田隠岐守信尹（のぶただ）のものと推定されている。このため、一部の家臣屋敷は実在したといえるだろう。だが、町人地はまったく確認できない。

勝頼は、「半造作」（『軍鑑』）といわれるほど未完成の状態の新府城に、慌ただしく移転し、織田・徳川氏の侵攻に備えていたのであろう。勝頼の想定は、どうやら信濃から織田軍が侵攻するということであった。新府城は、信濃方面から敵を迎え撃つ最大かつ最後の要塞と位置づけられていたと考えられる。

しかし勝頼は、織田の武田攻めはまだ先のことと想定し、まずは本丸の完成を待って、本拠を移し、残りは天正十年早々から普請と作事を実施しようと考えていたのだろう。だが、歴史の動きは、勝頼の想定を雲散霧消させることとなる。

上野国の混乱

天正九（一五八一）年、これまで北条氏を圧倒していた上野国の情勢に変化が現れた。武田氏の高天神城陥落を境に、北条氏の反攻が始まったのだ。天正九年三月、北条氏は、武田に奪われた沼田城の奪回を企図した。ここで登場したのが、沼田平八郎景義である。沼田景義は、もと沼田城主沼田万喜斎（顕泰）の末子とされ、沼田氏は、家中の抗争と北条氏の圧迫により、沼田から没落し、上杉謙信の庇護を受けたといわれる。永禄三（一五六〇）年、景義は、上杉謙信の関東侵攻に従軍し、謙信により女淵城に配置されたが、北条氏の調略を受け、動揺した。そのため謙信に去就を疑われ、天正二年三月、追放された。その後景義は、『加沢記』によると、会津蘆名氏に庇護され、さらに上野国金山城主由良氏に匿われ、沼田奪回の機会を狙っていたという。

天正九年、沼田景義は、由良氏と北条氏の援助で、真田昌幸・矢沢頼綱が確保する沼田城の奪回を開始した（沼田平八郎の乱）。景義は、父祖以来の沼田衆を調略し、沼田乗っ取りを画策したという。景義は、由良氏らの参陣を得て、三月一日に行動を開始した（以下は『加沢記』による）。

この企てを、沼田城を守る藤田信吉・海野輝幸と、沼田を管轄する真田昌幸はすでに察知していた。昌幸は、ここで一計を案じる。沼田衆金子美濃守（景義の叔父）に働きかけ、景義を誘い出し暗殺する計略を立てたのだ。金子は、勝頼と昌幸から莫大な恩賞を約束され、心を動かし、甥景義謀殺の手引きを引き受けた。金子は、景義の調略に応じたふりをして、三月十五日夜、彼と手勢を秘かに沼田城下に招き寄せ、金子自身が先導して、水の手から城内に侵入し、一気に城を乗っ取ると持ちかけ、景義らを信用させた。果たして、景義らの手勢は、難なく沼田城の水の手まで潜入することに成功した。

ここで手筈どおり、合図とともに、金子が景義を刺し殺し、伏兵らがその手勢を次々に討ち取ったという。不意をつかれた景義は、金子の名を三度絶叫して絶命したと伝わる。沼田景義の沼田城奪回は失敗に終わり、待機していた由良氏らは空しく撤退したという。景義の死により、上野沼田氏は滅亡した。

天正九年三月、沼田平八郎の乱鎮圧後まもなくして、不動山城将河田重親と多留城主長尾憲景（白井長尾氏）、宇津木下総守（厩橋北條（きたじょう）氏の家臣）らが、相次いで武田氏から離反し、再び北条方に帰属した。まず天正九年五月以前に、長尾憲景と宇津木下総守が武田氏から離反し、武田・佐竹と戦端を開いた。また、河田重親も、天正九年七月以前に武田氏から離反した。

さらに十一月、吾妻郡羽根尾城主海野長門守幸光・能登守輝幸兄弟と、海野輝幸の子中務少輔幸貞の謀叛が発覚し、武田・真田氏によって誅殺される事件も発生した（以下は『加沢記』『羽尾記』『古今沼田記』等による）。

こうした一連の事件は、高天神城落城に伴う武田氏の求心力低下が重要な引き金であったと考えられる。というのも、高天神城で戦死した有力武将の中に、大戸浦野弾正忠、丹後守らの名がみえており、勝頼に見殺しにされてしまったことへの不信感が、上野衆に蔓延しつつあったと考えられる。

この他に、最も大きかったのは、上野衆への恩賞問題である。武田氏は、天正八年八月の沼田開城時に、用土新左衛門尉（藤田信吉）に対し、降伏、開城すれば恩賞を望みのままとするという条件を与えており、その結果、旧沼田城領のほとんどが彼の知行地になってしまうという結果を招いた。そのため武田氏は、天正七年以後、東上野の北条方を調略する際に、彼らに約束した恩賞を沼田周辺で与えることが出来なくなり、その代替地の捻出に腐心することとなる。この代替地の決定は長引き、天正九年になっても、まったく解決の見通しが立たなかった。勝頼も真田昌幸も、東上野衆を懸命に宥め、信濃などでの替地宛行に奔走していたが、彼らを納得させるにはほど遠かったようだ。これらの恩賞問題と、高天神城落城の余波が、上野国での相次ぐ謀叛に繋がっていたのだろう。武田氏は斜陽を迎えつつあった。

駿豆国境の異変

高天神城の落城と、上野国における国衆の相次ぐ離反などで、武田氏に暗雲が立ち込め始めた天正九（一五八一）年であったが、駿豆国境の対北条戦では鋭鋒が増していた。

天正九年三月から六月にかけて、武田水軍は、駿河湾の制海権奪取を目指し、攻勢を仕掛けた。三月二十九日、伊豆国久竜津（くりようつ）（静岡県沼津市久料）を、武田水軍小浜景隆・向井政綱・伊丹虎康らが攻撃した。北条水軍梶原備前守景宗は迎撃に出たが、船三艘を撃沈もしくは拿捕され、数十人の戦死者を出した。小浜同心小野田筑後守は、北条方の船を拿捕し、勝頼から褒賞されている。

このころ、勝頼のもとに、安房国里見義頼からの使者が到来し、武田・佐竹両氏に同盟を求めてきた。武田・佐竹氏は、北条氏を討つべく、十月、里見との同盟を締結した（甲房同盟）。こうして、武田、「東方之衆」、里見氏が連携する北条包囲網が形成されることとなったのである。

　いっぽうの北条方は、四月二十二日に駿河国深沢（御殿場市）に侵攻し、御厨一帯の麦刈などを行って、武田方を揺さぶったが、武田方の諸城は防備を固め、北条軍を寄せ付けなかった。

　五月、武田水軍は、夜半に伊豆国田子浦（西伊豆町）に奇襲上陸し、山本太郎左衛門尉正次の屋敷に攻めかかった。山本氏らは懸命に防戦し、自らも負傷しながら、早朝まで戦い抜き、ようやくこれを撃退したという。さらに、六月、武田水軍小浜景隆は、伊豆国子浦（南伊豆町）を襲撃し、周辺の村々に甚大な被害を与え、多数を討ち取った。

　武田水軍の攻勢に、北条氏は危機感を抱き、駿河国獅子浜（沼津市）の土豪で、口野五ヵ村（獅子浜・江浦・尾高・多比・田連）の代官植松佐渡守に新船の建造を命じている。

　北条氏は武蔵・相模の北条方を動員し、武田氏の本国甲斐に侵攻させ、勝頼を牽制した。四月十七日、北条方の津久井衆、檜原衆、滝山衆らが、甲斐に攻め込んだ。両軍は、甲斐国都留郡棡原（山梨県上野原市）と武蔵国多摩郡小河内（東京都西多摩郡）で交戦している。

　武田氏は、本国甲斐に北条軍が攻め込んでくることを予想しており、すでに三月二十日には、都留郡岩殿城に甲斐衆荻原豊前守（武田氏旗本衆、横目衆）とその同心十人に在番と城普請を命じていた。岩殿城は小山田信茂の持城であったが、軍事的危機が増したこともあり、勝頼は武田軍を進駐させて防備を固め、前線を維持しようとしたのであろう。

天正九年六月、北条氏は駿河・相模国境にある浜居場城（神奈川県南足柄市）に、城掟を与え、武田方への警戒を厳重にし、足柄城を支えるよう厳命している。

ところがその後北条方にとって不運な出来事が相次いだ。天正九年六月と八月、東海地方は台風に見舞われ、甚大な被害が出た。武田・北条ともに、駿河・伊豆での被害状況を調査し、その手当に必死になっているが、とりわけ八月の台風被害は、北条氏の方が大きかったようだ。武田方の駿河興国寺城の兵卒が、北条方の捕虜を尋問したところ、この大風雨で北条水軍の安宅船など多数が破損し、海上軍事が不可能になっているとの情報を摑んでいる。

いっぽうの勝頼も、江尻城代穴山梅雪に、家康と氏政に備えるため、台風で破損した田中城・小山城・天王山城（小長谷城）などの修理と警戒を指示している。

北条氏は、駿豆国境防衛強化のため、伊豆国徳倉（戸倉、静岡県清水町）で築城を開始した。徳倉城（戸倉城）は、北条氏が以前に築いた泉頭城と柿田川を通じて連携させることを意図したもので、韮山城を防衛する最前線を構成した。北条方は、駿豆国境の兵力を増強し、長久保城に清水太郎左衛門尉正次（清水康英の子）、徳倉城に北条氏光、獅子浜城に大石越後守、泉頭城に大藤（だいとう）式部少輔政信・多米（ため）（多目）周防守らを配備したといい、後に、徳倉城将として北条氏光に代わって重臣笠原新六郎政晴（松田憲秀の長男）を配置している（『北条記』）。

北条氏の徳倉築城と駿豆国境での兵力増強に対し、勝頼は、沼津三枚橋城に、甲斐衆曾根河内守らを加勢として派遣した。

ところが、天正九年十月、北条氏を震撼させる事件が起こった。築城がなったばかりの駿豆国境徳倉城将笠原新六郎政晴が突如武田方に寝返ったのである。沼津城将曾根河内守らの調略を受けてのものであったという。勝頼は、穴山梅雪らの援軍を徳倉城に派遣し、笠原支援のため、異母兄武田龍宝配下の信濃海野衆二百余騎を、城に配備したという（『北条記』）。

笠原政晴が、北条から離反した理由については明らかでないが、『軍鑑』によれば笠原は、勝頼が天正七年の武田・北条両氏対陣の際に、背後を徳川軍によって脅かされ、前面には四万に及ぶ北条軍が控えていたにもかかわらず、果敢に北条軍に決戦を挑み、また軍勢を返して徳川軍の攻撃に向かうという武功を見て、北条氏の先行きは見えたと判断して武田方になったと記している。

笠原政晴逆心は、ただちに北条氏政・氏直父子に報じられた。事態を重視した北条方は、韮山城防衛のため、出城山城（沼津市・清水町の境）を築き、北条氏光を派遣して、ここを千騎余で守らせている（『北条記』）。

笠原政晴逆心と徳倉城の失陥は、駿豆国境の軍事バランスを崩し、北条氏は危機に陥った。泉頭城や韮山城などが、武田に奪われる危険性が出てきたのである。駿豆国境の北条方は、ただちに徳倉城奪還に動いたが、戦局ははかばかしくなく、予想どおり、泉頭城や韮山城が、武田方の攻撃を受け始めた。

十一月初旬、勝頼は伊豆に出陣した。氏政・氏直父子もただちに出陣し、黄瀬川で対峙したようだ。勝頼は、北条軍との決戦を望んだようだが、川を前面に当てて土塁を築き、柵を構えて鉄炮足軽衆や弓衆を五重に折り敷かせて待機する北条軍の陣容に、攻撃を断念せざるを得なかった。

十二月、武田軍は、大平城に向けて進撃し、出城山（手白山）で北条軍を撃破した。その後も、北条軍と武田軍は、天正九年十二月から翌天正十年一月にかけて大平城と徳倉城を挟んでしばしば戦闘に及んだが、北条方は次第に劣勢となり、大平城では多くの将兵が死傷したため、このままでは落城する危険性が生じたといい、城主北条氏光は小田原へ加勢を乞わざるを得なかったという。

勝頼は、佐竹・結城・佐野氏ら「東方之衆」や安房里見氏に書状を送り、笠原政晴の帰属と氏政との対峙を報じ、北条軍を背後から牽制するため、出陣を要請した。だが、里見義頼は動かず、佐竹氏らも、北条氏を牽制することは出来なかったらしい。

勝頼は、駿豆国境の備えを万全にして、十二月十九日に甲府に帰陣した。甲府に帰った勝頼は、軍装を解く間もないほど慌ただしく甲府を引き払う作業に追われる。この年の春から実施されていた新府築城がほぼ成就し、勝頼は、本拠地を甲府から新府に移転することとなっていたからであった。そしてこれが、勝頼最後の作戦となった。

帰国後すぐの十二月二十四日、勝頼は遂に甲府を廃し、韮崎の新府城に本拠地を移転させた。甲府では、町衆が不安げに勝頼らの新府移転を見守っていたという。だが、新府城下は未整備で、武田一門衆や譜代らは、屋敷すら作らず、この時の移転には従わなかった。こうして、天正九年が暮れたのである。

信長、勝頼打倒に向けて動く

織田信長は、天正八（一五八〇）年、石山合戦を終わらせると、いよいよ武田氏打倒に向けて動き出した。信長が、武田攻めの意志を公式に表明したのは、天正九年一月、高天神城が降伏を申し出た矢文について、家康に送った回答においてである。信長は、家康に、天正十年春に武田攻めをすると宣言していた。

天正九年十月、信長重臣滝川一益は、三河国設楽郡名倉（愛知県設楽町）の国衆奥平喜八郎信光に書状を出し、信濃・三河の境目に砦を築くよう要請した。当時、奥平信光は、武節城に在城していたと伝わる。

いっぽう、徳川方は、天正九年三月の高天神城攻略後、遠江相良城、滝堺城を接収したようだ。七月、徳川家臣松平家忠は相良城に入り、改修工事を実施している。

十二月、織田信長は、家臣西尾小左衛門吉次を家康の元に派遣し、大量の兵粮を三河国東条城へ搬入させ、さらに西尾を相良城の検分に赴かせている。この時、東条城に搬入された兵粮は、八〇〇〇石とも（『武徳編年集成』「大三川志」等）、二万石ともいわれるが（「泰政録」）、『信長公記』によれば、西尾は黄金五十枚（五百両）を携え、兵粮八千余俵を調達したという。なお、この大量の兵粮米は、武田領国侵攻作戦があっけなく終了したため、結局使われることはなく、後に信長はすべて家康とその家臣団に分け与えている。

信長は、早くから武田氏の一族や家臣団に調略の手を伸ばしており、内通者を獲得していた。『軍鑑』によれば、その任務に当たっていたのは、信長家臣菅屋九右衛門尉長頼であったという。天正八年ごろから武田氏の譜代衆、御一門衆、先方衆からも内通者が出始めていたといい、この中には、曾根下野守昌世（信玄の両眼といわれたとされる譜代重臣）、駿河の有力国衆岡部正綱、そして武田一門の重鎮穴山梅雪などが含まれていたという。穴山梅雪が、数年前から織田・徳川方に内通していたのは事実である。

『軍鑑』によれば、武田家中に不穏な動きがあることを、勝頼側近跡部勝資・長坂釣閑斎らは察知していたが、勝頼に知らせることはなかったといい、また内通を噂された人々は、わざと長坂釣閑斎らに近づき、歓心を買い、隠蔽工作に徹したのだという。このため、跡部・長坂らは、彼らが敵に内通したとの噂は、根も葉もないものだと思うようになり、勝頼へ報告しなかったという。このほかにも、もと信濃守護小笠原長時の息子貞慶は、信長の命により、旧小笠原家臣らへの調略工作や、上杉領国で反景勝の叛乱を必死に画策していた。信長は、宣言通り、天正十年春の武田攻めに向けて、着々と準備を進めていたのである。

5 武田氏滅亡

木曾義昌の離反

明けて天正十（一五八二）年一月二十七日払暁、木曾義昌（信濃国木曽郡の有力国衆、正室は信玄息女真竜院殿）の家臣千村右京進がたった一人で新府城に駆けつけ、去る二十七日、義昌が織田氏に内通し、信長から領知安堵や新恩地宛行を約束する朱印状を拝領したと報告した。勝頼らは驚き、急ぎ出陣の準備を整えた。

義昌を調略したのは、東美濃の苗木城主遠山久兵衛友忠であった。義昌は、実弟上松蔵人を人質として、苗木城に送った。義昌の離反は、確実となった。

一月二十八日木曾義昌を討つべく、武田信豊を主将に、山県昌満・今福昌和・横田十郎兵衛尉ら三千余騎が信濃国府中（深志）方面から、高遠城将仁科信盛を主将に、諏方頼豊・諏方伊豆守ら諏方・高遠衆二千余騎が上伊那口より、それぞれ木曽谷に侵攻すべく動き出した。

だが、木曽谷の残雪は深く、鳥居峠の難所に躊躇した武田軍は、木曽谷を目前にして行軍を停止してしまった。さらに、義昌が時間稼ぎのため、重臣千村重政・山村良候を武田方に派遣し、謀反の嫌疑が事実無根であると抗弁させ、その間に、織田方に援軍を要請したのである。

二月一日、義昌の要請を受けた苗木遠山友忠は、岐阜城の織田信忠に報告した。これは直ちに、安土城の信長のもとに伝えられた。信長は、信濃・美濃国境の軍勢を至急義昌のもとへ派遣させ、自身も出馬すると宣言した。かくて、織田の武田攻めが始まったのである。

武田勝頼、最後の出陣

天正十（一五八二）年二月二日、勝頼は、嫡男信勝らとともに新府城を出陣し、一万五千余の軍勢を率いて諏方上原城に到着した。この時、武田領国における諸城の状況は、以下の通りである。

（1）甲斐国（●印は勝頼とともに出陣中、？は推定や伝承による）

都留郡

上野原城（内城館）・長峰砦（上野原市）……加藤丹後守信景・千久利丸

小菅城（小菅村）……小菅五郎兵衛尉●
岩殿城（大月市）・谷村館（都留市）……小山田出羽守信茂●

国中（甲府盆地）
積翠寺城（甲府市）……在番衆
上野城（一条氏館、市川三郷町）……一条右衛門大夫信龍・一条上野介信就
新府城・能見城（韮崎市）……武田勝頼・信勝●

（2）信濃国

下伊那郡
滝沢要害（平谷村）・吉岡城（下條村）……下条伊豆守信氏・兵庫助信正・兵庫助頼安
松尾城（飯田市）……小笠原掃部大夫信嶺
飯田城（飯田市）……保科弾正忠正直（高遠衆）・坂西織部亮・小幡因幡守（上野国衆）・小幡五郎兵衛（因幡守の弟）
大島城（松川町）……武田逍遙軒信綱・日向玄徳斎宗栄・日向次郎三郎（玄徳斎の子）・安中七郎三郎（上野国安中城主）・小原丹後守継忠・阿江木常林（依田能登守、佐久郡）

上伊那郡

高遠城（伊那市）……仁科五郎信盛・小山田備中守昌成・小山田大学助・渡辺金大夫照・飯島民部丞（伊那郡飯島城主）・飯島小太郎（民部丞の弟か）・春日河内守（伊那郡伊那部城主）・諏方勝左衛門尉頼辰（諏方頼忠の弟）

諏方郡

上原城（諏訪市）……武田勝頼・信勝父子（二月二日〜二十八日）

茶臼山高島城・島崎城（現在の高島城）……今福筑前守昌和（諏方郡司〈郡代〉）

筑摩郡

深志城（松本市）……馬場美濃守・多田治部右衛門・横田甚五郎尹松

佐久郡

小諸城（小諸市）……下曾根岳雲軒浄喜

埴科郡

海津城（長野市）……安倍加賀守宗貞（川中島郡司）●

（3）上野国

利根郡

沼田城（沼田市）……真田安房守昌幸●（利根郡司）・矢沢薩摩守頼綱

吾妻郡

岩櫃城（東吾妻町）……真田安房守昌幸●

（4）遠江国

榛原郡

小山城（吉田町）……大熊備前守長秀？・甘利甚五郎？・在番衆

（5）駿河国

志太郡

田中城（藤枝市）……依田右衛門佐信蕃・三枝土佐守虎吉

有渡郡

丸子城（静岡市）……屋代左衛門尉秀正・室賀兵部大夫正武

用宗城（静岡市）……朝比奈駿河守信置（朝比奈賢雪斎道与）・同右兵衛大夫信良・関甚五兵衛

久能城（静岡市）……今福丹波守虎孝・今福善十郎（虎孝の子）

駿府館（静岡市）……武田上野介信友（信玄異母弟）・武田左衛門佐信堯（信友の子）

江尻城・蒲原城・横山城（静岡市）……穴山梅雪斎不白

駿東郡(すんとう)
沼津三枚橋城（沼津市）……春日弾正忠信達・曾根河内守
興国寺城（沼津市）……曾根下野守昌世
深沢城（御殿場市）……駒井右京進昌直
徳倉城（清水町）……笠原新六郎政晴

二月三日、信長は、安土より武田領国への侵攻について、各方面に指示を出した。駿河口は徳川家康、関東口は北条氏政、飛驒口は金森長近(かなもりながちか)、信濃伊那口は織田信忠と信長、となっていた。伊那口への侵攻は、信長・信忠父子が二手に分かれて実施することとなった。

この日北条氏政は、武蔵国鉢形城主北条氏邦を通じて、織田方の書状を受け取っている。だがその内容は、詳細は追って使者を派遣するとあるだけのものだったらしい。北条氏は、何事かが起きたようだとはわかったが、その詳細を摑めぬまま時日を過ごすこととなる。

織田信忠は、麾下の尾張・美濃衆を動員し、森長可(ながよし)・団(だん)忠正、河尻秀隆を先陣として、木曽口（妻籠(つまご)口）・岩村口に向けて出陣させた。

下伊那の崩壊

天正十（一五八二）年二月六日、信濃・美濃・三河国境の平谷・浪合・根羽を守備していた、吉岡城主下条伊豆守信氏・兵庫助信正父子は、織田の大軍が迫る中、動揺した一族や家臣らのクーデターによって追放された。下条の陣所は、「三日路の大切所」（通過に三日を要する難所）と呼ばれるほどで、織田軍が最も恐れた場所であった。だが、織田を恐れ、勝頼を見捨てる決意を固めた、下条一族下条九兵衛、下条重臣原民部、熊谷玄蕃らが叛乱を起こし、信氏・信正らを追放したのだった。

追放された下条信氏父子は、妻子を連れて奥三河に逃れた。下条信氏は遠江国宮脇（静岡県掛川市）に潜伏していたが、天正十（一五八二）年六月二十五日に五十四歳で急死し、信正は、三河国黒瀬谷（玖老勢、愛知県新城市）に潜伏していたが、武田氏滅亡後まもなくの天正十年三月二十二日に父に先立ち三十一歳で病死したという。信正の嫡子牛千代丸（後の康長）と実弟の下条頼安は、信氏・信正父子の死後、徳川家康に庇護され、本能寺の変後、旧臣らと連絡を取り合い、下条九兵衛らを謀殺して吉岡城に帰還し、本領回復に成功している。

徳川方のもとにも、木曾義昌の帰属と織田軍の出陣の情報がもたらされた。家康はただちに出陣準備に入った。

岐阜城の織田信忠は、二月十二日に出陣し、十四日に東美濃の岩村城に入った。いっぽう、先陣の織田軍は、下伊那への侵攻を開始した。森長可・団忠正の軍勢は、清内路（阿智村）を進んで木曽峠（大平峠、飯田市・南木曽町）を越し、梨子野峠（阿智村）に進んだ。すると、山本（飯田市）に在陣していた松尾城主小笠原信嶺（正室は武田逍遙軒信綱の息女）は、織田に降伏する決断を下し、狼煙を揚げて、織田軍に合図を送った。下条と小笠原の織田帰順は、下伊那の武田方に深刻な動揺をもたらし、下伊那衆は続々と武田方から離反し始めた。

織田軍は、下条・小笠原を従え、飯田城に迫った。ここには城主坂西織部亮や、援軍保科正直・小幡因幡守（西上野衆）・小幡五郎兵衛尉（小幡因幡守の弟）・波多野源左衛門尉（高遠衆）ら五〇〇人が派遣されていた。織田軍は、城を包囲し、城下に火を放った。

ところが、二月十四日夜、天変地異が発生した。何と、浅間山が天文三（一五三四）年以来、四十八年ぶりに大噴火を起こしたのである。この火柱は、京都、奈良、遠くは九州豊後国でも確認された。安土にいた信長も、空を赤く染める現象を見て、大吉事だと喜んだという。当時の人々は、甲斐・信濃を始めとする東国で異変が起こる時には、浅間山が噴火するという俗信があった。浅間山大噴火は、あまりにもタイミングが良過ぎたといえる。これが、人々に武田勝頼没落と信長の勝利を告げる神意と受け止められたことは、想像に難（かた）くない。すでに、高天神城見殺しで勝頼の威信は失墜しており、信長は武田討滅の祈禱を畿内の寺社に命じ、勝頼を「朝敵（ちょうてき）」と公言していた。この状況で浅間山が噴火してしまったことで、武田氏の家臣、国衆や民衆は、もはや天に見放された勝頼を支えようとはしなかった。飯田城は、この夜、すべての在城衆が逃げ散り、自落したのである。

　二月十五日、織田軍の先鋒森長可が、市田（下伊那郡高森町）の松岡城に向かったようだが、すでに城は自落しており、城主鈴岡兵部大輔頼貞らの姿はなかったようだ。森軍は、逃げ遅れた十騎ほどを討ち取っている。

　信長は、安土城で出陣の準備を急いでいたが、あまりにも信忠軍の侵攻速度が速いので心配になり、滝川一益に拙速を訓戒する書状を出した。信長は、戦功に逸（はや）る信忠が心配でならなかった。信長は、武田勝頼を見くびってはおらず、必ずどこかで、興亡の決戦を挑んでくると考えており、信忠では不安だったのである。

鳥居峠合戦

天正十（一五八二）年二月十六日、勝頼は、遂に木曽谷制圧に踏み切り、その前哨戦として鳥居峠の奪取を命じた。勝頼は、諏方上原城から塩尻に在陣して後詰めとなり、鳥居峠攻撃には、諏方郡司今福筑前守昌和ら三千余人が向かった。武田軍は、奈良井（塩尻市）より鳥居峠に向けて進んだが、山道は急峻で、残雪が深く、足場は最悪だった。しかも木曾軍は、苗木遠山友忠・友政父子、織田長益らの援軍とともに、すでに峠を確保して待ち構えており、木曾の兵卒が、あちこちからゲリラ戦を仕掛けてきた。

合戦は、午前十時頃始まったが、武田軍は苦戦し、多くの戦死傷者を出して午後四時頃敗退した。勝利した木曾・織田軍は、武田軍を追撃することはせず、峠を確保して、深志城の馬場美濃守（信春の息子）と対峙した。

いっぽうの深志城将馬場美濃守は、勝頼の命令を受け、稲核口（いねこきぐち）（稲核、松本市安曇（あずみ））より軍勢を進ませ、鳥居峠を背後から衝（つ）こうとしていた。ところが、木曾攻撃に向かわせた古畑・西牧らの軍勢が、逆に木曾義昌に内通し、十六日に稲核へ向かう途中の諸郷から人々を催し、大野田の夏道砦（かどう）に籠城してしまったのである。この結果、深志城の武田軍は、鳥居峠合戦を支援するどころではなくなってしまった。この叛乱は、筑摩・安曇郡の武田方を動揺させ、寝返る者が続出した。かくて馬場美濃守は、深志城から動けなくなってしまったのである。

織田軍の木曽谷進出と、織田軍の下伊那口制圧の情報は、鳥居峠での敗報とともに、武田方を動揺させた。勝頼は、織田方が木曾に加勢に来たことを知ると、木曾義昌攻略を諦め、織田軍と興亡の一戦を行おうと決意し、木曽口に備えた砦を二、三カ所、塩尻峠に構築し、ここに軍勢を籠めると、自身は全軍を率いて諏方上原城に戻り、次の作戦に備えたのである。

鳥居峠合戦で、武田方が敗北したこの日、遠江では、武田方が最後まで確保していた小山城が自落した。在城衆は城を捨てて逃亡したからである。徳川氏は、遠江最後の敵城を難なく確保したのであった。

織田信忠は、二月十七日、大軍を率いて飯田城に入り、武田氏の要衝大島城攻略に向けて動きだした。大島城には、城将日向玄東斎（ひなたげんとうさい）に、援軍として武田逍遙軒信綱・重臣小原丹後守継忠・上野衆安中七郎三郎・信濃衆依田能登守（阿江木常林）ら七〇〇人が派遣されていた。大島城には、兵粮・鉄炮・玉薬・兵楯などが豊富に備蓄され、援軍を含めて一〇〇〇人の軍勢が在城し、ここで織田軍を食い止めることが期待されていた。さすれば、勝頼本隊が後詰めに到着し、決戦が行われるであろうと考えられていた。

だが、織田軍が接近するなか、勝頼以下の武田軍が駆けつける様子が一向に見えない。しかも飯田城が自落したことで、大島城に動揺が広まり始めた。やがて、大島城に立てこもっていた地下人ら千余人が、外曲輪に火を放って、織田軍へ寝返った。籠城衆は大混乱に陥り、武田信綱は城を脱出して甲州に逃げ帰ってしまった。これを契機に、城内から逃亡者が続出した。かくて大島城も自落してしまったのである。

織田軍が進撃すると、伊那の村々は、続々と織田方に従属すると申し入れ始めた。民衆も、勝頼を見放したのである。大島城には、早速、織田信忠が入城した。信忠は、留守居として河尻秀隆・毛利長秀をここに配備し、森長可・団忠正・小笠原信嶺に先陣を命じて飯島（上伊那郡飯島町）に派遣した。ここは、武田氏が伊那防衛の最後の要衝と位置づける高遠城と、諏方へ抜ける有賀峠（あるが）へ通じる街道の分岐点にあたり、織田軍は諏方に布陣する武田勝頼本隊の動向を睨みつつ、高遠城攻撃への準備に入るのである。伊那は、高遠城を残すのみとなった。

徳川家康の出陣

天正十（一五八二）年二月十七日、徳川家康が浜松城を出陣し、遠江国懸川城に入った。

ここに徳川軍の遠江・駿河平定戦が始まった。徳川軍先陣は、武田方が放棄して空城となった遠江小山城を接収した。

日ごとに悪化する情勢に心を痛めた勝頼正室北条夫人は、武田の氏神武田八幡宮に願文を納め、夫勝頼の武運を祈願している。

二月二十一日、徳川軍は駿河に侵入し、依田信蕃・三枝虎吉の守る田中城を包囲した。だが、依田信蕃は奮闘し、決して降伏しなかった。そこで家康は、田中城に一部の軍勢を残留させて包囲を継続させ、自らは本隊を率いて駿府を目指した。

いっぽう、木曾義昌謀叛の情報を知った越後の上杉景勝は、同盟国武田勝頼の身を案じ、援軍の派遣を申し出た。勝頼は、景勝に書状を送り、他国の聞こえもあり、また軍勢が不足しているわけではないが、もし援軍を派遣して下さるというのであれば、二〇〇〇でも三〇〇〇人でも早々に派遣していただけるとありがたい、と伝えた。だが書状の内容とは裏腹に、もはや武田の劣勢は覆うべくもなく、木曽谷に足を踏み入れることもできず、下伊那も失陥していた。なお、これが現存する最後の武田勝頼書状である。

そしてこの日、北条氏政は、織田軍が武田攻めを開始した確証を得て、ようやく出陣を下知した。まず北条氏邦らの軍勢が、多摩川を超え、西上野に進撃を始めた。北条軍本隊は、駿河方面への侵攻に向けて準備を始めた。

二月二十一日、徳川軍は当目峠を守る朝比奈信置の軍勢を撃破し、用宗城を包囲すると、家康自身は遠江衆を率いて、遂に駿府を占領した。駿府館を警固していた武田信友・信堯父子は館を捨て甲斐に逃れ、宇津谷（うつのや）峠を守る丸子城の屋代秀正と室賀正武も、城を捨てて信濃へ逃亡した。いっぽう、徳川軍別動隊は、笹間（ささま）（石上城（いしがみじょう））、小長谷城などの制圧を実施し、家康本隊と合流すべく、駿府に向かっていた。

もはや徳川方の行く手を阻むものは、江尻城代穴山梅雪、久能城代今福虎孝（駿河郡司）・善十郎父子だけとなった。家康が駿府を占領すると、穴山梅雪は手筈どおり織田・徳川方に転じ、江尻城を明け渡すことを正式に申し入れるべく、家臣佐野弥左衛門尉（駿河国富士郡内房郷（うつぶさ）〈富士宮市〉の土豪、穴山重臣佐野越前守泰光（やすみつ）の甥）に命じて、駿府の徳川陣に向かわせ、連絡をつけようとした。佐野は、武田方のかまり（忍び）による路次封鎖を突破して、無事に駿府にたどり着き、梅雪が約束通り、徳川に合流するとの密書を届けたのである。家康は、梅雪の江尻開城と正式の降伏を待つべく、駿府に在陣することとなった。

穴山梅雪謀叛の衝撃

家康と連絡を取ることに成功した穴山梅雪は、かねてからの手筈通り、織田・徳川方に降ることを決意した。そこでまず梅雪は、穴山衆の中でも屈強な武者を四〇〇〜五〇〇人ほど選抜して甲府に送り、人質として在府していた穴山梅雪夫人（見性院、信玄の女、勝頼の異母姉）、嫡男勝千代らを救出して、本拠地下山（山梨県南巨摩郡身延町）へ帰還させるよう指示した。穴山衆は、天正十（一五八二）年二月二十五日夜、雨の降るなか、甲府の穴山屋敷から、見性院と勝千代を連れ出した。これに驚いた甲府の地下人・町人たちが、押しとどめようと集まってきたが、穴山衆は彼らを蹴散らし、甲府を退去した。これにより、穴山梅雪謀叛が発覚し、甲府は騒然となった。梅雪の内通は、家康から織田に早速報告され、信長は大いに喜んでいる。

二月二十七日、徳川軍は、遂に用宗城を降伏させた。城の明け渡しは、二十九日に実施され、朝比奈信置・信良父子は、駿河庵原郡本領（庵原郷、静岡市）に退去した。

いっぽう武田勝頼は、諏方上原城に在城し、織田軍が諏方に迫ってきたら、塩尻峠か有賀峠の切所を頼みに、武田家興亡の決戦を行うことを評定で決定し、路次や戦場となることが想定される場所などを精力的に巡見していた。そこへ、二月二十七日、甲斐から飛脚が到着し、穴山梅雪が甲府の人質を奪回し、敵方に内通したとの驚くべき情報がもたらされた。勝頼や一族、家臣らは茫然自失となり、木曽や下伊那が敵の手に落ちたということだけでも一大事なのに、駿河を押さえる柱石の一族穴山梅雪が離反したとなれば、どのように防戦すればよいか、人々は暗澹たる思いに沈んだという。

武田勝頼と織田軍との決戦は、駿河口を穴山梅雪が押さえていてこそ可能であった。しかし、肝心の梅雪が敵方になったことで、本国甲斐が危機に陥ってしまった。勝頼は、逡巡した挙句、遂に諏方を引き払い、新府城に撤退した。武田方の動揺は激しく、撤退を始めた時には七〇〇〇～八〇〇〇人ほどいたはずの軍勢は、途中で逃亡者が続出し、新府城に到着した時にはわずか一〇〇〇人足らずに激減していたという。

また、北条軍は、北条氏規・太田源五郎（氏政の次男）・北条氏秀らと、大平城・出城山城の北条氏光・氏勝らが共同で駿河東部に出兵した。北条軍は、自落し明城となっていた天神ケ尾城を接収し、すぐに徳倉城を攻めた。笠原政晴ら武田方の軍勢は、北条軍に攻められ、多数が戦死した。笠原政晴は降伏し、城は北条方に明け渡された。

徳倉城開城を知った沼津三枚橋城の曾根河内守、春日信達らは動揺し、夜半に城を捨てて逃亡し始めた。北条軍は、逃げる甲州衆を吉原まで追撃し、多数を討ち取ったという。勝頼が精魂を傾けて築城し、要害堅固を誇った沼津三枚橋城も、あっけなく北条氏の手に落ちたのである。なお北条軍は、曾根昌世が在城する興国寺城には手出しをしていない。恐らく、すでに織田・徳川に内通していたので、北条方に手出し無用の要請が届いていたのだろう。

二月二十九日、穴山梅雪と徳川方は、江尻開城と受け渡し方法をめぐる協議を終え、三月一日、家康が家中に向け、正式に穴山梅雪の内通と降伏を告知した。江尻城は、徳川方に明け渡された。梅雪は家康の要請に応え、田中城で籠城を続ける依田信蕃に書状を送り、降伏と開城を勧告した。信蕃は、家康重臣大久保忠世に田中城を明け渡し、信濃の本領に帰還しようとした。だが家康は、信蕃が織田の処刑者リストに入っていることを伝え、彼を遠江国二俣の奥小川（浜松市天竜区）に匿ったという。

三月一日、北条軍は、深沢城を開城させ、駿河国駿東・富士郡を完全に制圧した。同じころ、最後まで残っていた久能城も開城し、武田重臣今福虎孝・善十郎父子は、城下の村松で自刃したとも、殺害されたともいう。本領の庵原郷に退去していた、朝比奈信置・信良父子も、後に攻め滅ぼされたと伝わる。かくて、駿河・遠江の武田領国は崩壊した。

高遠城陥落――ある女性の壮烈な最期

織田信忠は、天正十（一五八二）年二月二十九日、高遠城の仁科信盛に降伏勧告を行ったが、信盛はこれを拒否した。怒った信忠は、高遠への攻撃を決断し、貝沼に陣を進め、高遠城下に火を放ち、武田方に圧力をかけた。

いっぽう、駿河の北条軍は、駿河東部を制圧すると、信忠とともに信濃に在陣する織田重臣滝川一益に書状を送り、北条軍の駿河天神ケ尾・徳倉・沼津三枚橋城などの攻略と、吉原川を境界に軍事行動を停止すると伝えた。だが信長は、北条氏の行動を「遅きに失した行動」と苦々しく思っていただけでなく、北条軍が通告内容を違え、吉原から甲斐国本栖（山梨県富士河口湖町）にまで侵攻し、富士大宮浅間神社、大宮城、本栖宿などを放火して廻ったことに不快感を隠さなかった。信長は、すでにこの地域を味方の支配領域と認定しており、そこに侵入、放火したことを問題視していたのである。後に、信長の論功行賞から、北条氏が排除されたのは、こうした一連の動きが原因と考えられる。

このころ、越後上杉景勝は、勝頼への援軍を編成していた。織田の襲来を知った、越後根知城の武田家臣八重森因幡守家昌らは、心配でたまらず、勝頼に無断で城を上杉方に引き渡し、春日山城に向かい、上杉軍に合流しようとした。また飛騨に在国していた本願寺の教如(にょ)は、勝頼を支援するため、北陸の一向一揆に蜂起を命じたらしい。加賀国山内では、二月下旬に一向一揆が蜂起し、織田方と戦ったが、壊滅してしまった。また、織田方が流布した勝頼の勝利の流言を信じた越中の一向宗勢力も蜂起し、富山城を奪取したが、待ち構えていた織田方に殲滅(せんめつ)されてしまっている。

三月一日、武田氏は、新府城下の上野豊後守屋敷に軟禁させられていた木曾義昌の人質三人を踊躍原(おどりがはら)で処刑したという。義昌嫡男千太郎享年十三、義昌老母享年七十、千太郎姉享年十七と伝わる(『甲斐国志』、『系図纂要』)。

三月二日、織田軍は小笠原信嶺を案内人として高遠城を包囲した。織田軍の猛攻が始まると、城に籠城していた保科正直が、開戦と同時に城から出奔した。これを止めるふりをして、小菅五郎兵衛も逃亡したという。だが、仁科信盛、小山田昌成・大学助兄弟は少しも動揺せず、織田の攻撃を押し返す奮戦ぶりをみせた。城内の女性たちも、まず自らの手で子供たちを刺し殺し、刀を抜き、織田方に突入した。とりわけ、諏方勝右衛門尉の女房(その名は「はな」と伝わる)は、夫の戦死を知ると、薙刀(なぎなた)を振るい、敵の武者を切り伏せ、壮烈な最期を遂げた。『信長公記』も、彼女の活躍を「比類なき働き前代未聞の次第」と讃えている。

落城が迫ったことを知った信盛は、本丸の櫓に上がり、小山田兄弟と別れの盃を交わし、兄弟とともに自刃して果てた。信盛は享年二十六。これを見た城内の生き残りたちは、大将たちは自害した、我らも斬って出て討ち死にせんと呼ばわり、妻子を刺殺し、城内に火をかけ、切っ先をならべて織田軍に突入し、七、八度に及ぶ突撃を繰り返して敵に損害を与え、遂に一人残らず戦死した。戦闘の終結は、午前十時頃とも、正午頃とも言われる。いずれにせよ、高遠城は一ヶ月どころか、一日ももたなかったのである。

武田軍の戦死者は、仁科信盛以下、春日河内守（伊那衆）、渡辺金太夫照（牢人衆）、波多野（畑野）源左衛門（丹波国波多野氏か）、非持越後守・神林十兵衛（高遠衆）、小幡因幡守・小幡五郎兵衛・小幡清左衛門（西上野小幡一族、飯田城から落ち延び籠城）、諏方勝右衛門頼辰（諏方頼豊、頼忠の弟）、飯島民部丞・飯島小太郎（伊那衆）、今福筑前守昌和（諏方郡司、但し異説もある）、今福又左衛門（甲斐衆、今福昌和の近親か）、和田遠山景俊（伊那郡和田城主）・同刑部・同弥蔵ら、四百余人であったと伝わる。戦死した有力者の名を見ると、下伊那の諸城から落ち延びてきた者を除けば、そのほとんどが高遠衆を中核に、諏方郡と上伊那の人々で構成されていたことがはっきりとわかる。この地域は高遠領だったことが理由なのだが、これに諏方衆も多く加わっていたことが特徴である。高遠城は、もとは武田勝頼が在城していた所縁(しょえん)もあり、諏方・上伊那の人々は、勝頼を最後まで守り抜こうとしたのであろう。

いっぽうの織田軍の損害も少なくなかった。織田軍の戦死者は二百七十余人を数えたといい、織田信家(岩倉織田信安の子)も戦死し、美濃衆坪内源太郎家定・同喜太郎利定父子は重傷を負って本国に帰国せざるを得なかったという。

織田信忠は、高遠城を陥落させると、仁科信盛の首級を、ただちに父信長のもとへ送っている。信長は、三月六日、信盛の首級を岐阜で受け取り、検分の後に、呂久(ろく)の渡しに晒している。

高遠落城と同じ日、甲府で一人の老婆が自害して果てた。武田から離反し、織田の先鋒として活動していた松尾城主小笠原信嶺の老母である。敵味方に分かれたとはいえ、人質は哀れであった。

この日、穴山梅雪のもとに徳川家康からの証文が届けられた。梅雪は、織田・徳川方に転じたとはいえ、自分の身の安全と、本領安堵が実現するかを危ぶんでいた。そこで家康は、自分が信長に必ず取り成すし、本領を取り上げられたら、徳川がそれに見合った知行を保証すると、証文で約束した。

最後の軍議

天正十（一五八二）年三月二日が暮れた頃、新府城に赤裸の体の男十人ほどが、高遠城から落ち延び城の落城を報告した。勝頼以下、武田方は衝撃を受けた。高遠城は要害堅固で、仁科信盛、小山田兄弟以下、武田軍でも屈強の兵卒を一千人余も籠城させ、兵粮・矢・鉄炮・玉薬なども十分に備蓄されていたので、二十日や三十日は籠城に耐え、織田軍の侵攻を食い止めると想定されていた。その間に、武田方は新府城の普請を急がせ、今後の軍事行動の策定をしようと計っていた。しかし、高遠城が一日ももたずに落城したことで、すべてが狂ってしまったのである。

高遠落城の知らせに、新府城内は大混乱に陥り、身分の上下を問わず、新府城から逃亡する者が続出した。城内が騒然としていたなか、勝頼は諸将を集めて、最後の軍議を開いた。

その模様は、『甲陽軍鑑』『甲乱記』などに記録されている。新府城は未完成で櫓一つないありさまだったので、籠城戦は出来ないというのが、諸将の共通認識であった。これに対し、主な意見が三つ提案されたという。まず、嫡男信勝は、どこに逃げ回ることもなく、手塩にかけて築いた新府城で敵を迎え撃ち、最後は御旗・楯無（たてなし）（序章参照）を焼いて、尋常に自刃すべきだと主張した。次に、小山田信茂が、自分の支配領域である都留郡（郡内）は険阻な地形なので、大軍を引きうけて戦うには有利であると述べ、岩殿城に移って籠城戦を行い、時勢が変化するのを待つよう進言した。最後に、真田昌幸が上野国岩櫃城に籠城するよう献策したという。ここも険阻な地形であり、大軍を迎撃するにはうってつけであるし、上杉の支援も期待できるというのが、その理由であった。

勝頼は思案のすえ、都留郡岩殿城に落ち延びることを決めた。彼は、若い北条夫人を、北条氏政のもとに送り返し、信勝を落ち延びさせ、後顧の憂いなく戦うために、北条領国に隣接する都留郡を選んだのだという（『理慶尼記』）。

新府城炎上と信濃の崩壊

天正十（一五八二）年三月三日払暁、武田勝頼は、自らの手で新府城に火を放ち、都留郡へと向かった。城には多数の人質がいたが、彼らは建物に閉じ込められ、焼き殺されたという（『信長公記』）。

ところが、武田氏が武器や兵糧、勝頼主従の荷物を運ぶための人足や馬の動員をかけたにもかかわらず、誰も集まってはこなかった。北条夫人の輿を担ぐ者すら逃亡してしまっており、家来たちが夫馬一疋をようやく探しだし、これに草鞍を敷いて北条夫人を乗せたという。いっぽうの織田信忠は、三日に高遠から杖突峠を越えて諏方に着陣すると、諏方大社に火を放ち、壮麗な伽藍を焼き尽くした。この煙は、甲州からもみえたという。後に、神長官守矢信真は、本能寺の変における織田信長・信忠父子の横死を、諏方大明神の神罰であると記録している。高島城（茶臼山城）に籠城していた安中七郎三郎は、城を織田信房に明け渡して、本国上野へ退去した。

新府城を出発した勝頼は、ここで従兄弟の武田典厩信豊と別れることにした。勝頼は、信濃国を信豊に譲与すると伝え、小諸城で、信豊の舅小幡上総介信真（上野国衆）や、真田昌幸・内藤昌月らとともに、上信の軍勢を結集するよう求めた。勝頼は、信長が自分の後を追って甲斐に侵攻したら、総力を結集して、織田軍の背後を攻めるよう指示した。信豊は、どこまでも勝頼と行動を共にし、その行く末を見届けたいと述べ、小諸行を拒否したが、勝頼の強い要請に遂に折れ、小諸に向かったという（『甲乱記』）。

勝頼主従は、新府から甲府を目指した。だが、途中で女性と子供達は、次々に落伍し、逃亡兵は後を絶たなかった。勝頼主従は、やっとの思いで甲府の一条信龍屋敷で休息を取ったが、すでに甲府は大混乱に陥っていた。甲府からわずかな財産を持って、他所へ逃亡する武士、町人らでごった返していた。勝頼主従が甲府を出発した時、その一行は、もはや六、七百人に過ぎず、女・子供の数の方が多かったという。

勝頼主従は、甲府善光寺に到着した時、家臣小幡豊後守（『甲陽軍鑑』の編者小幡景憲（おばたかげのり）の父）が謁見を願い出て、暇乞い（いとまごい）をしたという。小幡は、当時病身で、この時腹部が異常に膨れあがっていたという（山梨県の風土病日本住血吸虫病の最古の記録といわれる）。そのため小幡は、まともに歩くことができず、籠輿（かごこし）に乗ってやってきたといい、勝頼は落涙して彼の忠節を賞した。小幡は籠輿に乗ったまま、しばらく勝頼の警固を行い、在郷の人々が叛乱を起こすかも知れないので、今夜までに柏尾（勝沼）に着くよう言上し、ここで勝頼と別れた。小幡豊後守は、この三日後の三月六日、在所の黒駒（笛吹市）で、武田氏滅亡を知ることなく死去したと伝わる（『甲斐国志』『軍鑑』）。

勝頼主従は、その日の夕刻、ようやく柏尾大善寺に到着した。新府から勝沼まで、一日でたどり着いたのだから、かなりの強行軍だったことが窺える。北条夫人は、自らの運命を悟り、大善寺の本尊薬師如来に夜通し祈願を続けた。そして「西をいで　東へゆきて　後の世の　宿かしわをと　頼む御ほとけ」と詠んだという。

二月十九日以来、深志城で孤立していた馬場美濃守は、筑摩・安曇郡の叛乱軍と戦い続けていた。だが、織田信忠が諏方に進出すると、鳥居峠に在陣していた織田長益・木曾義昌らが進軍を開始し、深志城に迫った。織田・木曾軍に、叛乱軍も合流し、深志城は追い詰められた。三月三日、馬場美濃守は、織田長益に深志城を明け渡し、退去した。彼のその後は定かでないが、織田軍と戦って牧之島城で戦死したとも、処刑されたとも伝わる（『寛永伝』『軍鑑』他）。深志城の陥落により、信濃の武田領国は崩壊した。

小山田信茂の離反

明けて天正十（一五八二）年三月四日、勝頼は、夜明けとともに柏尾大善寺を後にし、駒(こま)飼宿(かいしゅく)の石見某のもとで旅装を解き、岩殿城の準備が整うまで、小山田信茂とともにここで待つこととなった。すでに鶴瀬(つるせ)から郡内にかけての道筋に、小山田方によって木戸がいくつも作られており、織田軍を迎え撃つ準備が進められていた。

勝頼は、東へ落ち延びる途中、自らの運命を悟り、遺品を高野山に送り菩提を弔ってもらうことを考え、それを慈眼寺(じげんじ)（笛吹市一宮町）の僧尊長に託した。尊長は、武田家の遺品と金子(きんす)を、根来寺住山(じゅうさん)の空円房に預け、高野山引導院（持明院）に納めた。これらの遺品の中には、著名な武田勝頼・同夫人・信勝画像が含まれており、武田氏滅亡の惨禍をくぐり抜け、彼らの面影が今に伝えられることになった。

勝頼が駒飼に着いたころ、穴山梅雪と徳川家康は、甲斐侵攻の準備を完了していた。吉原の北条軍から、家康に贈り物が届けられるなど、北条氏は友好の演出に余念がなかった。

いっぽう上杉景勝は、松本房繁・水原満家（すいばらみついえ）・新津勝資（にいつかつすけ）・竹俣房綱（たけのまたふさつな）ら一〇人を武主（物主（ものぬし）、戦陣での部隊長）とする援軍を信濃国長沼城に向けて出陣させた。上杉援軍には、武田家臣長井昌秀らも同行した。上杉の援軍がようやく動き出したのだが、遅きに失した感があった。

三月五日、織田信長は、安土城を出陣した。徳川家康も、甲斐侵攻に当たって、背後を固めるため、江尻城に本多重次を、駿府留守居に今川氏真を配置したという（『宇野主水日記』）。

三月六日、織田信忠の軍勢が、遂に甲府を占領した（ただし、信忠の甲府入りは翌七日）。甲府陥落の情報は、その日のうちに、駒飼の勝頼のもとにも知らされた。勝頼主従は、焦（じ）れていたが、小山田信茂の迎えはなかなかやってはこなかった。

三月七日、徳川軍の甲斐侵攻が始まった。また、甲府に入った織田信忠は、勝頼の行方はもちろん、武田一族や譜代の探索を下知した。信忠の甲府入りを知ると、甲斐・信濃・上野・駿河の人々が続々と参集し始め、織田氏への帰属を申請したといい、門前市をなす状況だったという（『信長公記』）。

また信忠は、諏方から異母弟織田源三郎信房を上野国に向けて出陣させた。信房には、団忠正・森長可と足軽衆を附属させ、上野の武田方の誘引を命じている。信房が上野に入ると、小幡信定らは早速人質を進上して帰属したという（『信長公記』）。

いっぽう上杉援軍は、北信濃の国衆を味方につける工作を開始した。それなしには安心して、前進することが出来なかったからである。だが、この動きは飯山城将禰津常安らの疑念を招いた。上杉が混乱に乗じて、北信濃を乗っ取ろうとしていると考えたのである。このような混乱と、援軍主力上条宜順らの合流の遅れなどもあり、上杉援軍は遂に牟礼（飯綱町）から動くことが出来なくなり、武田勝頼を支援することも、織田軍を牽制することも出来なかったのである。

三月七日夜半、小山田信茂は、都留郡の検分に向かうこととなった。この時信茂は、勝頼の許しを得て、生母ら人質を連れ、駒飼を発ったという。勝頼は一抹の不安を感じたが、信茂の機嫌を損ねたくなかったので、人質返還を許したのだという（『理慶尼記』）。その後、信茂は、小山田一族で、勝頼側近の小山田八左衛門と、武田左衛門佐信堯（勝頼従兄弟）を駒飼に派遣し、勝頼を安心させたという。

三月十日、信長は神篦（こうの）に着陣した。信忠からの報告により、勝頼が逃亡し、反撃する危険もなくなったことを知ったので、余裕の行軍となった。また徳川軍は、穴山梅雪の案内で市川（市川大門、市川三郷町）に到着した。そしてすぐに家康は甲府に向かい、織田信忠のもとに参上している。なお、徳川軍は上野城（市川三郷町）に籠城していた一条信龍・信就父子を攻め、これを攻略し、一条父子を市川で処刑したと伝わる（『甲斐国志』他）。

いっぽうの上野国は大混乱に陥り、国衆同士の衝突が発生していた。そこで和田城（高崎市）主和田信業、箕輪城代内藤昌月は生き残りを図り、秘かに八崎城主長尾憲景の調略を受け、北条氏に従属すると申し出た。北条氏邦も、神流川（かんながわ）を越え、西上野に侵攻しており、それが圧力になったとみられる。氏邦は、厩橋城を開城させ、箕輪城に軍勢を派遣した。かくて上野国の武田領国も崩壊した。

そして、三月十日夕刻、勝頼は信茂が迎えにこないので、不審に思い、迎えを寄越すよう催促の使者として小山田八左衛門と武田信堯を派遣したが戻らず、さらに使者として家臣を笹子（ささご）峠に向かわせたところ、多くの武者が陣取って行く手を塞ぎ、都留郡に入ることを拒み、鉄炮を撃ちかけてきたという。小山田信茂の変心が明らかになったのである。この情報は、たちまち駒飼に在留する家臣らに伝わり、大騒ぎになった。勝頼を見限った者たちが、駒飼の各所に放火して立ち退き、騒ぎはいっそう大きくなった（『理慶尼乃記』）。これでさらに多くの家臣が逃亡してしまい、勝頼の側には、わずかに四三人が残るだけになったという（『軍鑑』）。

武田勝頼の最期

小山田信茂に叛かれた勝頼は、完全に進退窮まった。勝頼主従は、十一日朝、駒飼を発ち、鶴瀬を経てやむなく天目山棲雲寺（せいうんじ）を目指し、日川渓谷（ひかわけいこく）に入った。勝頼主従は、田野（たの）にたどり着き、さらに山道を進もうとしたが、これを知った天目山の地下人たちや、変心した甘利左衛門尉・大熊備前守・秋山摂津守が手を携えて、勝頼主従に鉄炮を撃ちかけ、入山を拒んだ。辻弥兵衛（つじやへえ）も、近隣の百姓らを率いて、勝頼の命をつけ狙ったという。

かくて勝頼主従は、田野に引き返さざるを得ず、ここで立ち往生してしまったのである。この時、勝頼主従を追いかけて来た人物がいた。武田譜代小宮山内膳（こみやまないぜん）である。彼は跡部勝資・長坂釣閑斎・秋山摂津守らと不仲であったため、勝頼の不興を買い、逼塞（ひっそく）を命じられていた。内膳は、土屋昌恒に取次を乞い、三代の御恩を果たすべく供をしたいと申し出た。これには、土屋や秋山紀伊守らも感動し落涙した。内膳は、土屋昌恒の許可を得て、伴ってきた生母と妻子を、弟の小宮山又七と同心の脇又市に託し、落ち延びさせた。そして小宮山は、この時、自分を陥れた秋山摂津守や長坂釣閑斎らが、すでに逃亡していたことを知り、悲嘆したという。

勝頼は、田野で滅亡することを覚悟した。そこで、これまで扈従してきた麟岳和尚（武田逍遙軒信綱の子、勝頼の従兄弟）と、北条夫人に落ち延びるようすすめた。だが麟岳も北条夫人も毅然とこれを断り、ともに冥土黄泉までも同道すると誓ったという。勝頼らは、別れの盃を酌み交わし、最後の準備に入った。

いっぽう、滝川一益は、勝頼らが駒飼の山中に引き籠もったとの情報を摑み、付近を探索した結果、遂に彼らの居場所を発見した。敵影を発見したとの知らせが、勝頼に報じられると、跡部勝資は動揺し、勝頼に小山田の変心で郡内に入れない以上は、この地域の地下人を計策して天目山に入り、世の中の情勢を伺うべきだと言上した。これに怒った土屋昌恒は、次のように主張した。

「跡部の言い分は未練です。そのような無分別な意見を言いつのってきた結果が、このような有様になり、御家滅亡に追い込まれることになったのです。よくよくお考えいただきたい、小山田が敵となり、天目山の地下人にも叛かれた不運のもとでは、もはやいかなる鉄城、鉄山に立てこもろうとも、運が開けるとは思えません。侍は死ぬべき場所で死ななければ、必ず恥を見るといわれているのは、よくご存じでしょう。源氏の祖八幡太郎義家も、侍たる者は死ぬべきところを知ることが肝要だと仰っておられたはずで、今こそそれを思い起こすべきです。たとえ小勢であっても、新府城に踏みとどまり、敵が寄せてきたなら命を限りに戦い、矢尽き弓が折れたら一門がそこで自刃してこそ、代々の武田の名を顕し、信玄以来の武勇を残せたのに、小山田のような恥知らずを信じてここまで逃れて来て、卑夫の鏃（やじり）を受け、一門の屍（しかばね）を山野にさらすことになるとは、後代までの恥辱とは思いませんか。戦の勝ち負けは、時の運によるものなので、戦って敗北することは恥辱ではありません。ただ戦うべきところで戦わず、死ぬべきところで死なぬことは、弓矢の家の瑕瑾（かきん）というべきです。ある書物に、進むべきを見て進まざるを臆将といい、退くべきを見て退かざるを闇将という。だから合戦の進退は、つまるところ分別工夫によるものと心得ます。

　跡部勝資の分別は、軽率であり、ここに及んで今更言っても仕方ないが、もはや胸臆を包み隠さず申し上げれば、先年御館の乱で景勝と景虎が争った時、景虎に対し不義の行動をとったが故に、武田氏は天下に悪名を乗せ、諸人の嘲笑を買ったのです。甲相同盟が破綻し、それまでの重縁が切れて怨敵となり、その結果が今の状況です。小山田を始め、多くの恩顧の人々が武田家を見放したのも、ここから始まっているのです。敵は余所にはいないものです」。

土屋昌恒は、一度は怒り、あとは落涙しながら主張すると、跡部は赤面し平伏したまま一言も抗弁できなかったという（『甲乱記』）。

まもなく、遂に滝川一益の軍勢が姿を現した。土屋昌恒らが、弓矢を携え、迎撃に向かった。『三河物語』によると、この時に跡部勝資が馬に乗って逃げ去ろうとしたといい、怒った土屋に射落とされ、落馬したところを敵に討たれたという。

土屋は、矢束を解き、細い橋を頼りに、日川を越え攻め寄せてくる敵を、次々に射落とした。矢が尽きると、土屋は太刀を振りかぶって、敵二、三百人が控えている真ん中に切り込んだ。土屋の後に安西伊賀守・小山田式部丞・秋山源三・小宮山内膳らが続き、小勢ながら死に物狂いで戦ったので、織田方は切り立てられ、甚大な被害を受けたという。

だが、敵は多勢で、次第に追い立てられ、勝頼の近くにまで敵兵が現れ始めた。武田信勝は、当時十六歳であったが、父勝頼と並んで敵を切って廻り、その姿は勇猛さと華麗さは周囲の目をひくほどであったという。だが信勝の股に、鉄砲の流れ弾があたった。信勝は、父勝頼に今生（こんじょう）の別れを告げると、麟岳和尚とともに敵中に切り込んだ。やがて信勝と麟岳は、脇指を抜き持つと、刺し違えて息絶えた。これを見た信勝側近河村下総守も、信勝に殉じて自刃した（以上『甲乱記』、なお『軍鑑』『理慶尼記』は、信勝は自刃と記録されている）。信勝は享年十六であった。

信勝の辞世の句は「あだに見よ　誰もあらしの　桜花　咲ちるほどは　春の夜の夢」と伝えられている（『理慶尼記』）。なお、記録を見る限り、信勝はこれが敵と刃を交えた初陣と見られ、彼にとって田野合戦が最初で最後の戦場となったと推察される。

勝頼は、敵との死闘が始まると、安西伊賀守・秋山紀伊守をして、北条夫人に小田原へ帰り、自分の菩提を弔ってくれるよう伝えた。だが北条夫人は頑として聴かず、小田原から付いてきた侍臣早野内匠助・劔持但馬守・清六左衛門・同又七郎（六左衛門の弟）を召し寄せ、ここから脱出して小田原の実家に文と遺髪を届けるよう命じた。彼らは、拒んだが、北条夫人の強い下命に抗えず、涙ながらに承知した。北条夫人は、髪を少し切り、文に添えて渡したといい、「黒髪の　乱れたる世ぞ　はてしなき　思に消る　露の玉の緒」との辞世の句を詠んだという。だが四人のうち、劔持但馬守だけが、北条夫人の許しを得て残留し、三人に脱出を命じた。彼らは、小田原に向けて田野を離れた。

まもなく、北条夫人の近くにも、鉄炮の弾が着弾するようになると、彼女は法華経の第五巻を静かに読経した後、自刃して果てた。上臈(じょうろう)や侍女たちもこれに続いた（『甲乱記』『理慶尼記』）。彼女の介錯は、勝頼自らつとめたといい、彼は北条夫人の遺骸を抱いたまま、しばらく言葉がなかったという。北条夫人は、享年十九であった。

やがて勝頼は、向かってくる敵を次々に斬り伏せ、壮烈な最期を遂げたという。勝頼の最期については、戦死したという記録（『軍鑑』『三河後風土記』『当代記』など）と、自刃したという記録（『甲乱記』『理慶尼記』『三河物語』など）があり、定まっていない。

なお、『理慶尼記』に、勝頼の辞世の句が記録されている。

朧(おぼろ)なる　月のほのかに　雲かすみ　晴て行衛(ゆくえ)の　西の山の端(は)

これを受けて、土屋昌恒が詠んだ返歌は、「俤(おもかげ)の　みをしはなれぬ　月なれば　出るも入るも　おなじ山の端(は)」であったという。勝頼は享年三十七であった。

北条夫人、信勝、そして勝頼が相次いで死ぬと、小宮山内膳が「大将ははや夫婦ともに自害なされた。誰のために戦っているのか」と呼ばわった。土屋昌恒や安西伊賀守らはこれを聞くと「人を斬るのが面白くて、大将のお供に付いていかなかったのは残念である。ではもう一度最期のひと戦をして腹を切ろう」と言いながら、大軍の中に切っ先を揃えて突入し、獅子奮迅の働きをした。しかし多勢に無勢で、彼らはみな討たれてしまったという（『甲乱記』)。なお『理慶尼記』によると、土屋昌恒、金丸助六郎、秋山源三の三兄弟は、最後は互いに差し違えて死んだと記している。正午まで、武田方で生き残っている者は一人もいなかった。

最後の戦いが始まってまもなく、侍女たちは次々に自害しており、男たちだけが、後顧の憂いなく戦い抜き、散華(さんげ)していった。勝頼に殉じた人々について、確実な記録は残されていない。その人数や姓名は、記録によってまちまちである。現在、伝えられる殉死者は三六人であり、上臈、侍女は一六人だったというが、これ以上の詳細は判然としない。ちなみに『信長公記』は、殉死した侍分四一名、上臈・侍女は五〇人、『軍鑑』は、家臣は四四人だったとするが、その詳細は明らかにならない。

ただ、殉死した家臣は、勝頼の高遠時代以来の家臣が多く、その他に諏方衆とみられる人物も見受けられ、武田譜代は土屋・秋山兄弟が目立ち、跡部・河村・安西氏と、小山田一族が散見される。しかし、山県・原・内藤・馬場・春日などの上級譜代の縁者は一人もいない。高遠城の奮戦といい、殉死者の構成といい、勝頼はやはり武田勝頼ではなく、どこまでも諏方勝頼としての運命を背負っていたとの印象が強い。

天正十(一五八二)年三月十一日巳刻(午前十時頃)、戦国大名武田氏は田野で滅亡した。

名前	戒名	備考
貫名新蔵	松峰道鶴居士	御徒歩衆
山野居源蔵	虚室道幽居士	山居源蔵(『軍鑑』)
齋藤作蔵	即応浄心居士	御鷹師(『軍鑑』)
河村下総守	河泊道総居士	信勝側近(『甲乱記』)
大龍寺麟岳和尚		武田逍遙軒信綱の子、勝頼の従兄弟
円光座元		円首座(『軍鑑』『甲乱記』)、秋山民部助の二男、甲府長松寺住持(『国志』巻81、『甲斐国社記・寺記』2巻406頁)
秋山善右衛門尉		『甲乱記』のみに記載あり、秋山紀伊守弟
秋山弥十郎		『武田三代軍記』のみに記載あり、秋山民部助の子
小山田式部丞		『甲乱記』のみに記載あり
剱持但馬守		北条夫人侍臣、『甲乱記』のみに記載あり
松代	妙法禅定尼	伏見織部正延熙女
呉竹	妙蓮禅定尼	横手監物養女
松江	妙華禅定尼	小澤宮内少輔宜澄女
黒江	妙経禅定尼	清水左京太夫義重女
美佐保	妙観禅定尼	長澤主膳正氏女
白妙	妙世禅定尼	河西式部少輔良昌妹
富士江	妙音禅定尼	今福筑前守義則女
花里	妙菩禅定尼	手塚左京亮光平女
三保野	妙薩禅定尼	清水主郎義内女
桜子	妙普禅定尼	佐久間石見守信貞女
菖蒲	妙門禅定尼	藤巻越前守廣貞女
玉章	妙品禅定尼	駒井越後守信為女
小笹	妙第禅定尼	初鹿野伝右衛門左京昌久女
錦子	妙二禅定尼	窪田右近丈長次女
梅子	妙十禅定尼	八巻十郎兼直女
紋糸	妙五禅定尼	五味与惣兵衛長遠女
——	——	小原下総守妻(『高野山』)

(註)「景徳院過去帳」「同位牌」(景徳院蔵)、『甲斐国志』をもとに作成。『高野山』は丸島和洋・2001年による。

出典：平山優『武田氏滅亡』角川選書

表3-2　武田勝頼・同夫人・信勝の殉死者一覧

名前	戒名	備考
小宮山内膳	忠叟道節居士	小宮山丹後守の子
土屋惣蔵	忠菴存孝居士	土屋右衛門尉昌恒
土屋源蔵	源興道屋居士	詳細不明、土屋昌恒の近親か
金丸助六郎	金渓道助居士	土屋昌恒の弟、秋山源三の兄
秋山紀伊守	秋峯道紀居士	高遠以来の勝頼側近
秋山民部	観応月心居士	秋山民部助、諏方郡有賀の出身
秋山宗九郎	傑伝宗英居士	秋山惣九郎、秋山昌詮（土屋昌恒の兄）の近親
秋山宮内	清寒霜白居士	秋山宮内丞、秋山紀伊守の子か
秋山源三	賢英了雄居士	土屋昌恒・金丸助六郎の弟
山下杢之輔	水府山谷居士	御徒衆（『軍鑑』）
跡部尾張守	跡叟道張居士	跡部勝資
安倍加賀守	度室道賀居士	安倍宗貞、海津城代
安西伊賀守	西安道伊居士	安西有味、御鑓奉行
小原丹後守	鉄巌恵船居士	小原継忠、高遠以来の勝頼側近、小原下総守の弟（『甲乱記』）
小原下総守	空岸東海居士	高遠以来の勝頼側近、小原継忠の兄
小原下野守	一峰宗誉居士	小原継忠の一族か
小原弥五左衛門	寒山全性居士	小原継忠の一族か
小原清次郎	原清道次居士	小原清二郎、小原継忠の一族か
小山田掃部	洞巌泉谷居士	小山田掃部助、もと百足衆（『軍鑑』）
小山田平左衛門	中原実宝居士	詳細不明、武田氏龍朱印状の奉者をつとめる
小山田弥助	明監道白居士	小山田掃部助の子、使番十二人衆（『軍鑑』）
小山田小児	久桂芳昌居士	小山田掃部助の子、小姓、享年16（『軍鑑』）
温井常陸守	常叟道温居士	信勝傅役、御曹司様衆
多田久蔵	円応寒光居士	多田久三（『甲乱記』）、多田三八郎の近親か
神林清十郎	清神道林居士	神林刑部少輔（『甲乱記』）、高遠以来の勝頼側近か
有賀善左衛門	賀屋道善居士	諏方西方衆有賀氏か
窪沢次太夫	天真了然居士	詳細不明
皆井小助	本光道如居士	薬袋小助、御徒歩衆（『軍鑑』）、信勝側近（信勝睦衆）であったという（『武田三代軍記』）
岩下惣六郎	月窓江海居士	武田信虎生母岩下氏の一族か

恵林寺炎上——快川和尚の偈

織田軍は、甲斐に入国し武田勝頼を滅亡させると、各地の寺社に大きな被害を与えていた。甲斐・信濃・駿河では、織田・徳川軍による乱取りや放火、破壊の危機に曝されていた。ただ、多くの寺社は、織田・徳川両氏から禁制（権力者が禁止事項を通達した文書）を獲得する動きを始めており、乱暴狼藉を免れていた。とりわけ、徳川軍の侵攻路の寺社は、ほぼ無傷であったようだ。だが、織田軍が与えた傷痕は、後世にまで語り継がれるほどであった。

とりわけ、武田氏の氏神、菩提寺、祈願所など、その信仰が篤いところは、容赦なく破壊、放火もしくは所領没収された。武田氏の氏神窪八幡神社（山梨市、所領没収）、石和八幡宮（甲州市石和町、放火焼失）、甲府南宮明神（放火焼失）、石橋八幡宮（笛吹市、所領没収）、寺院では、恵林寺（武田信玄菩提寺）、東光寺（甲府、武田義信墓所）、法城寺（国母地蔵尊、放火焼失）、慈眼寺（甲州市一宮町）、長延寺（一向宗、甲府、武田龍宝とその師実了師慶の寺）などが著名である。この他に、他国では、既述のように信濃の諏訪大社上社は全社烏有に帰している。

織田信長が甲府に入ったのと同じ四月三日、武田信玄の菩提寺恵林寺は、織田軍によって包囲された。これは、織田信忠が命じたものであったという。その理由は、①織田氏の敵佐々木次郎（六角氏）らを寺内に匿ったこと、②武田勝頼主従の遺骸を織田に断りもなく引き取り供養したこと、③寺の敷地に逃げ込んできた者たちに小屋銭を賦課したこと、などであったといわれる（『甲乱記』）。これらのうち、②③は確実な記録では確認できないが、①は事実であった。

織田軍に応対したのは、住持快川紹喜（快川国師）であった。快川は毅然と対応し、三ヶ条の罪状すべてに反論したという。快川のもとへは、六角賢永（六角承禎の子、義弼の弟次郎、大原次郎）、武田五郎（若狭武田信豊四男信方か）、室町幕府将軍足利義昭の上使成福院、大和淡路守、尾張国牢人犬山鉄斎（織田信清）、岩倉（岩倉織田氏の人物か、織田信賢か）、土岐頼芸（もと美濃国土岐氏当主）らが逃げ込んでいたが、秘かに逃亡させたという。だが、彼らは後にすべて織田軍に捕縛されている。

快川の抗弁に対し、織田軍は寺内の探索を行い、その間、寺内の僧侶はもちろん、奉公人に至るまで、およそ八十余人を山門に幽閉した。この時、恵林寺には、甲斐の寺院から高僧たちが続々と避難してきていた。なかでも、高山玄寿（長禅寺）、藍田恵青（甲府東光寺）、雪岑光巴（甲府法泉寺）らは、臨済宗の高僧として知られる。

織田軍は、僧侶たちを幽閉すると、躊躇なくこれに火を放った。たちまち、山門上は阿鼻叫喚の巷と化し、彼らは火炎と煙の中で命を落とした。この時、快川国師は少しも騒がず、「安禅不必須山水、滅却心頭自火涼」という偈を唱え、火定したことは著名である。ただ、この快川国師の遺偈は江戸時代の創作である。そもそも、これは『碧巌録』に記載されているもので、快川独自のものではない。また、この偈と快川に関する最古の記録は『甲乱記』である。その模様を紹介すると、燃えさかる山門で、快川和尚が高山和尚に「三界（人間界）には安らぐところがなく（煩悩が多く悟るところがない）、まるで『火宅』（煩悩による人間界の混乱や不安のこと、燃えさかる山門とかけている）のようである、この期に及んでどこへ逃れようというのか」と問いかけた。高山は「この現実を受け入れて堂々としていることだ」と返答した。すると快川は「ならば、この『火宅』という現実の中で堂々としていることの底意は何か」と重ねて問うた。これに対して高山は「滅却心頭火自涼」と返答したという。これが著名な偈が発せられた経緯である。つまり、「安禅不必須山水、滅却心頭自火涼」という『碧巌録』を出典とする偈は、高山玄寿が言ったものであり、快川ではなかったのだ。ところが、江戸時代前期になると、この偈を言い放ち、快川国師は従容と遷化したと言われるようになり、定説化してしまった。

しかしながら、快川国師が言ったのではないにせよ、燃えさかる恵林寺山門で、この偈が唱えられたという逸話は、当時から語り伝えられていたことは事実であろう。なお、山門から決死の覚悟で飛び降り、難を逃れ、快川の法統を伝えた僧侶が、湖南宗岳ら一六人ほどいたとの伝承がある。山門を包囲していた織田軍の兵卒たちも、槍を伏せて湖南たちが立ち去るのを黙認したと伝えている（『常山紀談』）。湖南は、この時、師である快川紹喜の法衣を抱いてその場を逃れたといい、後に九州豊後国臼杵（大分県臼杵市）の月桂寺開山になった。今も快川のものと伝わる焼け焦げた跡が残る法衣の断片が、寺宝として伝わっている。この他にも、炎上する恵林寺から逃れた僧侶が入山したと伝える臨済宗寺院が各地にあるようであるが、まだ調査を進めていない。今後の課題である。

武田信玄の菩提寺に相応しく、金銀をちりばめた七堂伽藍が立ち並ぶ威容を誇った恵林寺は、全山灰燼に帰した。焼け跡には、快川紹喜以下、八四人（『甲乱記』）、あるいは出家五〇人（『軍鑑』）、七十余人（『甲斐国志』）の遺骸が焼け炭のようになって、折り重なっていたという。

武田信玄の墓所で、武田氏菩提寺であった恵林寺の炎上は、武田氏滅亡と織田氏の隆盛を、強烈に印象づける事件となった。

織田信長の戦後処理

武田勝頼が田野で滅亡した後も、武田領国では混乱が続いていた。小諸城で再起を図った武田信豊は、天正十（一五八二）年三月十六日、城将下曾根浄喜に叛かれ、妻子、一族や家臣らとともに憤死した。信豊は享年三十四。彼の首級は、ただちに織田方に送られた。信豊が頼りにしていた舅（しゅうと）小幡信真も、すでに三月七日、織田方に帰属を表明し人質を進上しており、彼を支える可能性は皆無であり、小諸も攻撃される可能性があった。下曾根の離叛も、織田信房軍の接近と関係があるのだろう。

信長は、三月十一日から十三日、東美濃岩村城に在城し、十三日に信濃に向かった。そして、十四日、浪合（長野県下伊那郡浪合村）で、信忠使者関可平次・桑原助六が携えてきた武田勝頼・信勝父子の首級と対面したのである。信長は、大いに喜び、勝頼父子の首級を前に、次のような狂歌を詠んだという。

かつよりとなのる武田之かいもなくいくさにまけてしなのなけれは

なおこの時、信長が、勝頼父子の首級に非礼を働き、雑言（ぞうごん）を吐いたという逸話があるが、それは事実ではないようだ。『三河物語』には「勝頼御親子之首級を信長之御目にかけけれバ、信長御覧じて、日本に隠なき弓取なれ共、運が尽きさせ給ひて、かくならせ給ふ物かな」と述べたとあり、勝頼の不運に同情していたようである。

勝頼父子の首級は、信長軍とともに再び信濃方面へと運ばれ、三月十五日、飯田で晒された。これを知った飯田の人々は、こぞって見物したという。翌十六日、信長のもとに、武田信豊の首級も届けられ、勝頼父子の首級と一緒に晒された。

信長は、武田勝頼・信勝父子、武田信豊の首級を、岐阜に晒していた仁科信盛の首級とともに京都に運び、獄門に処すよう長谷川宗仁（はせがわそうにん）に命じ、自身は甲斐に向かった。

信長は、飯島、高遠城を経て、十九日、諏方に入り、上諏方の法華寺（ほっけじ）に本陣を据えた。すると、旧武田領国各地からだけでなく、信長に伺候（しこう）する国衆が続々と参集し始めた。そればかりか、関東の諸氏も使者を送ってきたという。信長が特に歓迎したのは、武田氏滅亡のきっかけを作った木曾義昌と穴山梅雪であった。また、徳川家康が参上すると、とりわけ機嫌がよくなり、奥平信昌（長篠合戦の功労者）ともども歓待したという（『当代記』）。

いっぽうで、信長の不興を買ったのが、北条氏政であった。氏政は三月二十一日、使者を諏方に送り、数多の贈答品を進上した。だが信長は気に入らず、兵糧を除いて、すべて突き返したという。信長は、織田の麾下に入ると約束していた北条が、自ら出仕してこなかったのを不満に思ったのだろう。なお、諏方での滞陣中、信長が明智光秀を折檻したと人口に膾炙されているが、事実かどうかは明らかでない（近年の研究で、信長が光秀を折檻したのは事実である可能性が指摘されているが、その現場が諏方であるかは判然としない）。

三月二十一日、上野国に侵攻した織田源三郎信房は、安中城に入り、ここで上野国衆に帰属を呼びかけた。この結果、北条方に帰属を申し出ていた、上野国の人々は、続々と織田方へ鞍替えし始めた。小幡・安中・真田昌幸・内藤昌月らを始め、長尾憲景・由良国繁すら織田に従属したのである。かくて、上野国も織田方の勢力下に入った。

信長は、武田攻めに功績のあった家臣らに褒美を与え、三月二十九日、旧武田領国の分割解体と重臣らへの知行割と、甲斐・信濃の国掟を定めた。それは以下のようなものである。

・滝川一益……上野国と信濃佐久・小県郡。関東取次役に任命
・河尻秀隆……甲斐国（穴山領を除く）と信濃国諏方郡
・森長可……信濃川中島四郡（高井・水内・埴科・更級郡）
・毛利長秀……信濃伊那郡
・穴山梅雪……本領（甲斐国河内領）、駿河江尻領

図3-1　織田信長の知行割図

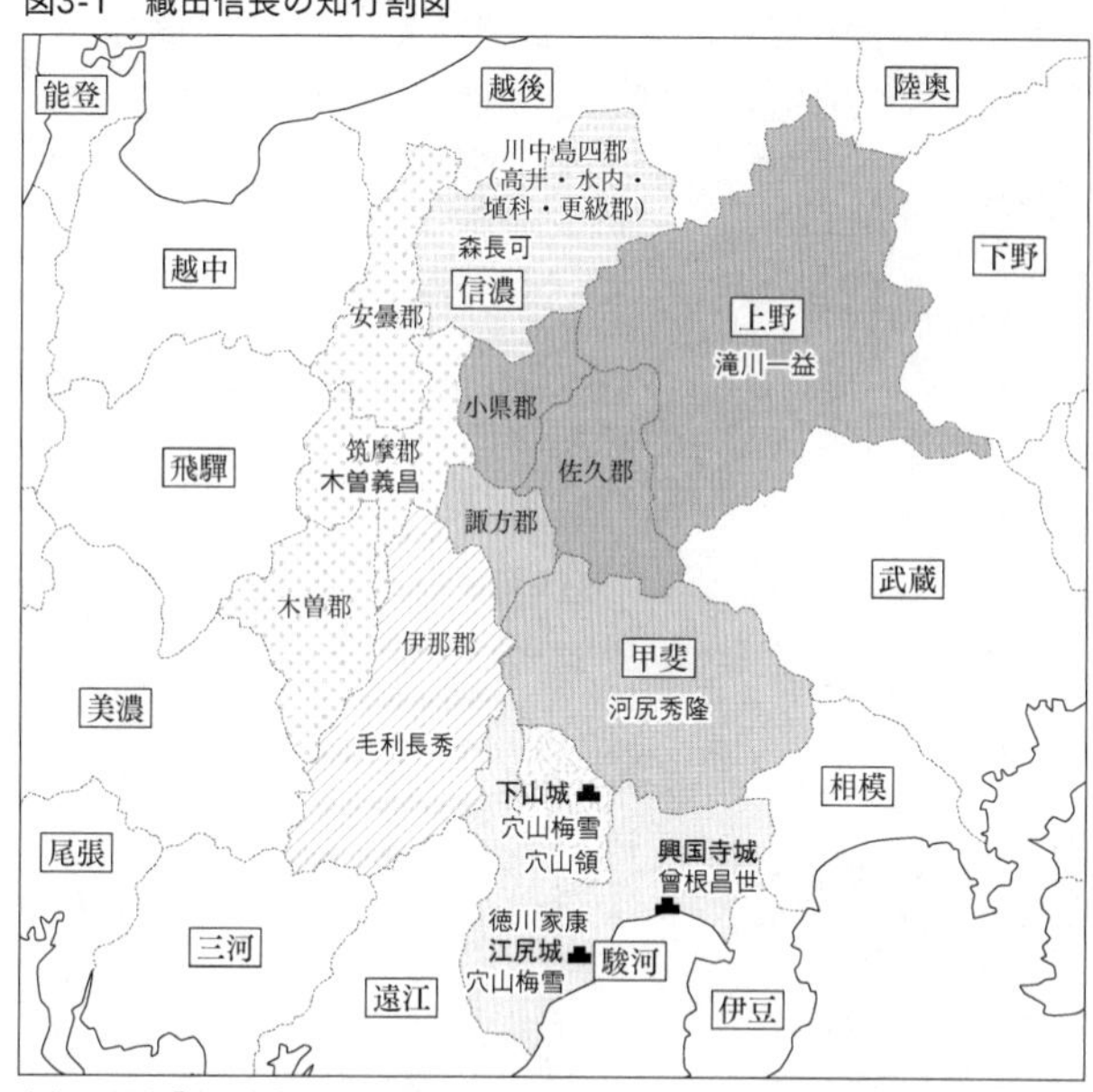

出典：平山優『武田氏滅亡』角川選書

・木曾義昌……本領（信濃木曽郡）と信濃筑摩郡・安曇郡
・徳川家康……駿河一国（但し穴山領と興国寺城領を除く）
・曾根昌世……駿河興国寺城領（但し、これは確実な記録からは確認できないので今後の検証がまたれる）

この知行割と論功行賞から、北条氏は完全に締め出され、無視されている。それどころか、武田氏滅亡時に制圧した地域から、北条氏は退去を余儀なくされた。

この頃から、信濃は豪雪と厳しい寒気に見舞われ、織田軍は大軍であるがゆえに兵糧の欠乏に悩まされたばかりか、逃亡兵が続出する事態となった。さらに、あまりの寒気のため、凍死者も続出したという。信長は、深志城の兵糧蔵を開放し、家臣らに分与して、飢えを凌がせたが、とても追いつかなかったという。

そこで信長は、三月二十九日、知行割と国掟の告知を行うと、富士山の裾野を見物しつつ、駿河、遠江を経由して帰国すると宣言し、軍勢の頭（指揮官クラス）だけに同道を命じ、残る諸卒の帰国を許した。軍勢は解散となり、大雪の降るなか、続々と木曽口や伊那口を経由して、美濃、尾張に引きあげていった（『信長公記』）。信長は、四月二日、諏方から甲斐に入り、台が原の御座所（ござどころ）に一泊し、三日、富士山を眺めながら新府城の焼け跡を検分した後に、甲府に到着した。すでに織田信忠によって躑躅ケ崎（つつじがさき）館跡に仮御殿が建設されており、信長はここでようやく旅装を解いた。

織田信長・信忠父子は、逃亡し行方をくらませた、武田一族や重臣層の追及に着手した。織田方は、本領安堵や褒美を約束すると呼びかけ、彼らが自ら出頭してきたところを捕らえ、殺害した。この偽りに引っかからず、身を隠し続ける者については、褒美（懸賞金）を与えると村々に通達し、探索や密告を奨励した。そのため武田一族や家臣らの中には、村人によって捕らえられ、織田方に差し出された者も少なくない（『信長公記』他）。この結果、数多くの武田一族や重臣が織田方に捕らえられ処刑された。武田一族、信玄登用の譜代、甲斐の有力国衆などは、ほぼ族滅させられた。

ただし、厳しい追及を受けたのは、甲斐衆が中心で、武田氏の征服地である信濃・上野・駿河・遠江・飛驒などの外様国衆は、織田・徳川氏に抗戦した者や、武田勝頼に近い縁者などを除き、ほとんどが処刑されることなく帰属を許されている。また、小山田信茂などのように、勝頼から土壇場で離叛した者たちも容赦なく断罪された。信茂は穴山梅雪や曾根昌世らと違って、数年前から内通していたのではなく、土壇場で変心したため、不忠者と忌まれたようだ。

甲斐の仕置きをすべて終えた信長は、四月十日に甲府を出立し、富士山をゆっくりと眺めつつ、徳川家康の念の入った饗応（きょうおう）を受け、駿河、遠江、三河を経て、四月十九日に清洲城に入り、二十日、岐阜城に帰った。信長の安土城帰陣は、四月二十一日のことである。

信長は、家康と別れる際に、家康より穴山梅雪を伴って安土に御礼の参上をしたいとの申し入れを受け、これを了承している。帰国した信長は、その後、正親町天皇より勅使を受けた三職推任問題（信長に太政大臣、関白、征夷大将軍の官位を贈呈する）が起きたり、中国地方で戦局が切迫しつつあった、毛利輝元との対戦のため、中国出陣を決意するなど、多方

出典	処刑地	備考
信、甲乱	甲府	勝頼叔父
甲乱	甲府	勝頼叔父
信、甲乱	甲斐市川	勝頼叔父
信、甲乱	甲府	勝頼異母兄
信、甲乱	甲斐善光寺	勝頼異母弟
信	小諸	勝頼従兄弟
甲乱	甲府	勝頼従兄弟
甲乱	甲斐市川	勝頼従兄弟
信、甲乱	甲斐善光寺	郡内小山田氏当主
信、甲乱	甲斐都留郡	昌景の子
軍、甲乱	信濃	信春の子、信濃深志城・牧之島城将
信、甲乱	甲府	勝頼側近
甲乱	甲府	釣閑斎の子
甲乱	甲府	勘定奉行
甲乱、高	甲斐村山	日向虎頭、本領で自刃
甲乱	甲斐村山	宗栄(虎頭)の子
甲乱、高、寛政	甲斐	新左衛門尉信衡か
甲乱、寛政	甲斐	肥前守の子
甲乱	甲斐	武田一族
甲乱	甲斐都留郡	今井氏嫡流か
甲乱	甲斐小尾	足軽大将か
甲乱	甲府	駿河徳倉城将
甲乱	甲府	河内守の父
甲乱	甲府	河内守の弟
甲乱	甲府	織田氏との取次役
甲乱	武蔵箱根ヶ崎	都留郡上野原城主
甲乱	武蔵	事績不明
甲乱	武蔵	事績不明
信、甲乱	甲斐善光寺	勝頼側近、小山田信茂の従兄弟
軍	甲斐善光寺	山県同心
信、甲乱	甲府	勝頼側近
信、甲乱	甲府	勝頼側近、万可斎の子
軍	高遠	勝頼側近、昌成の子
信、甲乱	諏方	諏方頼重の従兄弟
甲乱	諏方	頼豊の弟
信	伊那？	事績不明
信、当	伊那？	菅沼刑部丞の妻女
信	不明	事績不明
信、甲乱	駿河	駿河用宗城将
甲乱	諏方	信置の子
信、当、寛政	伊那	田峰菅沼氏、小法師・新三郎
信、当、寛政	伊那	長篠菅沼氏
信、当、寛政	伊那	伊豆守の子
信、当	？	明知遠山氏
軍、甲乱	伊那	足軽大将
国巻71	甲斐善光寺か	3月24日処刑とあり信茂の命日と同日

過去帳』、寛政…『寛政重修諸家譜』

表3-3　織田信長の残党狩り（天正10年）により殺害された武田家臣一覧

武将名	受領・官途等	区分
武田信綱	逍遙軒	一門衆
武田信友	上野介	一門衆
一条信龍	右衛門大夫	一門衆
武田龍宝	御聖導	一門衆
葛山信貞	十郎	一門衆
武田信豊	典厩	一門衆
武田信堯	左衛門佐	一門衆
一条信就	上野介	一門衆
小山田信茂	出羽守	譜代
山県昌満	三郎兵衛尉	譜代
馬場民部少輔		譜代
長坂光堅	釣閑斎	譜代
長坂筑後守		譜代
跡部勝忠	越中守	譜代
日向玄徳斎宗栄		譜代
日向次郎三郎		譜代
今井肥前守		甲斐衆
今井惣一郎		甲斐衆
岩手信景	右衛門尉	甲斐衆
今井信仲	右近大夫	甲斐衆
今井刑部左衛門		甲斐衆
曾根河内守		甲斐衆
曾根上野入道		甲斐衆
曾根掃部助		甲斐衆
市川十郎右衛門		甲斐衆
加藤信景	丹後守	甲斐衆
小山田掃部助		甲斐衆
小山田佐渡守		甲斐衆
小山田八左衛門尉		甲斐衆
小菅五郎兵衛		甲斐衆
秋山万可斎		尾張牢人
秋山昌成	摂津守	尾張牢人
秋山内記		尾張牢人
諏方頼豊	越中守	信濃衆
諏方伊豆守		信濃衆
諏方刑部		信濃衆
諏方采女		信濃衆
清野美作守		信濃衆
朝比奈信置	駿河守	駿河衆
朝比奈信良	兵衛大夫	駿河衆
菅沼刑部丞		三河先方衆
菅沼伊豆守		三河先方衆
菅沼新兵衛尉		三河先方衆
飯狭間右衛門尉		美濃先方衆
大熊長秀	備前守	越後牢人
小林和泉守		小山田重臣

（凡例）　軍…『甲陽軍鑑』、甲乱…『甲乱記』、信…『信長公記』、当…『当代記』、高…『高野山成慶院
（出典）　平山優『武田氏滅亡』角川選書

面の問題に忙殺された。

　信長は、五月十九日、二十日の両日、武田討滅に功績のあった徳川家康と穴山梅雪を、安土で饗応し、二十一日には、京都、奈良などの見物に送り出した。彼らとは、六月早々、京都で再び合流することになっていた。穴山梅雪は、武田家相続を約束されたらしい。

　かくして信長は、いよいよ自らは毛利攻めに邁進し、子息や家臣らには、四国長宗我部氏征討、上杉景勝征討を委ね、天下一統を目指した。しかし六月二日未明、信長は明智光秀の謀叛により、京都本能寺で横死した。嫡子信忠や織田信房も二条御所で自刃して果て、織田権力は、崩壊への道を歩むこととなる。それは、武田氏滅亡から、わずか八十日後のことであった。諏方大社上社神長官守矢信真は、信長の横死は諏方大明神の神罰だと公言して憚らなかった。

むすびにかえて――武田氏滅亡、それから

武田氏滅亡によって、武田惣領家は断絶した。だが、勝頼の異母兄弟たちの中には、生き延びた人々もいた。穴山梅雪正室見性院（けんしょういん）、妹の松姫、末弟信清らである。

見性院は、夫梅雪が本能寺の変に巻き込まれ横死すると、息子勝千代（武田信治）の成長を見守ったが、彼も天正十五（一五八七）年に夭折してしまった。見性院は、徳川家康に庇護され、その息子万千代を養子に迎え、武田家再興を果たすが、彼も慶長八（一六〇三）年に早世してしまい、武田家は断絶した。見性院は、その後、二代将軍徳川秀忠より愛妾お志津の子幸松丸（こうまつまる）の養育を委ねられ、妹の松姫（信松尼）とともに、懸命にその役目をつとめ、元和八年（一六二二）五月九日、天寿を全うした。歿年（ぼつねん）は不明ながら、かなりの高齢だったと推定される。なお、養育した幸松丸は、武田家ゆかりの信濃高遠城主保科正光の養子となり、会津藩初代保科正之となったことはよく知られている。

松姫は、新府城を脱出した後に、武蔵国に逃れ、剃髪して信松尼と号した。姉見性院とともに、幸松丸の養育にあたったが、姉に先立ち、元和二（一六一六）年四月十六日、元八王

子で生涯を終えた。享年五十六。

勝頼の末弟信清は、安田の名跡を継いでいたが、武田氏滅亡時に、高野山無量光院に逃れ、その後姉菊姫を頼って上杉景勝のもとに身を寄せた。武田姓に復し、上杉家臣となり、寛永十九（一六四二）年三月二十日、八十歳の天寿を全うした。子孫は、米沢藩士として続き、今も家系を伝えている。

この他に、勝頼の異母兄龍宝の家系も、甲州崩れの災厄を逃れた。龍宝は、入明寺（甲府市住吉）に逃れ、三月七日、ここで自刃した。享年四十二。龍宝には、息子顕了道快（信道）がおり、彼は師の長延寺実了師慶と、武田家臣八重森因幡守家昌に護られて、信濃国犬飼（飯山市）に身を隠した。甲斐が徳川領になると、甲府に戻り、長延寺住職となった。ところが慶長十九（一六一四）年、大久保長安事件（武田信玄や徳川家康に仕えた大久保長安が、死後不正蓄財などの疑いをかけられ、遺子は切腹、大久保家は改易となった事件）が発覚すると、連座して、伊豆大島に、息子信正とともに配流となった。道快は、寛永二十（一六四三）年に大島で死去したが、息子信正は、寛文三（一六六三）年に許され、江戸に戻った。その子孫は、江戸幕府の高家となり、家系は今に続いている。

武田信玄の兄弟の系統では、武田（河窪）信実（天正三〈一五七五〉年長篠合戦で戦死）

の息子信俊が、徳川氏に仕え、旗本として家系を繋いでいる。

このように、武田信玄・勝頼の兄弟で、滅亡の混乱をくぐり抜けた人も、わずかにいたのである。いっぽうで、家臣たちは、甲州崩れの混乱のなかで、甲斐に隠れて時節の到来を待った者たちもいれば、国外に脱出し、二度と帰らなかった者たちもいた。そして、それぞれの場所で、新たな仕官の道を見いだし、大名の家臣になっていったものも少なくない。

甲斐に隠れ住んだ家臣らは、本能寺の変直後に、天正壬午の乱（旧武田領国をめぐる北条・徳川・上杉の争奪戦）が勃発すると、その多くが徳川家康に仕えた。この後、家康の関東転封にも従った武田遺臣は、旗本となり、幕府を支える存在となり、甲斐に残留した人々は、武士をやめ、百姓として生き残っていくこととなった。

幕府に仕えた武田遺臣の中でも、大久保長安、鎮目市左衛門惟明は、近世初期の要人として名高く、佐渡金山の経営に携わっている。また、元禄期の勘定吟味役として、貨幣改鋳などを担当した荻原重秀も、武田遺臣の子孫である。武田遺臣が藩士として活躍した事例も多く、越前松平家、松代真田家、水戸藩、尾張藩、紀州藩、犬山藩、土佐藩、米沢藩、彦根藩などが著名である。武田家は滅んだが、人材は広く江戸幕府や諸藩を支え続けたといってよかろう。

この他にも、甲府から江戸に移転を命じられ、東日本三十三カ国の秤の統一に尽力した、秤座の守随家（吉川家）なども、信玄が育成したものである。また、治水技術も、甲州流と呼ばれ、近世の堤防造りに大きく貢献している。

そして、信玄の家臣小幡昌盛の息子勘兵衛景憲は、春日虎綱（高坂弾正）、春日惣次郎（虎綱の甥）、大蔵彦十郎（虎綱の家臣）らが書き継いだ遺記を入手し、これを『甲陽軍鑑』として刊行した。現在知られる『軍鑑』の体裁は、元和七（一六二一）年までには成立していることが確認できる。景憲は、『軍鑑』をもとに、甲州流軍学を創設し、数多くの門人を育成した。甲州流軍学は、幕府はもちろん、広く諸藩にも採用され、景憲の弟子たちが創始した新たな軍学諸流派とともに、近世の軍事思想に強い影響を与えた。こうした背景もあり、『甲陽軍鑑』は広く読まれ、武田信玄の名を世に知らしめる効果をもたらした。

また、近世の甲斐では、武田信玄が創始したとされる甲州三法（大小切税法、甲州枡、甲州金）は、徳川家康も認め、残すことを容認した遺制と信じられ、幕府が何度か廃止の動きを示すと、信玄と家康による由緒を持ち出し、これを頓挫させている。とりわけ大小切税法は、百姓にとって安石代（時価相場より安価な石代）だったため、負担が他領よりも軽かったといわれる。このうち、大小切税法だけは、その起源が判然とせず、武田氏との関係は明らかではない。それでも、甲州の人々にとって、彼らの利益とみなされた甲州三法は、創始者信玄、それを認定した徳川家康という構図のもと、幕府すら手出しができぬものとなった。

このように、武田信玄を中心とする戦国武田三代は、多くの戦国大名の記憶が薄れていく江戸時代にあって、繰り返し顕彰され、忘却されることがなかった。とりわけ、武田信玄は、近代になっても様々な逸話が付け加えられるほどであり、その人気は不動のものとなって、今に続いている。

主要参考文献一覧（凡例に掲げたものを除く）

調査報告書

山梨県教育委員会文化課編『山梨県の民謡　民謡緊急調査報告書』山梨県教育委員会、一九八三年
山梨県立博物館編『小桜韋威鎧 兜・大袖付復元調査報告書―楯無鎧の謎を探る―』山梨県立博物館、二〇〇七年

著書

秋山　敬『甲斐武田氏と国人―戦国大名成立過程の研究』高志書院、二〇〇三年
　同　『甲斐武田氏と国人の中世』岩田書院、二〇一四年
石渡洋平『上杉謙信』シリーズ実像に迫る14、戎光祥出版、二〇一七年
磯貝正義『武田信重』中世武士選書1、戎光祥出版、二〇一〇年、初版は一九七四年
今福　匡『上杉謙信―「義の武将」の激情と苦悩』星海社新書、二〇一八年
海老沼真治編、山梨県立博物館監修『「山本菅助」の実像を探る』戎光祥出版、二〇一三年
大石泰史『今川氏滅亡』角川選書、二〇一八年
金子　拓『織田信長〈天下人〉の実像』講談社現代新書、二〇一四年
　同　『織田信長―不器用すぎた天下人』河出書房新社、二〇一七年
久野雅司『足利義昭と織田信長―傀儡政権の虚像』中世武士選書40、戎光祥出版、二〇一七年
黒田基樹『関東戦国史―北条VS上杉55年戦争の真実』角川ソフィア文庫、二〇一七年①
　同　『北条氏康の妻 瑞渓院―政略結婚からみる戦国大名』中世から近世へ、平凡社、二〇一七年②
　同　『戦国北条家一族事典』戎光祥出版、二〇一八年
　同　『今川氏親と伊勢宗瑞―戦国大名誕生の条件』中世から近世へ、平凡社、二〇一九年①
　同　『戦国北条五代』星海社新書、二〇一九年②
　同　『戦国大名・北条氏直』角川選書、二〇二〇年

柴　裕之『徳川家康―境界の領主から天下人へ』中世から近世へ、平凡社、二〇一七年
同　『織田信長―戦国時代の「正義」を貫く』中世から近世へ、平凡社、二〇二〇年
平山　優『川中島の戦い―戦史ドキュメント』上・下、学研M文庫、二〇〇二年
同　『武田信玄』歴史文化ライブラリー221、吉川弘文館、二〇〇六年
同　『穴山武田氏』中世武士選書5、戎光祥出版、二〇一一年①
同　『真田三代―幸綱・昌幸・信繁の史実に迫る』PHP新書、二〇一一年②
同　『長篠合戦と武田勝頼』敗者の日本史9、吉川弘文館、二〇一四年①
同　『検証長篠合戦』歴史文化ライブラリー382、吉川弘文館、二〇一四年②
同　『武田氏滅亡』角川選書、二〇一七年
同　『戦国大名と国衆』角川選書、二〇一八年
同　『武田三代―戦国にその名を轟かせた三代の軌跡』サンニチ印刷、二〇一九年①
同　『武田信虎―覆される「悪逆無道」説』中世武士選書42、戎光祥出版、二〇一九年②
同　『戦国の忍び』角川新書、二〇二〇年
同　『図説　武田信玄』戎光祥出版、二〇二一年
廣瀬廣一『武田信玄伝』紙硯社、一九四四年（後に歴史図書社復刊、一九六八年）
本多隆成『定本徳川家康』吉川弘文館、二〇一〇年
同　『徳川家康と武田氏―信玄・勝頼との十四年戦争』歴史文化ライブラリー482、吉川弘文館、二〇一九年
丸島和洋『郡内小山田氏―武田二十四将の系譜』中世武士選書19、戎光祥出版、二〇一三年
同　『戦国大名武田氏の家臣団―信玄・勝頼を支えた家臣たち』教育評論社、二〇一六年
同　『武田勝頼―試される戦国大名の「器量」』中世から近世へ、平凡社、二〇一七年
同　『東日本の動乱と戦国大名の発展』列島の戦国史5、吉川弘文館、二〇二一年
山田邦明『上杉謙信』人物叢書、吉川弘文館、二〇二〇年

編著
池　享・矢田俊文編『上杉氏年表―為景・謙信・景勝　増補改訂版』高志書院、二〇〇七年
大石泰史編『今川氏年表―氏親 氏輝 義元 氏真』高志書院、二〇一七年
黒田基樹編『北条氏年表―宗瑞・氏綱・氏康・氏政・氏直』高志書院、二〇一三年
武田氏研究会編『武田氏年表―信虎・信玄・勝頼』高志書院、二〇一〇年
萩原三雄責任編集、『定本・山梨県の城』刊行会編『定本・山梨県の城』郷土出版社、一九九一年
山田邦明編『関東戦国全史―関東から始まった戦国１５０年戦争』歴史新書y、洋泉社、二〇一八年

論文
石川美咲「斎藤義龍・龍興の外交と家臣団編成」（鈴木正貴・仁木　宏編『天下人信長の基礎構造』高志書院、二〇二一年所収）
遠藤珠紀「織田信長子息と武田信玄息女の婚姻」（『戦国史研究』六二号、二〇一一年）
小川　雄「一五五〇年代の東美濃・奥三河情勢―武田氏・今川氏・織田氏・斎藤氏の関係を中心として」（『武田氏研究』四七号、二〇一三年）
小島廣次「伊勢大湊と織田政権」（『日本歴史』三七二号、一九七九年）
谷口雄太「甲斐武田氏の対足利氏観」（倉本一宏・小峯和明・古橋信孝編『説話の形成と周縁』中近世篇、臨川書店、二〇一九年所収）
西田かほる「楯無鎧をめぐる伝承の実体化」（笹原亮二編『口頭伝承と文字文化―文字の民俗学 声の歴史学』思文閣出版、二〇〇九年所収）
丸島和洋・平山　優「新出の武田信繁宛信玄自筆書状について」（『武田氏研究』五〇号、二〇一四年）
丸島和洋「武田・徳川同盟に関する一史料―「三ヶ年之鬱憤」をめぐって」（『武田氏研究』五六号、二〇一七年）
村松学祐「武田機山公の死因について」（『甲斐路』五号、一九六二年）

あとがき

新型コロナウイルス感染症のパンデミックが、二年目を迎えた。変異株の流行が拡大し、危機はさらに深化しているといってよい。

こうした状況下で、私の研究活動も一変した。まず、現地調査に行くことがままならず、地元の方々にいろいろと尋ね歩くことがまったく出来なくなった。そればかりか、博物館、史料館、図書館が軒並み閉館、もしくは入場制限をかけており、論文や書籍、史料の拝観もかなわぬ状況に、何度も立たされた。私の調査活動は大きく制約され、研究が思うように進まぬ歯痒(はがゆ)さを味わうこととなった。

不自由さのなかでは、今出来ることで研究を進めるしかない。だが、いま自分の手元にある史料集や論著だけで、研鑽を積み、著作をものすことに、私は息苦しさを感じた。しかし、嘆いてばかりいても仕方がない。腹を括って、史料の読み直しや、かつて書いた自分の論著の再検証に時間を費やし、出来あがったのが本書である。

本書は、戦国武田三代の通史を、最新研究をもとに叙述したものである。恐らく、これまで同様の著作は、私が「執筆・監修」を務めた、二〇一九年にサンニチ印刷から刊行された『武田三代』しか前例がないであろう。この著作は、写真と地図を中心にした初学者向けのムック本であるので、もっと詳しいことが知りたい読者には、いささか物足りないものであったかも知れない。

そこで本書は、できる限り、多くの情報を盛り込むことで、本格的な武田三代の通史を目指したものである。私の意図が、どれほど成功しているかは、読者諸賢の判断に委ねるしかないが、本書をきっかけに、専門家による、戦国大名各家のしっかりとした通史が、続けて登場することを切に願っている。

今ほど、歴史書の読者層が厚くなっている時代は、これまでなかったのではないかと感じる。薄っぺらなものではなく、専門的な根拠にもとづく内容のものを、できる限り難解ではない形で提供して欲しいという期待感を、様々な機会を通して、私は肌で感じることが多い。

今後も、そうした期待に応えられる研究者であり続けたいと決意を新たにしている。今年は、武田信玄生誕五百年の節目であり、コロナ禍で制約を受けているものの、山梨県では盛り上がりをみせ始めている。そうした節目に、本書を江湖（こうこ）に送り届けることができた僥倖（ぎょうこう）

に感謝したい。

二〇二一年八月十日

平山　優

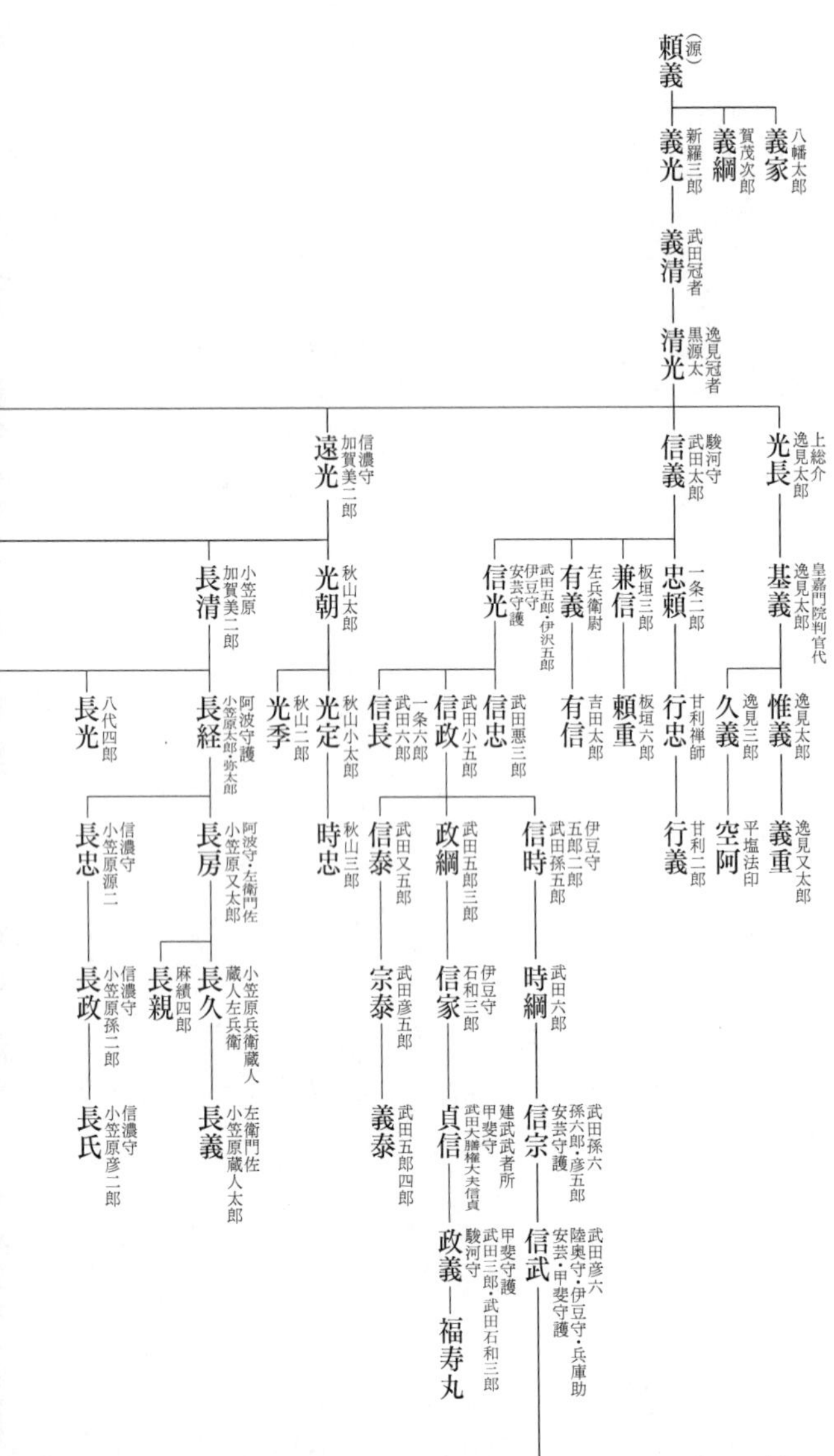

(信武の嫡子が信成【442ページに続く】)

甲斐源氏・武田氏系図

（出典：平山優執筆・監修『武田三代』サンニチ印刷）

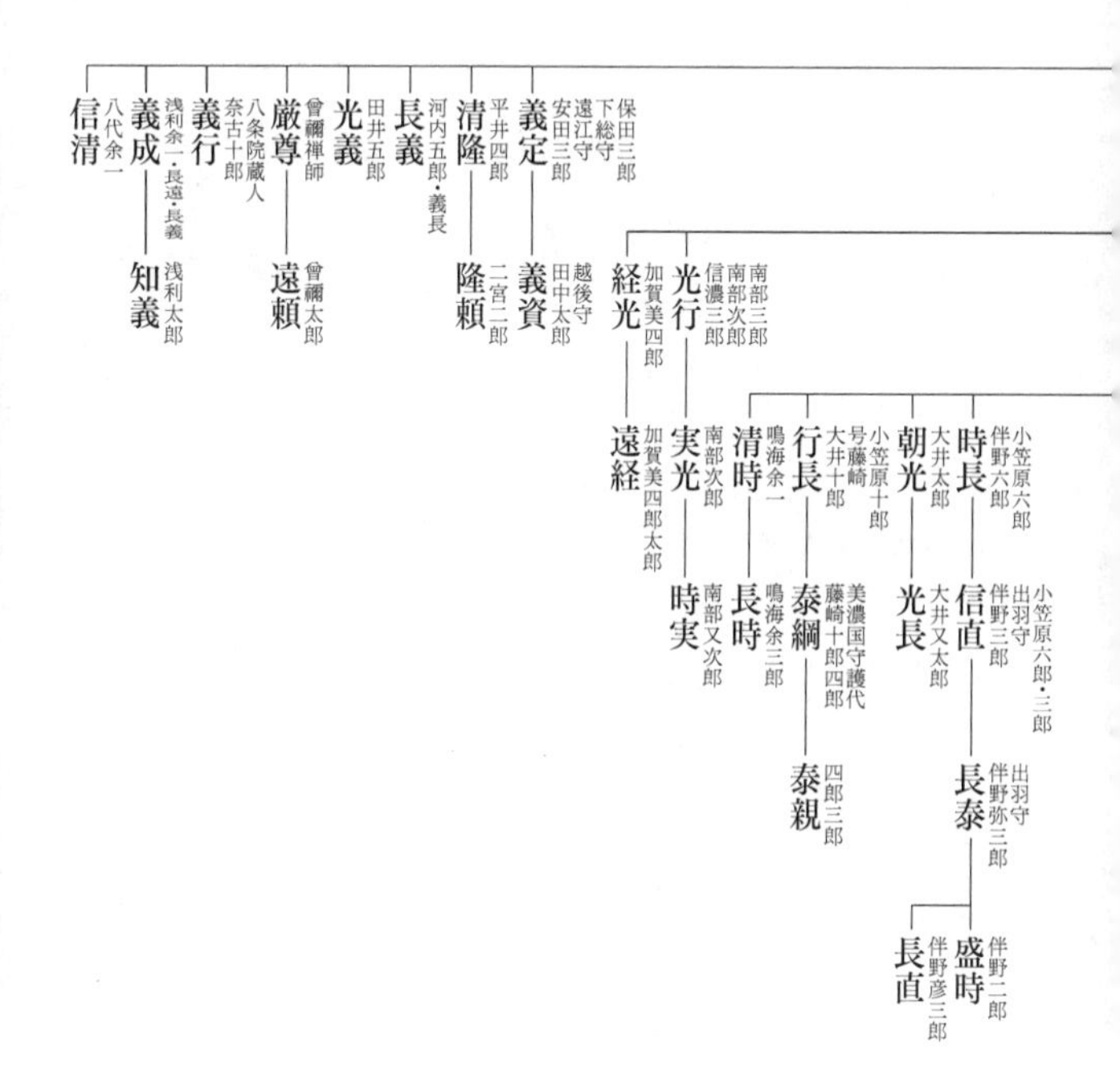

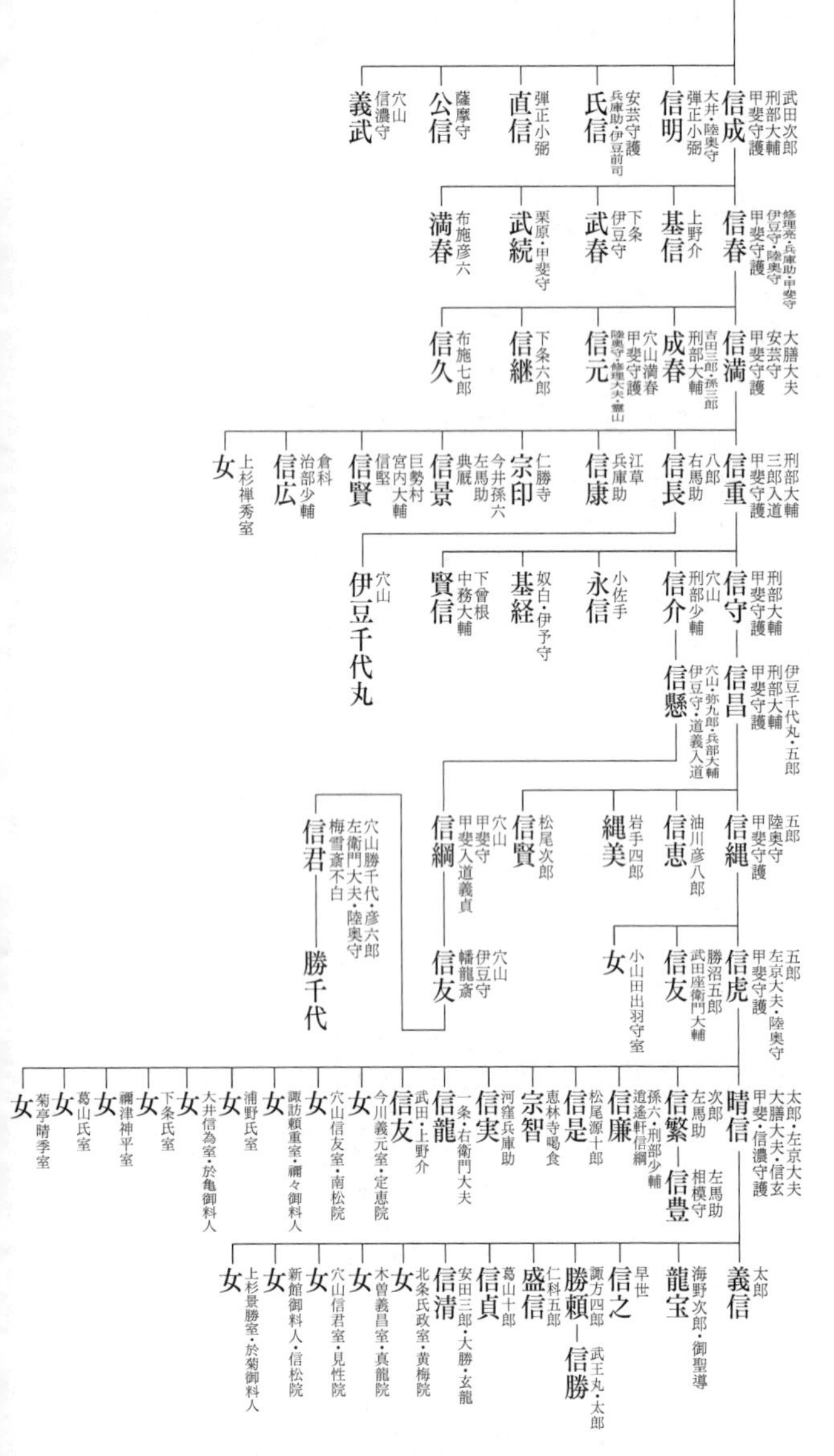
武田次郎 刑部大輔 甲斐守護 信成
大井・陸奥守 弾正小弼 信明
安芸守護 兵庫助・伊豆前司 氏信
弾正小弼 直信
薩摩守 公信
穴山 信濃守 義武
修理亮・兵庫助・甲斐守 伊豆守・陸奥守 甲斐守護 信春
上野介 基信
下条 伊豆守 武春
栗原・甲斐守 武続
布施彦六 満春
大膳大夫 安芸守 甲斐守護 信満
吉田三郎・孫三郎 刑部大輔 成春
穴山満春 甲斐守護 陸奥守・修理大夫・霊山 信元
下条六郎 信継
布施七郎 信久
刑部大輔 三郎入道 甲斐守護 信重
八郎 右馬助 信長
江草 兵庫助 信康
仁勝寺 宗印
今井孫六 左馬助 典厩 信景
巨勢村 宮内大輔 信堅 信賢
倉科 治部少輔 信広
上杉禅秀室 女
刑部大輔 甲斐守護 信守
穴山 刑部少輔 信介
小佐手 永信
奴白・伊予守 基経
下曾根 中務大輔 賢信
穴山 伊豆千代丸
伊豆千代丸・五郎 刑部大輔 甲斐守護 信昌
穴山・弥九郎・兵部大輔 伊豆守・道義入道 信懸
五郎 陸奥守 甲斐守護 信縄
油川彦八郎 信恵
岩手四郎 縄美
松尾次郎 信賢
穴山 甲斐守 甲斐入道義貞 信綱
穴山 伊豆守 幡龍斎 信友
穴山勝千代・彦六郎 左衛門大夫・陸奥守 梅雪斎不白 信君
勝千代
五郎 左京大夫・陸奥守 甲斐守護 信虎
勝沼五郎 武田座衛門大輔 信友
小山田出羽守室 女
太郎・左京大夫 大膳大夫・信玄 甲斐・信濃守護 晴信
次郎 左馬助 信繁
左馬助 相模守 信豊
孫六・刑部少輔 逍遙軒信綱 信廉
松尾源十郎 信是
恵林寺喝食 宗智
河窪兵庫助 信実
一条・右衛門大夫 信龍
武田・上野介 信友
今川義元室・定恵院 女
穴山信友室・南松院 女
諏訪頼重室・禰々御料人 女
浦野氏室 女
大井信為室・於亀御料人 女
下条氏室 女
禰津神平室 女
葛山氏室 女
菊亭晴季室 女
太郎 義信
海野次郎・御聖導 龍宝
早世 信之
諏方四郎 勝頼
武王丸・太郎 信勝
仁科五郎 盛信
葛山十郎 信貞
安田三郎・大勝・玄龍 信清
北条氏政室・黄梅院 女
木曽義昌室・真龍院 女
穴山信君室・見性院 女
新館御料人・信松院 女
上杉景勝室・於菊御料人 女

PHP INTERFACE
https://www.php.co.jp/

平山 優［ひらやま・ゆう］

1964年東京都生まれ。立教大学大学院文学研究科博士前期課程史学専攻（日本史）修了。専攻は日本中世史。山梨県埋蔵文化財センター文化財主事、山梨県史編さん室主査、山梨大学非常勤講師、山梨県立博物館副主幹を経て、山梨県立中央高等学校教諭。著書に、『武田信玄』（吉川弘文館）、『山本勘助』（講談社現代新書）、『真田三代』（PHP新書）、『大いなる謎　真田一族』（PHP文庫）、『武田信虎』（戎光祥出版）、『武田氏滅亡』（角川選書）などがある。

武田三代

信虎・信玄・勝頼の史実に迫る　（PHP新書1276）

二〇二一年九月二十八日　第一版第一刷
二〇二一年十一月十一日　第一版第三刷

著者――平山優
発行者――永田貴之
発行所――株式会社PHP研究所
東京本部――〒135-8137 江東区豊洲5-6-52
第一制作部 ☎03-3520-9615（編集）
普及部 ☎03-3520-9630（販売）
京都本部――〒601-8411 京都市南区西九条北ノ内町11
組版――有限会社エヴリ・シンク
装幀者――芦澤泰偉＋児崎雅淑
印刷所
製本所――大日本印刷株式会社

ISBN978-4-569-84986-7

ＰＨＰ新書刊行にあたって

「繁栄を通じて平和と幸福を」(PEACE and HAPPINESS through PROSPERITY)の願いのもと、ＰＨＰ研究所が創設されて今年で五十周年を迎えます。その歩みは、日本人が先の戦争を乗り越え、並々ならぬ努力を続けて、今日の繁栄を築き上げてきた軌跡に重なります。

しかし、平和で豊かな生活を手にした現在、多くの日本人は、自分が何のために生きているのか、どのように生きていきたいのかを、見失いつつあるように思われます。そして、その間にも、日本国内や世界のみならず地球規模での大きな変化が日々生起し、解決すべき問題となって私たちのもとに押し寄せてきます。

このような時代に人生の確かな価値を見出し、生きる喜びに満ちあふれた社会を実現するために、いま何が求められているのでしょうか。それは、先達が培ってきた知恵を紡ぎ直すこと、その上で自分たち一人一人がおかれた現実と進むべき未来について丹念に考えていくこと以外にはありません。

その営みは、単なる知識に終わらない深い思索へ、そしてよく生きるための哲学への旅でもあります。弊所が創設五十周年を迎えましたのを機に、ＰＨＰ新書を創刊し、この新たな旅を読者と共に歩んでいきたいと思っています。多くの読者の共感と支援を心よりお願いいたします。

一九九六年十月

ＰＨＰ研究所

PHP新書

［歴史］

061 なぜ国家は衰亡するのか　中西輝政
286 歴史学ってなんだ？　小田中直樹
505 旧皇族が語る天皇の日本史　竹田恒泰
663 日本人として知っておきたい近代史［明治篇］　中西輝政
755 日本人はなぜ日本のことを知らないのか　竹田恒泰
761 真田三代　平山 優
784 日本古代史を科学する　中田 力
903 アジアを救った近代日本史講義　渡辺利夫
922 木材・石炭・シェールガス　石井 彰
968 古代史の謎は「海路」で解ける　長野正孝
1012 古代史の謎は「鉄」で解ける　長野正孝
1057 なぜ会津は希代の雄藩になったか　中村彰彦
1064 真田信之 父の知略に勝(まさ)った決断力　平山 優
1085 新渡戸稲造はなぜ『武士道』を書いたのか　草原克豪
1086 日本にしかない「商いの心」の謎を解く　呉 善花
1096 名刀に挑む　松田次泰
1104 一九四五　占守島の真実　相原秀起
1107 ついに「愛国心」のタブーから解き放たれる日本人　ケント・ギルバート
1108 コミンテルンの謀略と日本の敗戦　江崎道朗
1111 北条氏康 関東に王道楽土を築いた男　伊東 潤／板嶋常明
1115 古代の技術を知れば、『日本書紀』の謎が解ける　長野正孝
1116 国際法で読み解く戦後史の真実　倉山 満
1118 歴史の勉強法　山本博文
1121 明治維新で変わらなかった日本の核心　猪瀬直樹／磯田道史
1123 天皇は本当にただの象徴に堕ちたのか　竹田恒泰
1129 物流は世界史をどう変えたのか　玉木俊明
1130 なぜ日本だけが中国の呪縛から逃れられたのか　石 平
1138 吉原はスゴイ　堀口茉純
1141 福沢諭吉　しなやかな日本精神　小浜逸郎
1142 卑弥呼以前の倭国五〇〇年　大平 裕
1152 日本占領と「敗戦革命」の危機　江崎道朗
1160 明治天皇の世界史　倉山 満
1167 吉田松陰『孫子評註』を読む　森田吉彦
1168 特攻　知られざる内幕　戸髙一成［編］
1176 「縄文」の新常識を知れば 日本の謎が解ける　関 裕二
1177 「親日派」朝鮮人　消された歴史　拳骨拓史